Prozess- und Entscheidungs-modellierung in BPMN/DMN: Eine Kurzanleitung

Effektivere Prozesse durch Integration der Entscheidungsmodellierung in die Prozessmodellierung

D1664141

Tom Debevoise, James Taylor

Tom Debevoise ist Chief Evangelist für Decision Management bei Signavio und ein führender Experte für Business Decision Management (BDM), Business Process Management (BPM) und Business Rules.

Tom verfügt über fundiertes Fachwissen in Prozess-, Entscheidungs- und Eventmodellierung. Als Berater war er vor allem in Technologie-fokussierten Unternehmen aus den Branchen Logistik, Finanzen, Pharmazie und Maschinenbau tätig.

Tom ist aktives Mitglied des OMG-Komitee für die Zertifizierung im Geschäftsprozessmanagement (OCEB) und verfügt selbst über die höchste Auszeichnung. Als Chief Evangelist unterstützt Tom Debevoise das Signavio Team aktiv als Berater, Trainer und Visionär. www.tomdebevoise.com

James Taylor ist Geschäftsführer von Decision Management Solutions und ein Experte für Decision Modeling, Business Rules und Predictive Analytics.

Als Berater bietet er Unternehmen verschiedener Größen und Branchen strategische Decision-Management-Lösungen an. Seit 2002 arbeitet James im Bereich Decision Management und hat mehrere Bücher zu diesem Thema verfasst.

Er war aktiv an der Formulierung des Decision Model und Notation (DMN) Standard beteiligt, ist Mitwirkender bei der Erstellung des BABOK® Guide und Fakultätsmitglied am International Institute for Analytics. Er ist als Berater, Trainer, Dozent und Blogger tätig. http://jtonedm.com

Für meine Mutter
    — Tom Debevoise

Für meine Jungs
    — James Taylor

Prozess- und Entscheidungsmodellierung in BPMN/DMN: Eine Kurzanleitung

Copyright © Tom Debevoise und James Taylor

Übersetzung: Jonas Beyer
Lektorat: Textbüro Vorderobermeier, Konrad Vorderobermeier
Buchgestaltung und Cover Design: Christoph Köhler
Druck: CreateSpace

Die Deutsche Nationalbibliothek verzeichnet diese Publikation in der Deutschen Nationalbibliografie; detaillierte bibliografische Daten sind im Internet über http://dnb.dnb.de abrufbar.

Erste Auflage: Januar 2016

ISBN: 978-1519542960

Dieses Buch wird von Behörden und Unternehmen zu Ausbildungszwecken genutzt.

Vorwort von Dr. Gero Decker

Vor einigen Jahren wurde ich noch häufig gefragt, was denn die geeignetste Notation für die Darstellung von Geschäftsprozessen sei. Diese Frage stellt sich inzwischen kaum noch. BPMN hat sich international als Standard für die Prozessmodellierung etabliert.

Umso erstaunter war ich, als mir Ende 2013 ein großer Kunde (und BPMN-Anwender im großen Stil) erzählte, dass Prozessmodelle in seinem Unternehmen nur bei circa 50% der auftretenden Fragen helfen würden. Ich war natürlich verwundert und interessiert zugleich. Wurde hier das Potenzial der Notation nicht voll ausgeschöpft oder fehlte tatsächlich etwas Wichtiges in BPMN?

Die Antwort: BPMN ist nicht dafür geeignet (und war übrigens auch nie dafür gedacht), komplexe Entscheidungslogiken oder Regelwerke abzubilden. Entscheidungen sind in BPMN lediglich eine „Black Box" – man kennt nur die möglichen Ergebnisse, nicht aber den Weg dahin.

DMN, als Schwesterstandard der BPMN, füllt genau diese Lücke. DMN ist eine exzellente Modellierungssprache – sowohl um einen ersten Überblick über komplexe Entscheidungsstrukturen zu erhalten, als auch um Logiken bis hin zu ausführbaren Regelwerken zu verfeinern.

In Zeiten der Digitalisierung, wo immer mehr Punkte, an denen Interaktion mit Kunden und Zulieferern stattfindet, auch digitale Spuren hinterlassen, stehen wesentlich mehr Informationen zur Verfügung als noch vor ein paar Jahren. Wenn man nun diese zusätzlichen Informationen nutzen möchte, um zu besseren Entscheidungen zu gelangen, erhält man ganz automatisch komplexere Entscheidungslogiken. Dies erfordert natürlich eine solide Modellierungstechnik wie DMN.

Auch die zunehmende Regulierung stellt für die Nutzung von DMN einen großen Antrieb dar. Gerade in Zeiten, in denen sich Entscheidungsstrukturen schnell und häufig ändern, möchte man die Sicherheit, dass man alle gesetzlichen Vorgaben erfüllt.

Ich bin überzeugt: Generationen von Business-Analysten, Fachexperten, Managern und Softwareentwicklern werden von BPMN, DMN und deren Kombination profitieren.

Dieses Buch ist das erste deutschsprachige Buch über DMN und gleichzeitig das erste, das die Kombination der beiden Sprachen aufzeigt. Es leistet damit einen wertvollen Beitrag zur Verbreitung von BPMN und DMN.

Ich danke James Taylor und Tom Debevoise sehr herzlich für ihre Pionierarbeit und fühle mich geehrt, mit diesen beiden Vordenkern arbeiten zu dürfen.

— Dr. Gero Decker

Vorwort von Tom Debevoise

In einer Zeit, in der digitale Netzwerke sich immer mehr mit dem Stoff unseres täglichen Lebens verstricken, sind die Komplexität und die Größe des Anwendungsbereichs funktionaler Anforderungen stark angestiegen. Wenn die Funktionen von Anwendungen bereichsübergreifend integriert werden sollen und ihr Funktionieren über zahlreiche Beteiligte und Rollen hinweg sichergestellt sein muss, kann Business Process Management (BPM) ein Teil dieses Stoffs werden. Heutzutage erstellen wir umwelt-, sensor- und modellgesteuerte Prozesse, die auf das Wetter, die Märkte, elektromechanische Entwicklungen und menschliches Verhalten reagieren. Dabei ist der Aufwand, der zu betreiben ist, um heterogene Software – von cloud-basierter, mobiler Software bis hin zu Firmware für Hardware – zu warten und zu erweitern, unterschiedlich groß.

Bei meiner Arbeit im Bereich der Entwicklung von Anwendungen und Lösungsansätzen habe ich mich nach Techniken gesehnt, die die komplexen Konzepte dieses vieldimensionalen Stoffs übersichtlicher machen. Prozessmodelle zu erstellen ist dabei ausschlaggebend – trotzdem reicht das Prozessdenken alleine nicht aus. Durch das Hinzukommen von Decision Management wird das Modell dahingehend verbessert, dass nun sowohl die Art, wie die Entscheidungen getroffen werden, als auch die Steuerung des Prozesses, in dem die Entscheidung getroffen wird, betrachtet werden können. Zusätzlich kann der Blickwinkel der Ereignismodellierung weitergehende Anforderungen aufzeigen. Mit allen drei Metaphern – Prozess, Ereignis und Entscheidung – zu arbeiten, kann leistungsfähige Organisationskonzepte hervorbringen.

Im Hinblick auf externe Ereignisse, betriebliche Umstände und unstetige, entscheidungsbasierte „Regeln" bieten heutige Prozesse die benötigten dynamischen Eigenschaften. Aus alledem habe ich gelernt, dass eine starre Sicht darauf, wie eine Anwendung funktionieren sollte, ein Rezept für Misserfolg ist – selbst über eine kurze Zeitspanne. Ein Lösungskonzept muss veränderbar sein, selbst wenn es bereits einer weiten Verbreitung unterliegt. Veränderung ist Teil eines jeden Prozesses.

Innerhalb dieses Veränderungsprozesses wollen wir die Beteiligten – Besitzer, Domänenexperten und Kunden – mit Werkzeugen ausstatten, die ihre Arbeitsschritte verändern, damit sie sich dynamisch an neue Realitäten anpassen können. Die zwei in diesem Buch behandelten Modellierungsnotationen, Business Process Model and Notation (BPMN) und Decision Model and Notation (DMN), sind durch die in ihnen angelegten Möglichkeiten Schritte in die richtige Richtung.

Mit ihnen haben Business-Analysten die Möglichkeit, Entscheidungen in standardisierter Art und Weise grafisch zu modellieren.

Trotz alledem ist die charakterisierte Umgebung noch nicht komplett: Daten, die für die Ausführung eine Grundvoraussetzung sind, müssen ebenfalls modelliert und mit den BPMN/DMN-Modellen verknüpft werden. Es gibt keine grafischen Standards für die Ereignismodellierung. Viele meinen, dass DMN eine Entscheidungsgraph-Notation benötigt. Und ein großer Teil der heutigen Entscheidungs-Prozess-Ereignis-Umwelt wird von überflüssigen, mühseligen technischen Aktivitäten behindert, die den nicht-technischen Aspekt des Erstellungsprozesses verdrängen.

Ich glaube, dass das, wonach wir suchen, eine digitale Geschäftsdomäne ist, die von sachkundigen Beteiligten entscheidend verändert werden kann. Ich glaube weiterhin, dass BPMN/DMN ein solider Schritt in diese Richtung ist. Prozess- und Entscheidungsmodelle zeigen visuelle Details, die unmöglich aus schriftlichen Geschäfts- und Anwendungsszenarien extrahiert werden können. Gegen Ende des Buchs haben James und ich beschrieben, wie Entscheidungsmodellierung direkt zu den Designanforderungen eines Prozesses beiträgt. Dies ist nur ein Anfang – neue, präzisere und leistungsfähigere Modellierungstechniken werden aus den Entwicklungen, die wir beschreiben, entstehen.

Danksagung

Als erstes muss ich James Taylor danken, der mit seiner herausragenden Fachkenntnis im Bereich der Entscheidungsmodellierung und seinen aufgeschlossenen und kreativen Beiträgen maßgeblich zum Erfolg dieses Projekts beigetragen hat. Darüber hinaus ist er ein hervorragender Autor und ein Visionär.

Im Hinblick auf diesen Teil meiner Interessen und meiner beruflichen Laufbahn bin ich der tätigkeits- und geschäftsübergreifenden Community derer dankbar, die mit Business Process Management sowie dem eng verwandten Bereich der Geschäftsregeln, nun zunehmend als Decision Management firmierend, befasst sind. Dabei danke ich besonders Jim Sinur, George Barlow, Tom Dwyer, Mike Lim, Troy Foster und Jon Siegel. Es war für uns alle eine beachtliche Reise.

Wie immer darf ich auch meiner Frau und besten Freundin Barbara Debevoise danken, die außerdem Managerin der Advanced Component Research, Inc. in Lexington, Virginia ist – dort ist dieses Buch erschienen.

— Tom Debevoise

Vorwort von James Taylor

Ich arbeite nun seit mehr als einem Jahrzehnt mit Decision Management und Decision Management Systemen. Im Rahmen meiner Arbeit mit Unternehmen, die Decision Management als Technik übernommen haben, habe ich zahlreiche verschiedene Produkte entworfen, begutachtet und über diese berichtet. In den letzten Jahren hat sich dabei ein bestimmtes Motiv mehr und mehr als Erfolgsfaktor herausgestellt. Ob Unternehmen Decision Management Systeme entwickeln, Geschäftsregeln übernehmen oder versuchen, Big Data über komplexe analytische Informationssysteme in ihren Geschäftsbereich zu integrieren, es ist dabei immer ein umfassendes Verständnis der zentralen Entscheidungen notwendig. Klar identifizieren zu können, welche Entscheidungen verbessert werden müssen, um die Geschäftsziele zu errichen, zu verstehen, wie diese gemessen werden können und eindeutig erkennen zu können, wie die Entscheidungen getroffen werden sollen, das alles macht den Unterschied zwischen Erfolg und Misserfolg aus.

Diese Einsicht hat mich zur Entscheidungsmodellierung geführt und damit letztendlich zum von der Object Management Group OMG verabschiedeten Decision-Model-and-Notation-Standard (DMN). Auf diesem Weg habe ich viele Menschen kennengelernt, die eine lange Vorgeschichte in Entscheidungsmodellierung vorzuweisen haben, unter ihnen eine Menge großartiger Modellierer und scharfsinniger Denker. Als Tom mich darum bat, mit ihm zusammen dieses Buch um die Entscheidungsmodellierung und den DMN-Standard zu erweitern, habe ich begeistert zugesagt.

Mir ist klar geworden, was für eine mächtige Technik die Entscheidungsmodellierung ist. Wenn sie mit der Prozessmodellierung kombiniert wird, können Geschäftsregeln und Analyse-Techniken effektiv angewendet werden, die Übersichtlichkeit und Exaktheit von Voraussetzungen verbessert werden und generell einfachere, elegantere und agilere Geschäftsprozesse umgesetzt werden.

Dieses Buch haben wir mit nach und nach immer detaillierteren Entscheidungsmodellierungs-Konzepten und -Techniken angereichert, jeweils parallel zu den Details bei den entsprechenden Prozessmodellen. Diese Parallelität und die gleichrangige Behandlung von Entscheidungen und Prozessen ist ein Grundbestandteil des Ansatzes in unserem Buch. Entscheidungsmodellierung ist nichts, das an die Prozessmodellierung „angeschraubt" werden muss, sondern viel mehr etwas, das die Art, wie wir über Geschäftsprozesse und -ereignisse denken, verändert und dabei ein besseres Verständnis für unsere Unternehmensgeschäfte schafft.

Warum tun wir dies jetzt? Der neue DMN-Standard wurde kürzlich ausgearbeitet und Ende 2014 veröffentlicht. Die Bekanntheit der Entscheidungsmodellierung ist zum einen durch neuartige Software, die diese Modellierung ermöglicht, gestiegen (beispielsweise der DecisionFirst Modeler meiner Firma oder der Signavio Decision Manager), zum anderen auch dadurch, dass sie im Business Analyst Body Of Knowledge® V3 vorgestellt wurde. Prozessmodellierung ist wichtiger denn je, Datenanalyse ist ein heiß diskutiertes Thema und Business Rule Management Systeme finden in immer mehr Organisationen Anwendung. Jetzt, so schien es uns, wäre der perfekte Zeitpunkt, um die Aufmerksamkeit auch auf die Entscheidungsmodellierung zu lenken.

Danksagung

Als allererstes möchte ich Tom Debevoise dafür danken, dass er auf mich zukam und mich darum bat, dieses Buch um DMN zu erweitern. Ohne seine Begeisterung für Entscheidungsmodellierung und seine Bereitschaft, sein bestehendes Material zu überarbeiten und die Entscheidungsmodellierung darin aufzunehmen, wäre all dies nicht möglich gewesen.

Meine Arbeit mit Entscheidungsmodellierung wurde in großem Maße durch die Erfahrung und das Verständnis der Mitglieder der Decision Model and Notation Submission and Finalization Teams geprägt. Alan Fish von FICO, Christian de Sainte Marie von IBM, Gary Hallmark von Oracle, Paul Vincent, Larry Goldberg und Barb von Halle von KPI, Prof. Jan Vanthienen von der University of Leuven und viele mehr haben mit mir ihre sowohl tiefgehenden als auch breit gefächerten Fachkenntnisse im Bereich der Entscheidungsmodellierung (und bei vielen weiteren Themen) geteilt. Wir haben in den letzten ungefähr 18 Monaten viel zusammen debattiert, in gleichem Maße ähnliche wie unterschiedliche Meinungen ausgetauscht, Konzepte bearbeitet und verbessert. Wie bei allen Standards ist das Ergebnis nicht perfekt, aber wir glauben, dass wir eine Grundlage geschaffen haben, die funktionieren wird und die die im Moment geläufige Vorgehensweise beträchtlich erweitert. Ich möchte außerdem speziell Alan Fishs Beitrag zu meinem persönlichen Verständnis von Entscheidungsmodellierung würdigen und sein Buch „Knowledge Automation: How to Implement Decision Management in Business Processes" (Wiley, 2012) empfehlen.

Parallel zu den Arbeiten am Standard war ich in der Lage, zu meinen Wurzeln zurückzukehren – dem Entwickeln von Software-Tools. Decision Management Solutions hat ein Tool namens DecisionsFirst Modeler entwickelt und veröffentlicht, das eine kollaborative, cloud-basierte Plattform zum Erstellen von Entscheidungsmodellen bietet. Das Programmieren und Benutzen dieser Software hat meine Herangehensweise an Entscheidungsmodellierung beeinflusst und verbessert. Gagan Saxena und Meri Gruber von Decision Management Solutions haben dabei eine entscheidende Rolle gespielt, genauso wie Don Perkins, einer unserer ersten und detailorientiertesten Nutzer. Es war großartig, mit dem Software-Team (Kapil, Vinayak, Kailash), geleitet von Rishi Argawal, zu arbeiten – wir können mit Recht stolz darauf sein, was wir bereits geschafft haben und was wir dem Produkt noch hinzufügen werden.

Sandy Kemsley, Alan Fish und Gil Ronen haben alle viel Zeit darin investiert, frühe Versionen meiner Kapitel zu begutachten und haben mir unzählige hilfreiche Vorschläge geliefert. Alle verbleibenden Fehler sind natürlich meine eigenen!

Wie immer danke ich meiner Familie für ihre Geduld während der Zeit, in der ich dieses Buch geschrieben und überarbeitet habe, genauso bedanke ich mich für die Unterstützung der Kunden von Decision Management Solutions. Ebenso geht mein Dank an die Nutzer des DecisionsFirst Modeler und all diejenigen, die mir bei meinen Ideen in den letzten Jahren weitergeholfen haben.

— James Taylor

Inhaltsverzeichnis

Kapitel 1
Einleitung

Durch das Hinzukommen von Decision Model and Notation (DMN) hat sich der Business Model and Notation-Standard (BPMN) 2.0 zu einem noch mächtigeren und leistungsfähigeren Toolset entwickelt. Dieses Buch behandelt deren Spezifikationen, ein großer Fokus liegt aber auch auf den Veränderungen in der Welt der Entscheidungs- und Prozessmodellierung. Eine Vielzahl von Best Practices ist entstanden, durch die robuste, agile und nachvollziehbare Lösungen ermöglicht werden.

Prozessverbesserungen sind abhängig von besserem Verständnis, besserer Kommunikation und besserer Organisation, und Prozessmodellierung ist ein wichtiger Teil von all diesem. Das Bewusstsein für Geschäftsereignisse und ereignisbasierte Verarbeitung war die Grundlage für flexiblere Geschäftsprozesse, die in neuen Prozessmodellierungsansätzen widergespiegelt werden. In den folgenden Kapiteln wird gezeigt, wie wichtig Decision Management und das Modellieren von Entscheidungen sind, um einfachere, elegantere und agilere Prozesse zu erstellen. Dieses Buch vereint Lektionen zur Entscheidungs-, Ereignis- und Prozessmodellierung.

Das Hinzukommen von Entscheidungsmodellierung zeigt nicht nur die Wichtigkeit von Entscheidungen auf, sondern definiert auch entscheidende Aspekte, auf die der Prozess eingehen muss, um mit der Entscheidung übereinzustimmen. Entscheidungsbasierte Prozesse laufen nach den Vorgaben der Entscheidungslogik ab: Entscheidungsergebnisse beeinflussen die Abfolge der Dinge, die passieren werden, welche Pfade genommen werden und wer die Arbeit erledigen soll. Prozesse stellen entscheidende Inputs zur Verfügung, unter anderem Daten zur Validierung und Identifikation von Ereignissen oder prozessrelevanten Bedingungen. Die Kombination von Entscheidungs- und Prozessmodellierung ist sehr mächtig.

Im Angesicht neuer Ansätze und Herausforderungen hat sich Geschäftsprozessmodellierung auf vielerlei Weise weiterentwickelt:

> › Entscheidungsmodellierung geht manchmal der Prozessmodellierung voraus, dadurch dass sie Input-Daten und Geschäftswissen definiert, was dazu führt, dass Entscheidungsergebnisse der folgenden Prozesselemente auf disziplinierte Weise koordiniert werden können.

> › Die Kombination von Prozess- und Entscheidungsmodellierung hilft dabei, Sichtbarkeit und Unternehmenssteuerung auf einem geeigneten Niveau

für nachfolgende Unternehmenseinheiten zu vereinen – von den globalsten zu den lokalsten Schichten.

> Weil die Logik der Entscheidungen von einem Prozess in Entscheidungsmodelle verschoben wird, sind Prozessmodelle deutlich einfacher.

> Geschäftsereignisse werden durch wohldefinierte Entscheidungen schnell erkannt und verarbeitet und helfen dabei zu definieren, wie in Echtzeit Ergebnisse geliefert werden können, und dabei, die Struktur von Prozessen zu verändern.

> Entscheidungsanalysen werden immer häufiger als Inputs von Entscheidungen verwendet und nicht nur als Maßstäbe bezüglich des Gesamtprozesses.

In der modernen Prozessmodellierung bestehen die meisten Szenarien aus einer Mischung von Metaphern, unter denen sich Prozesse, Entscheidungen und Ereignisse befinden.

In einigen Geschäftsprozessen ist eine operative Entscheidung der steuernde Faktor eines Prozesses, der oftmals direkt nach dem Start-Ereignis (bzw. den Start-Ereignissen) den Prozess lenkt. Dies ist ein sehr effektives Konzept in Anbetracht der Tatsache, dass viele Regierungen und Unternehmen darum bemüht sind, die Verzögerung von Reaktionen auf Ereignisse zu minimieren, da eine kürzere Reaktionszeit meist einen größeren finanziellen Vorteil mit sich bringt. Ein wachsender Fokus auf geradlinige, direkte Verarbeitung und damit auf automatisierte Entscheidungsfindung (und nicht bloß automatisierte Prozesse) erhöht gleichzeitig die Sichtbarkeit von Entscheidungen in Prozessen. Ein Entscheidungsmodell zu entwickeln bringt somit einen detaillierten, standardisierten Ansatz mit sich, der Prozesse präzise steuern kann und einen neuen Grad an Nachverfolgbarkeit bietet. Entscheidungsmodellierung kann daher als organisatorisches Prinzip angesehen werden, um vielerlei verschiedene Geschäftsprozesse entwerfen zu können. Prozesse, die den architektonischen Ansatz des Internet of Things (IoT) verfolgen, werden zum Großteil von Ereignissen und Ereignisverarbeitung gesteuert. Entscheidungen ermitteln dabei passende Reaktionen auf diese Ereignisse.

Entscheidungsmodellierung in BPMN geschieht zum Großteil dadurch, einen Anwendungsfall, in Schriftform oder auf andere Weise, mit Workflow-Strukturen zu verknüpfen. Prozessmodellierung ist grundlegend für die Erzeugung eines robusten und kontinuierlichen Lösungsansatzes. Ohne Entscheidungsmodellierung kann das jedoch dazu führen, dass Entscheidungslogik in einer Sequenz von Gateways und Bedingungen untergeht. Dies kann wiederum dazu führen, dass die eigentliche Entscheidung kaum mehr zu erkennen ist, weil sie auf die vielen Prozessschritte verteilt ist. Ohne Entscheidungsmodellierung können wichtige Entscheidungen in den Details des Prozesses verloren gehen. Wenn eine Entscheidung angepasst werden soll, kann es sein, dass ein Prozessmodell in BPMN alleine diesen Wünschen nicht genügt. Daher ist es das Ziel von DMN, eine Notation zur Verfügung zu stellen, die die Modellierung von Entscheidungen von der Prozessmodellierung trennt.

Eine neue Perspektive auf Prozessmodellierung spiegelt sich in der Kombination von drei Ideen – Prozess, Entscheidung und Ereignis – wider:

> **Prozess:** Ein Prozess kann definiert werden als eine Menge von Aktivitäten, die in einer Abfolge stattfinden und für die Geschäftsziele eine Rolle spielen. Auf der untersten Ebene repräsentiert ein Prozessmodell eine einzelne Instanz eines Prozesses. Das heißt beispielsweise, dass der sachgemäß entworfene Bestell-Prozess für die Bearbeitung einer einzigen Bestellung steht und nicht für die organisationsweite Methode, wie alle Bestellungen zu bearbeiten sind.

> **Entscheidung:** Alle Aktivitäten und Reaktionen auf Ereignisse sollten die Ergebnisse von bewusst getroffenen Entscheidungen der Organisation sein. Entscheidungen sind das Ergebnis von Geschäftswissen, das auf eine Ansammlung von Daten angewendet wird. Die Daten können dabei entweder Input-Daten für diese Entscheidung sein oder Ergebnisse, die aus einer vorherigen Entscheidung hervorgegangen sind. Ein Entscheidungsmodell stellt ebenso dar, wie eine Entscheidung bei einer einzigen, bestimmten Bestellung getroffen wurde. Dieses Wissen wird meist in Geschäftsregeln ausgedrückt.

> **Ereignis:** Ein Prozess kann auch als verbundene Sequenz von Ereignissen, die auf Zustände, Ursachen und Bedingungen reagieren, verstanden werden. In einer ereignisbasierten Sicht ist ein Prozess eine Verknüpfung von Übergängen von einem Verarbeitungszustand zu einem anderen. Geschäftsereignisse entstehen in der Welt außerhalb des Unternehmens, im Gegensatz zu internen Ereignissen wie Tastenklicks oder Transaktionen. Die Einbindung von externen Geschäftsereignissen kommt in modernen Prozessmodellen immer häufiger vor.

Jede dieser Perspektiven erhöht die Übersichtlichkeit des gesamten Prozessmodells und seiner zugrundeliegenden Logik. Ein Prozessmodell ist kein alleinstehendes Szenario; es ist ein Szenario, das im Kontext des Geschäftsmodells des Unternehmens und dessen Entscheidungen und Ereignissen steht. Alle diese Perspektiven werden entsprechend in ein stabiles Prozessmodell integriert.

Ein Ziel dieses Buchs ist es, konkrete Beispiele von Dingen, die einem bei der Prozessmodellierung begegnen, zu geben, und sie diesen Perspektiven zuzuordnen.

Die Kombination von BPMN und DMN ist ein zentraler Aspekt für moderne Prozessmodellierung bezüglich dieser Gesichtspunkte. Mit den leicht verständlichen Visualisierungen und Techniken zur Problembewältigung von BPMN und DMN ist es einfach, moderne und optimierte (oder zumindest optimierbare) Prozessmodelle zu entwerfen.

Kapitel 2
Definitionen

Um ordnungsgemäße Modelle in BPMN und DMN erstellen zu können, ist ein grundlegendes Verständnis der Konzepte des Geschäftsprozessmanagements (BPM), des Decision Managements und des Business Event Managements notwendig. Fehlt dieses Verständnis, erstellen Nutzer oft nur vage, im besten Fall workflow-artige Diagramme mit BPMN; Regeln zur Entscheidungsfindung werden in einer Verschachtelung von Gateways versteckt oder komplett weggelassen, und Szenarien, bei denen Ereignisse und äußere Einwirkungen im Zentrum stehen, können nicht erfasst werden.

In diesem Kapitel werden die grundlegenden Definitionen für Geschäftsprozessmanagement, Decision Management und Business Event Management vorgestellt.

2.1   Geschäftsprozess-Definitionen

Nach James Chang[1] fehlt unserem traditionellen, zweckbetonten Arbeitsmanagement ein durchgängiger, globaler Überblick. Ein Geschäftsprozess ist eine Abfolge von Aktivitäten, die ausgeführt werden, um ein bestimmtes Geschäftsziel zu erreichen. Es gibt verschiedene Blickwinkel auf das, was ein Prozess an sich eigentlich ist. Der am einfachsten zu verstehende ist der traditionelle Prozessansatz:

Ein Geschäftsprozess ist ein organisierter, koordinierter Fluss von Aktivitäten, durchgeführt von Prozessteilnehmern, in dem Entscheidungen auf Grundlage von Daten und Wissen getroffen werden, mit dem Zweck, ein Geschäftsziel zu erreichen.

Diese Definition findet sich in zahlreichen BPM-Büchern und -Artikeln. Sie trifft Aussagen über:

> Start- und Endzustand eines Prozesses.

> Die Auswahl von BPMN-Elementen.

> Die Rolle von Entscheidungen.

---

1.   *James Chang, Business Process Management Systems: Strategy and Implementation, Auerbach Publications, 2005.*

> Wissensbasierte Steuerung von Prozessbeziehungen in betrieblichen Situationen, gegebenenfalls auch mithilfe von Geschäftsanalysen.

Die wichtigsten Elemente von Geschäftsprozessen sind in Abbildung 2.1 dargestellt:

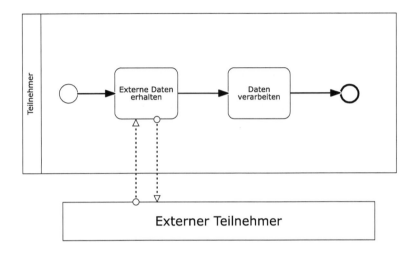

Abbildung 2.1: Ein einfaches Prozessmodell in BPMN.

> Ein Ereignis (dargestellt durch einen Kreis) ist eine Nachricht, ein Hinweis, eine Ankündigung oder ein Zeitpunkt, der oder die intern oder extern vom Unternehmen erstellt bzw. bestimmt wird.

> Ein Konnektor (dargestellt durch Linien und Pfeile) zeigt den Prozessfluss von einem Zustand zum nächsten. Es gibt zwei Arten von Prozessflüssen: Sequenzfluss und Nachrichtenfluss. Konnektoren können zwischen Ereignis und Ereignis, Ereignis und Aktivität sowie zwischen Aktivität und Aktivität gezogen werden.

> Eine Aktivität (dargestellt durch ein Rechteck mit abgerundeten Ecken) bezeichnet eine Aufgabe, die von einem Prozessteilnehmer ausgeführt wird.

> Ein Teilnehmer (dargestellt durch eine horizontale oder vertikale Lane) ist jede Form von Ressource, die in einen Geschäftsprozess involviert ist – dies kann eine Einzelperson, eine Gruppe von Personen, ein System oder ein anderer Prozess sein.

In diesem Beispielprozess kommen folgende Elemente nicht vor:

> Daten im Sinne von strukturierten Informationen, die zu einem Geschäftsprozess gehören. In der BPMN-Spezifikation sind Daten als Inputs und

Outputs für Prozesse und Aktivitäten beschrieben. Geschäftsprozesse können außerdem unstrukturierte Dokumente weitergeben, senden und verändern.

> Der konkrete Ansatz zur Entscheidungsfindung, der für jede Aktivität, bei der eine Entscheidung getroffen werden muss, benötigt wird. Dies würde dann als Entscheidungsmodell modelliert und der Prozess müsste die Entscheidung über passende Gateways und Aktivitäten widerspiegeln.

Der Prozess steuert seine Aktivitäten, um ein oder mehrere Zielstellungen zu erreichen. Dies sind die Geschäftsziele. Ein Geschäftsziel wird beispielsweise ausgelöst, wenn ein Kunde ein Formular ausfüllt (Ziel: Kundenbestellung fertigstellen). Das Ziel gilt erst als erreicht, wenn die Bestellung in ein ERP-System (Enterprise-Resource-Planning-System) oder ein CRM-System (Customer-Relationship-Management-System) eingetragen ist. Es gibt zwei Arten von Zielen, die mit einem Geschäftsprozess verknüpft sein können: dynamische, unstetige Ziele, die von Benutzern, Kunden oder sonstigen Beteiligten abhängen, und statische, unveränderliche Ziele, die durch Metriken kontinuierlich messbar und quantifizierbar sind[2] .

2.1.1 Geschäftsprozessmanagement

Geschäftsprozessmanagement besteht im Identifizieren, Verstehen und Verwalten von Geschäftsprozessen, die das Geschäftsmodell einer Organisation unterstützen. Idealerweise passt sich dieses Geschäftsmodell an Veränderungen in der Wirtschaft, an Kundenwünsche und Best Practices an, und die Prozesse unterstützen dies. Veränderungen müssen dann entweder im Prozessmodell selbst oder in der Logik der Entscheidungsmodelle vorgenommen werden.

2.1.2 Kategorien von Geschäftsprozessen

Unternehmen lassen sich meist einer oder mehreren Kategorien zuordnen – dies gilt entsprechend auch für ihre Prozesse. Trotzdem ist jeder Prozess einzigartig und jene Kategorien sind nur als Generalisierungen der bekanntesten Typen zu verstehen. Wenn ein Szenario nicht hundertprozentig mit einer Kategorie übereinstimmt, aber überwiegend dazu passt, sollte diese trotzdem als Basis für die Modellierungsarbeit in Betracht gezogen werden. Die Kategorien wurden zusammen mit den Ereignis- und Entscheidungskategorien entworfen, weil sie existierenden Szenarien entsprechen und eine bessere Einsicht in die benötigte Modellierung vermitteln. Die folgende Liste ist keineswegs vollständig und jeder Prozess, jedes Ereignis und jede Entscheidung ist anders. Auch wenn es sich nur um allgemeine

2.   *Martin Ould, Business Process Management: A Rigorous Approach, Meghan Kiffer Pr, 2005.*

Arten von Prozessen handelt, hat die Erfahrung gezeigt, dass die meisten Geschäftsprozesse sich einer dieser Kategorien zuordnen lassen:

Task-orientiert: Task-orientierte Prozesse automatisieren von Menschen ausgeführte Aktivitäten, insbesondere Interaktionen zwischen Angestellten, Kunden, Managern und Vertretern anderer Rollen. Task-orientierte Systeme beinhalten die individuelle Abarbeitung von Bestellungen, das Einstellen von Personal und die Bearbeitung von komplizierten Anträgen oder Forderungen.

Dokumentenlenkung: Diese Prozesse verwalten Dokumente, oder, spezifischer, die Lebenszyklen von Dokumenten. Sie kontrollieren Versionen und pflegen Archive. Dies schließt meist Verkettungen und Verzweigungen von Dokumenten mit verschiedenen Berechtigungen ein. Solche Prozesse findet man oft in juristischen Systemen und ähnlichen regulierten Umfeldern, bei denen jede Bearbeitung eines Dokuments transparent und nachvollziehbar zu sein hat.

Systemintegration: Diese Prozesse integrieren Systeme und Anwendungen, um deren Ausführung zu orchestrieren. Die Definition des Prozesses gibt detaillierte Auskünfte über die Validierung, den Fluss und die Verarbeitung von Daten durch verschiedene Systeme. Diese Systeme können ERP-Geschäftsanwendungen, interne Altsysteme oder Systeme der Handelspartner sein.

Ereignisbasiert: Ereignisbasierte Prozesse gehören zu den neuesten Arten von Prozessen. Der Prozess reagiert auf ein bestimmtes Ereignis mit einer bestimmten, passenden Antwort. Ereignisse werden Prozessinstanzen zugeordnet, die die Fähigkeit besitzen, auf das Ereignis zu reagieren. Ereignisverarbeitung kann somit bei der Identifizierung verschiedener Möglichkeiten helfen: Externe Ereignisse werden ausgewertet, und Entscheidungen können genutzt werden, um den Fall zu identifizieren, auf den der Prozess reagiert.

Beispiele für solche Prozesse sind die Integration des Internet of Things (IoT), Handys, Werbung und CRM-Systeme. Anhand von GPS-Daten und Kundenprofil kann ein Verkäufer einem sich in der Nähe befindlichen Kunden ein spezielles Angebot machen, wenn dieser den Laden an einem Tag mit wenig Geschäftsverkehr besucht. Intelligente Stromnetze, die mittels eines Prozesses Elektrizität effizient an Verbraucher leiten können, sind ein weiteres Beispiel.

Entscheidungsbasiert: So gut wie jeder Prozess beinhaltet Entscheidungen, die über Geschäftsregeln oder eine Geschäftslogik beschrieben werden können. Bei entscheidungsbasierten Prozessen steht die Entscheidung darüber hinaus im Mittelpunkt: Oft steht eine Entscheidung an deren Anfang

und sobald diese getroffen wurde, sind der Aktivitätsfluss und das Ergebnis
des Prozesses festgelegt. Entscheidungsbasierte Prozesse sind beispielsweise medizinische oder Versicherungsleistungen, Betrugserkennung und
die Verarbeitung von finanziellen oder sonstigen Anträgen.

Anwendungsorientiert: Ein anwendungsorientierter Prozess überwacht
die Zusammenarbeit verschiedener Anwendungen, steuert die Zeitzyklen
und bestimmt die Inhalte übertragener Daten. Außerdem bestimmt er
die möglichen Inputs und Outputs der Anwendungen. So ein Prozess kann
beispielsweise CRM-, ERP- und Supply-Chain-Systeme verbinden und so
eine einheitliche Sicht auf diese simulieren. Diese Zusammenführung bietet
einen vereinheitlichten Überblick über Kunden- oder Verwaltungsinfor-
mationen und kann dadurch Inkonsistenzen bezüglich der Eingabe und
Verarbeitung von Daten beseitigen oder zumindest reduzieren.

Wie anfangs schon festgestellt, wird nicht jeder Prozess klar einer dieser Kategorien
zuordenbar sein, und viele Prozesse werden Merkmale mehrerer Kategorien
aufweisen. Die Liste bietet dennoch eine gute Zusammenfassung zuverlässiger
Lösungsansätze für diverse Geschäftsprobleme. Weiterhin zeigen die Kategorien
die technischen Entscheidungen auf, die vom Prozessteam getroffen werden müssen,
wenn der Prozess implementiert werden soll.

2.2   Entscheidungs-Definitionen

Geschäftsprozesse beinhalten oft das Treffen von Entscheidungen als notwendige
Voraussetzung für ihren Abschluss – insbesondere im Falle von entschei-
dungsbasierten Prozessen. Im Prozessumfeld heißt eine Entscheidung treffen,
Geschäftswissen in Form von Geschäftsregeln oder in einer anderen Form von
Entscheidungslogik auf Daten anzuwenden, um diese zu verarbeiten. Eine solche
Entscheidung kann von einem Teilnehmer des Prozesses getroffen werden oder
von einem Business Rule Management System (BRMS), das von der entsprechen-
den Aktivität aufgerufen wird, um die Geschäftsregeln für die entsprechende
Entscheidung auszuwerten. Dies ist ein Weg, um Entscheidungsfindung zu automa-
tisieren.

Aus der BPM-Perspektive ist eine Entscheidung eine Auswertung einer Menge
von Geschäftsobjekten und -konzepten, durch die eine bestimmte Antwort aus
verschiedenen Möglichkeiten ausgewählt wird.

2.2.1   Decision Management

Decision Management ermöglicht es, die sich wiederholenden Entscheidungen im
Herzen einer Organisation zu steuern, zu verwalten und zu automatisieren. Dies

geschieht durch die effektive Anwendung von Geschäftsregeln, Datenanalysen und Optimierungstechnologien. Behandelt man Entscheidungen auf dem gleichen Niveau wie Geschäftsprozesse, ermöglicht Decision Management die Entwicklung von einfacheren, eleganteren und agileren Geschäftsprozessen.

Geschäftsregeln und Business Rule Management Systeme sind ein zentraler Aspekt des Decision Managements. Zusätzlich können Data Mining und Predictive Analytics weitere Erkenntnisse für das Decision Management bieten. Solche Analysen zahlen sich besonders aus, da sie mittels Decision Management auf wiederholte, täglich stattfindende Entscheidungen angewendet werden können.

Aus der BPM-Sicht bedeutet Decision Management:

1. Entscheidungen innerhalb des Geschäftsprozesses identifizieren (ob automatisiert oder manuell).

2. Ein präzises und eindeutiges Entscheidungsmodell erstellen und einsetzen, das spezifiziert, wie die Entscheidung zu treffen ist, ohne dass diese Information dem Prozessmodell selbst hinzugefügt wird.

3. Bericht- und Update-Prozesse implementieren, die die Effektivität der Entscheidungsfindung sowie die Effizienz des Prozesses kontinuierlich verfeinern und optimieren.

2.2.2   Entscheidungs-Kategorien

Genau wie bei Prozessen gibt es auch für Entscheidungen eine Vielzahl von Kategorien:

Eignung/Auswahl – Ist dieser Kunde/Geschäftspartner/Bürger für dieses Produkt/diesen Service geeignet? Bei dieser Art von Entscheidungen spielen Vorschriften und Regeln eine große Rolle und die Verwendung eines Business Rule Management Systems bietet einen effektiven Weg, all diese Geschäftsregeln zu verwalten. Genehmigungs- und Auswahlentscheidungen scheinen statisch zu sein, aber wenn Änderungen eintreten, so unterliegen diese oft nicht der Kontrolle der Organisation und treten plötzlich auf.

Validierung – Ist dieser Antrag oder diese Rechnung für die Bearbeitung zulässig? Regeln für Validierungsentscheidungen sind im Allgemeinen fix und wiederholbar. Validierung steht oft im Zusammenhang mit Formularen, besonders Online-Formulare haben ohne Validierung wenig Nutzen. Die gestiegene Verwendung mobiler Apps macht Validierungsentscheidungen noch wichtiger, weil Nutzer Bestätigungen nahezu in Echtzeit erwarten.

Berechnung – Welchen Preis hat dieses Produkt/dieser Service? Berechnungen basieren stark auf Regeln, und wenn diese übersichtlich und handhabbar gestaltet werden, fällt es umso leichter, Änderungen vorzunehmen und Erklärungen abzugeben. Sie sind jedoch meistens in Code eingebettet und deshalb schwer abzurufen.

Risiken – Wie groß ist das Risiko bezüglich des Lieferdatums, das der Lieferant angegeben hat, und welcher Preisnachlass sollte gefordert werden? Eine Entscheidung zu treffen, die verschiedene Risiken auswertet, ob Lieferrisiko oder Kreditrisiko, erfordert das Abwägen verschiedener Methoden, Regulierung und eine formale Risikoabschätzung. Durch die Nutzung von Geschäftsanalysen für die Abschätzung dieser Risiken sind solche Entscheidungen mittlerweile handhabbar und keine „Mutproben" mehr.

Betrug – Ist es wahrscheinlich, dass es sich bei diesem Antrag um einen Betrugsversuch handelt, und wie soll damit umgegangen werden? Das Erkennen von Betrugsversuchen beinhaltet einen fortwährenden Wettlauf mit Betrügern, bei dem es notwendig ist, mit neuen Arten von Betrügereien mitzuhalten und schnell Entscheidungen treffen zu können. Das Verwalten von Betrugsentscheidungen benötigt Fachkenntnis und die Kenntnis der Best Practices ebenso wie fortgeschrittene Technologien im Bereich der Predictive Analytics.

Möglichkeiten – Was ist der beste Weg, um den Umsatz zu maximieren? Für Organisationen ist es wichtig, den bestmöglichen Gewinn aus jeder Interaktion zu ziehen, besonders wenn Kunden betroffen sind. Anhand von Entscheidungen dieser Art soll die „beste Gelegenheit" ausfindig gemacht werden – diejenige, die am ehesten akzeptiert wird – und auch wann und wo diese zu fördern ist.

Maximierung – Wie können die Ressourcen am wirksamsten genutzt werden? Viele Unternehmensentscheidungen werden mit der Intention getroffen, den Wert eingeschränkt vorhandener Ressourcen zu maximieren; sei es der beste Weg, einen Kredit einem bestimmten Portfolio zuzuweisen, oder zu bestimmen, mit welcher Menge an Maschinen die Produktionsanlage die Arbeit am effizientesten erledigt.

Zuweisung – Wer sollte sich als nächstes um diese Aufgabe kümmern? In vielen Geschäftsprozessen finden Zuweisungen und Weiterleitungen von Aufgaben und Dokumenten statt. Wenn eine komplexe Entscheidung automatisiert wird, ist es außerdem oft üblich, dass ein Teil der Ergebnisse manuell überprüft wird. Entscheidungen, die ermitteln, an wen bestimmte Tätigkeiten weitergeleitet werden sollen, und wie mit Verzögerungen oder Einreihungsproblemen umgegangen werden soll, sind oft aus vielen komplexen Geschäftsregeln aufgebaut.

Adressierung – Wie sollen wir auf diese Person zugehen? In vielen Situationen besteht die Möglichkeit, Interaktion zu personalisieren oder eine bestimmte Person ganz individuell zu adressieren. Wenn Unternehmen die Daten über eine Person mit vorhersagenden Analysen zu Verhaltenstrends und Best Practices kombinieren können und es gleichzeitig schaffen, dies unter Wahrung der Privatsphäre und in Übereinstimmung mit in dieser und anderer Hinsicht geltenden Vorschriften zu tun, bekommen Individuen das Gefühl, dass das System allein mit ihnen interagiert.

2.2.3   Geschäftsregeln und Entscheidungen

Eine Geschäftsregel gibt an, welche Handlungen erfolgen sollen, wenn eine bestimmte Menge von Voraussetzungen eintritt. Grundlegend handelt es sich um eine atomare logische Einheit, in der Daten und Fachwissen verwendet werden, um einen Teil einer Aussage über eine Geschäftsentscheidung auszuwerten. Die Entscheidung, die von einer Geschäftsregel getroffen wird, basiert auf der Information, die der Entscheidung zur Verfügung gestellt wird, und wenn sich die Geschäftsregel ändert, verändert sich auch das Ergebnis der Entscheidung. Eine Geschäftsregel selbst ist jedoch keine Entscheidung; sie ist die logische Voraussetzung dafür.

Geschäftsregeln entwickeln sich innerhalb eines Prozesses oft weiter, wobei es zu einer Standardisierung der Basis von Entscheidungen kommt. Am Anfang werden Entscheidungen auf Grundlage von Erfahrung getroffen, mit der Zeit entstehen dann Best Practices, die zu verbesserten Geschäftsregeln führen. Die Regeln automatisieren die geläufigsten Entscheidungen und fördern somit einheitliche Ergebnisse. Wenn für eine Entscheidung das Fachwissen und die Erfahrung einer Person benötigt werden, kann die Geschäftsregel ebenfalls entscheiden, welche Person am besten geeignet ist, diese Entscheidung zu treffen.

Abbildung 2.2 zeigt einen Ausschnitt aus einem Prozess in BPMN, der Geschäftsregeln beinhaltet. Das Ziel in diesem Ausschnitt ist es, einen Treue-Rabatt an einen Kunden zu vergeben. Die erste Aktivität berechnet den Einkaufswert der Waren, danach wird über ein Gateway der Treue-Rabatt zugewiesen. Jeder ausgehende Zweig des Gateways repräsentiert eine Geschäftsregel.

Dieses Modell ist noch recht leicht zu verstehen, es ist aber auch offensichtlich, dass dieser Ansatz höherer Komplexität nicht standhalten kann. Wenn der Rabatt aufgrund verschiedener Eigenschaften des Kunden, wie zum Beispiel Dauer der Kundenbeziehung, Anzahl an Gesamteinkäufen und Kundentreue, berechnet würde, dann wäre eine Verschachtelung von Gateways notwendig – siehe dazu Abbildung 2.3.

Ein Decision Management-Ansatz, wie in Abbildung 2.4 gezeigt, ermittelt, dass es sich bei der Auswahl des Rabatts um eine Entscheidung handelt, und stellt dies einfach als Aktivität im Prozess dar. Ein separates Entscheidungsmodell erklärt dann im Detail, wie der Rabatt berechnet wird. In Abbildung 2.5 ist ein einfaches Modell dieser Art dargestellt (die verwendeten Modellelemente werden in Kapitel 3 näher beschrieben).

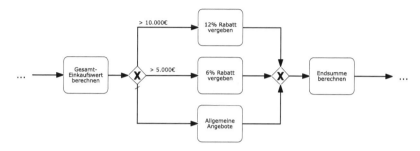

Abbildung 2.2: Regeln in einem Prozessmodell in BPMN.

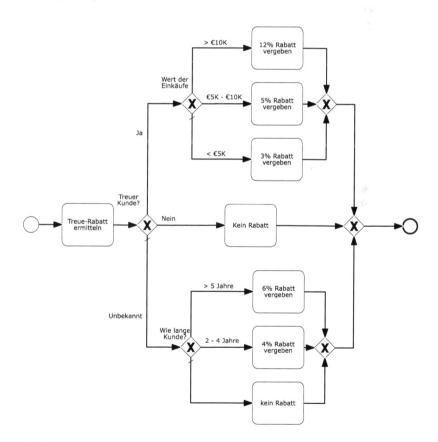

Abbildung 2.3: Ein BPMN-Modell für eine komplexe Rabatt-Entscheidung.

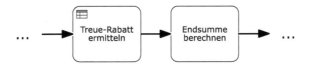

Abbildung 2.4: Die Regeln aus den vorhergehenden Abbildungen zu einer Entscheidung in BPMN zusammengefasst.

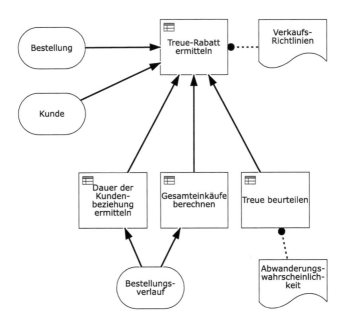

Abbildung 2.5: Ein DMN-Modell für die komplexe Rabatt-Entscheidung.

Durch solch ein Modell wird verständlich dargestellt, wie die Entscheidung getroffen werden sollte, und die dahinterstehende Logik kann nun näher bestimmt werden. Dies wird oft mithilfe von Entscheidungstabellen getan, die sich aus mehreren Geschäftsregeln zusammensetzen. Entscheidungen können in einem solchen Modell aber auch auf Grundlage von Analysen oder Algorithmen getroffen werden – es gibt viele Möglichkeiten, die Logik hinter einer Entscheidung darzustellen.

Entscheidungen und Entscheidungsmodelle erweitern den Geschäftsregelansatz um eine feste Struktur, wodurch die wichtigsten Regeln eines Unternehmens aus den Geschäftsprozessen extrahiert und in einer Form gespeichert werden können, die sowohl für Manager als auch für technische Mitarbeiter verständlich ist. Analysten und Fachexperten können Geschäftsregeln zusammenstellen, um die Details eines Entscheidungsmodells auszuarbeiten.

Die Verwaltung von Entscheidungen und Geschäftsregeln erlaubt Organisationen, Geschäftsregeln und damit die Entscheidungsfindung unabhängig von ihren entsprechenden Prozessen zu verändern, um sich an spezielle Bedürfnisse anzupassen. Geschäftsprozesse sind leistungsfähiger, wenn sie zusammen mit einem Decision Management entworfen werden.

2.3   Geschäftsereignis-Definitionen

In der modernen Prozessmodellierung werden Gelegenheiten, Umstände und andere Faktoren, auf die eine Organisation reagieren muss, als Geschäftsereignisse gehandhabt. Nach der Definition von Chandy und Schulte[3] ist ein Geschäftsereignis „ein Ereignis, das für die Ausführung von kommerziellen, industriellen, Regierungs- oder Handelsaktivitäten von Bedeutung ist".

Geschäftsereignisse gehören zur Prozessmodellierung und stellen dar, dass der Prozess an etwas beteiligt ist oder von etwas betroffen sein könnte. Prozessmodellierung in BPMN beinhaltet Startereignisse, Zwischenereignisse, die den Kontrollfluss nicht unterbrechen, und Endereignisse, die alle einer bestimmten Prozessinstanz zuzuordnen sind. Geschäftsereignisse sind jedoch nicht das gleiche wie BPMN-Ereignisse: Geschäftsereignisse existieren in einem unternehmerischen Kontext, wie beispielsweise das Eintreffen einer Bestellung oder das Nichteinhalten eines Vertrags – BPMN-Ereignisse hingegen stehen für die verschiedenen Zustände und Übergänge eines Prozesses.

Complex Event Processing (CEP) beschreibt ein Konzept ähnlich den Geschäftsereignissen. CEP verwaltet eine Vielzahl von Ereignissen, die zu wenigen, wesentlichen Geschäftsereignissen aggregiert werden. Diese Geschäftsereignisse werden dann einer bestehenden Prozessinstanz zugeordnet oder verwendet, um eine neue Prozessinstanz zu starten. Die meisten Geschäftsereignisse treten außerhalb der Grenzen einer Organisation auf. Eine CEP-Engine kann ein Muster, das auf ein Geschäftsereignis hindeutet, erkennen und eine Entscheidung kann mithilfe einer Geschäftslogik bestimmen, ob es sich tatsächlich um ein Geschäftsereignis handelt.

2.3.1   Business Event Management

Business Event Management ist eine neu aufkommende Designtechnik mit dem Ziel, die Geschäftsereignisse eines Unternehmens verständlich und prägnant zu formalisieren. Manager und technische Mitarbeiter listen die relevanten Ereignisse auf und bestimmen, wie diese verarbeitet (beispielsweise gefiltert, in Zusammenhang gesetzt oder archiviert) werden sollen. Ereignisverarbeitung setzt sich

---

3.   *K. Chandy und W. Schulte, Event Processing: Designing IT Systems for Agile Companies, McGraw-Hill Osborne Media, 2009.*

zusammen aus der Untersuchung der Menge von Ereignissen, dem Anwenden einer Logik auf Ereignisse und deren Weiterleitung an den zuständigen Kanal.

2.3.2   Kategorien von Geschäftsereignissen

Ein Geschäftsereignis besitzt drei Parameter: Zeit, die Menge der auslösenden Ereignisse und Daten. Es kann eindeutig und einfach sein, wie zum Beispiel eine Bestellung über eine Website, oder implizit und komplex, beispielsweise wenn ein Kunde 10 Artikel einer bestimmten Produktkategorie durchstöbert, aber keinen tatsächlichen Einkauf tätigt. Das Unternehmen könnte zum Beispiel dem Kunden per E-Mail für den Einkauf danken und ihm einen Coupon für den nächsten Einkauf anbieten. Entscheidungen können bestimmen, wann das Anbieten eines Produktes angemessen und passend ist.

Wie Prozesse und Entscheidungen fallen auch Geschäftsereignisse im Allgemeinen unter bestimmte Kategorien:

Anpassend: Eine Kategorie für Ereignisse, die weitere Ereignisse hervorbringen, die wiederum den Ablauf eines Geschäftsprozesses abändern oder einen neuen Geschäftsprozess in Gang bringen. Das könnte zum Beispiel passieren, wenn ein bestimmtes Verhalten in einem Online-Shop mit Kundendaten kombiniert wird. Durch das so entstandene neue Ereignis wird dann ein neuer Werbe-Prozess gestartet, in dem Kunden ein bestimmter Rabatt angeboten wird, und dieses Ereignis kann dann zum Auslöser für eine Entscheidung über weitere Angebote werden. Nach ein paar Tagen verliert das Angebot an Bedeutung und der Werbeprozess sollte abgebrochen werden.

Vermeidung: Eine Kategorie für Ereignisse, die für Risikobewältigung eine Rolle spielen. Ereignisse dieser Art sind häufig an den Aktien- und Handelsmärkten zu beobachten, wo vielschichtige Voraussetzungen softwaregesteuerten Handel auslösen können. Weitere Ereignisse werden durch Beobachtung beispielsweise des Wetters oder der politischen Situation ausgelöst. Zu dieser Kategorie zählen auch Ereignisse zur Katastrophenvermeidung, beispielsweise bei Stromnetzen, bei chemischen Produktionsstätten und bei der Verkehrssteuerung auf Autobahnen.

Benachrichtigend: Eine Kategorie für Ereignisse, die ein Signal auslösen oder ein Attribut setzen, das von einer Person oder einem Computersystem registriert wird. Diese Ereignisse lösen selbst keine Prozesse aus, stattdessen überwachen Personen oder Systeme die Ereignisinstanzen. Man findet Ereignisse dieser Kategorie beispielsweise bei der Kriminalitätsverhütung – ein Straftäter könnte beispielsweise bestimmte Artikel kaufen, die in das Profil früherer Straftaten passen. Dies könnte auf eine neue Straftat hindeuten, sodass das entsprechende Ereignis ein Signal auslöst und weitere Überwachung veranlasst.

Für benachrichtigende Ereignisse spielen Daten eine zentralere Rolle als für anpassende oder Vermeidungs-Ereignisse. Datenbeständigkeit ist Voraussetzung dafür, dass Ereignisse in einen Zusammenhang gebracht werden können. Im Gegensatz dazu vollziehen sich anpassende und Vermeidungs-Ereignisse meist in einen wesentlich kürzeren Zeitraum.

Abweichung: Ein Ereignismodell, das nach Abweichungen in Metriken und Key Performance Indicators (KPIs) sucht. Nehmen wir beispielsweise an, 50 sei die durchschnittliche Anzahl an Bestellungen pro Kunde. Sollte ein Kunde mehr als 70 Bestellungen innerhalb kurzer Zeit aufgeben, macht ein Prozess die Geschäftsleitung darauf aufmerksam. Der Kunde könnte dann zu einer Verkäufer-Liste hinzugefügt werden – es könnte aber auch ein Hinweis auf einen Betrugsversuch darin gesehen werden.

Quantitativ: Diese Kategorie beinhaltet Ereignisse, die große Mengen an Daten benötigen – beispielsweise können ohne eine große Sammlung historischer Daten keine präzisen quantitativen Analysen durchgeführt werden. In diesem Ansatz werden Statistiken eingesetzt, um relevante Ereignisse zu bestimmen.

2.4 Geschäftsprozesse, Geschäftsentscheidungen und Geschäftsereignisse

Wie schon erwähnt, gibt es drei grundlegende Metaphern für die Modellierung von Geschäftsprozessen: Geschäftsprozesse selbst, Geschäftsereignisse und Geschäftsentscheidungen. Die folgende Tabelle zeigt die wichtigsten Unterschiede zwischen ihnen auf.

Tabelle 2.1: Merkmale der drei Metaphern der Geschäftsprozessmodellierung

Geschäftsereignis	Geschäftsprozess	Geschäftsentscheidung
Unvorhersagbar oder zufällig, von außen ausgelöst	Zustandsbehaftet	Zustandslos
Von der Umwelt beobachtet und mithilfe von Regeln gefiltert, sortiert und in Beziehung gesetzt	Abfolge von Aktivitäten, von Teilnehmer durchgeführt	Wendet Geschäfts- oder Fachwissen auf Input-Daten an

Geschäftsereignis	Geschäftsprozess	Geschäftsentscheidung
Basiert auf Beobachtung	Abfolge von Aktivitäten, die den Teilnehmern Überwachung und Steuerung ermöglicht	Maßnahmen, Leitung und Steuerung für Ereignisse und Prozesse
Verbessert Beobachtungen, Risikoabschätzungen, Agilität und Verständnis	Verbessert Prozess-Metriken	Einheitlichere Regeln, Anwendung einer Geschäfts- oder Unternehmensstrategie
Darstellung verändert und entwickelt sich	Visuelles BPMN	Visuelles DMN

2.5   Zusammenfassung

Die hier vorgestellten Definitionen und Konzepte bieten die Grundlage für die Behandlung der Materie der nächsten Kapitel.

In den letzten 10 Jahren hat sich die Prozessmodellierung in BPMN zusehends weiterentwickelt. Einheitliche Modelle sind entstanden und die Verwendung neuer, mächtiger Metaphern wurde standardisiert. Das Hinzukommen von DMN ist ein wichtiger Faktor für die Reife und die inhaltliche Tiefe dieses Ansatzes.

Das allumfassende Ziel der Prozessmodellierung in BPMN und der Entscheidungsmodellierung in DMN ist es, alle Bestandteile eines Geschäftsmodells verstehen, festigen, verbessern und steuern zu können. DMN-Diagramme beschreiben die operativen Entscheidungen eines Unternehmens, BPMN/DMN-Diagramme dienen der exakten Beschreibung von Prozessen und der mit ihnen verknüpften Entscheidungen.

Viele Organisationen verwalten Flow-Charts und Regeln nach veralteten Vorgehensweisen, beispielsweise auf Papier, oder über unpräzise, ungefähre Datenmodelle oder „Use Cases". Die Modellierung mit BPMN/DMN bietet diesen Methoden gegenüber eine erhebliche Verbesserung.

Die grundlegende Motivation für die Verwendung von Prozessmodellierung liegt in der Bestimmung der spezifischen Anwendungsvoraussetzungen aus der richtigen Funktion heraus und mit der richtigen Methode. Im Ergebnis werden kostengünstig und mit geringem Aufwand der Prozess und die zugehörigen Entscheidungen fehlerfrei und ordnungsgemäß gestaltet.

Modellierung ist entscheidend, wenn existierende Prozesse oder unternehmerische Aufgaben verbessert werden sollen. Im Allgemeinen wird die Modellierung von einem Team aus Geschäftsanalysten, IT-Angestellten und Modellierungsexperten durchgeführt. Im Endeffekt soll dadurch ein besseres Verständnis von Ist- und Soll-Zustand geschaffen werden. Das Ziel dieses Buches ist es, zu beschreiben, wie solche Modellierungs-Teams die expliziten und impliziten Aspekte von Prozessen, Entscheidungen und Ereignissen mittels grafischer Notation hervorheben können. Neben der Beschreibung der Modelle und Metaphern soll dieses Buch dem Leser die eigenständige Nutzung von Prozessmodellierungs-Tools ermöglichen.

Kapitel 3
Modellierungsgrundlagen

In der Einleitung wurden BPMN-Konzepte vorgestellt, die die Grundlage für Geschäftsprozessmodelle bilden. Es wurde dabei festgestellt, dass ein Geschäftsprozess nur einer von vielen Bestandteilen ist, die beschreiben, wie ein Unternehmen sein Geschäftsmodell umsetzt. Die zu treffenden Entscheidungen sind dabei von gleicher Bedeutung wie der Prozess selbst. Die eingeführten DMN-Konzepte ermöglichen die Definition der Grundbestandteile der Entscheidungsfindung, die in einem Prozess benötigt werden. In diesem Kapitel sollen die BPMN- und DMN-Diagrammelemente vorgestellt und gezeigt werden, wie mit ihnen Geschäftsprozesse und darin auftretende Entscheidungen in einer sinnvollen Reihenfolge modelliert werden können.

In BPMN gibt es vier mögliche Formen für Diagrammelemente, an denen sich das jeweilige Verhalten eines Elements ablesen lässt: Rechtecke, Kreise, Rauten und Linien. Mögliche Verhaltensklassen sind Aktivität, Ereignis, Gateway, Sequenz und Fluss. Markierungen innerhalb eines solchen Elements können das entsprechende Verhalten noch weiter spezifizieren. Alle Diagrammelemente befinden sich im Pool eines Teilnehmers.

Die vier DMN-Elemente werden durch Rechtecke, Ovale, Dokumentformen und Rechtecke mit abgeschnittenen Ecken dargestellt. Sie stehen für Decisions, Input Data, Knowledge Sources und wiederverwendbare Business Knowledge Models. Jedes Element besitzt bestimmte Eigenschaften und Verhaltensweisen und gehört zu einem (oder mehreren) Decision Requirements Diagramm(en) (DRD).

In einem solchen Diagramm werden die Diagrammelemente zu einem verknüpften Netzwerk angeordnet, um eine Entscheidung in DMN zu modellieren. Die Verbindungen zwischen den Elementen entstehen aus ihren Abhängigkeiten, Requirements genannt, untereinander. Mit einem Verständnis für diese grundlegenden Diagrammelemente und Verbindungen können Prozessmodellierer auf einfache Weise Entscheidungsmodelle lesen und selbst entwerfen.

In BPMN wird ein Prozess durch Zuordnen eines Anwendungsfalls zu einer dazu passenden Reihenfolge von Elementen modelliert. Diese Reihenfolge ergibt sich aus der Abfolge der Kommunikationen im Prozess. Interaktionen werden über Sequenzen modelliert, Kommunikation über Nachrichten. Analog können mit einem Verständnis dieser Grundbausteine sowie der entsprechenden Markierungen mühelos Prozesse modelliert und BPMN-Modelle gelesen werden.

Das Konzept der Token-Weitergabe erklärt, wie Abfolgen von Aktivitäten in BPMN zu verstehen sind, und beschreibt, wie der Prozessfluss während der Laufzeit vonstattengeht. Die BPMN-Elemente können Token erzeugen und konsumieren und diese Token durchlaufen einen Sequenzfluss von Anfang bis Ende. Im Allgemeinen ist ein BPMN-Prozess nicht abgeschlossen, solange nicht alle Token konsumiert wurden. Später werden wir aber auch noch sehen, wie Token im Fall von Ausnahmen oder Fehlern das Endereignis umgehen können.

Für die Ausführung von Elementen in einem BPMN-Modell müssen bestimmte Vorbedingungen gelten. Aktivitäten und Gateways können nur in Gang gesetzt werden, wenn diese Bedingungen erfüllt sind. In der Einleitung wurde ein Geschäftsprozess im Hinblick auf Geschäftsziele definiert – aus der Modellsicht hingegen ist ein BPMN-Prozess die Bewegung von Daten und Token durch Elemente über eine bestimmte Zeit. Sie folgen dabei einem Weg, der durch die Werte der Daten bestimmt wird. Die Bewegung findet in Nachrichten, Sequenzen und Aktivitäten statt.

Genau wie ein Prozess durch das Abbilden eines Anwendungsfalls auf eine Abfolge von BPMN-Elementen modelliert wird, wird eine Entscheidung mittels eines Netzwerks von DMN-Diagrammelementen dargestellt. Die dahinterstehende Entscheidungslogik muss in manchen Fällen sehr präzise und detailliert formuliert werden, besonders wenn es sich um ein ausführbares Entscheidungsmodell handelt, dessen Ergebnis-Output als Input für Gateways und Aktivitäten im BPMN-Modell dient. Dementsprechend beschreibt der DMN-Standard sehr genau, wie die Entscheidungslogik über Entscheidungstabellen oder andere Methoden spezifiziert werden kann. Übersichtliche Entscheidungsmodelle können und sollten nur mit den grundlegenden Diagrammelementen erstellt werden. Generell sollten Entscheidungen anfangs nur mit diesen Elementen modelliert werden – die detaillierten Sprachen oder Strukturen zur Definition der Entscheidungslogik können später hinzugefügt werden.

3.1   BPMN/DMN-Konzepte

Bereits vor der Entstehung von BPMN gab es zahlreiche Entwicklungen im Bereich der Prozessmodellierung. Im frühen 20. Jahrhundert wurden Ablaufdiagramme verwendet, um Herstellungsprozesse grafisch darzustellen. BPMN vereint Konzepte dieser Ablaufdiagramme mit vielen anderen Prozessmodellierungstechniken. BPMN hat sich mittlerweile als Darstellungsnotation etabliert; andere kommerzielle Ansätze beinhalten Petri-Netzartige Darstellungen, Ereignisbasierte Prozessketten (EPK), grafische Notationen für Business Process Execution Language (BPEL) und XML Process Definition Language (XPDL) – doch die Methoden und Konzepte von BPMN sind weiter verbreitet als die anderer Modellierungstechniken.

BPMN unterscheidet sich von den anderen Techniken jedoch nicht nur hinsichtlich der Diagrammelemente, sondern auch durch die intuitive Darstellung von Prozessen. Der Fokus liegt auf den Teilnehmern, deren Interaktionen und Bewegungen durch verschiedene Entscheidungs- und Ereignisarten gesteuert werden. Weil Entscheidungen ebenso wichtig sind wie die einzelnen Prozessschritte, wurde der DMN-Standard entwickelt. Mit DMN können sowohl Struktur als auch Logik einer Entscheidung modelliert werden und Entscheidungen können mit Geschäftsprozessen verknüpft werden.

DMN hat sich zum Großteil aus den Versuchen, Geschäftsregeln zu erfassen und darzustellen, entwickelt. Diese wurden typischerweise separat, d.h. ohne Beziehung zueinander, dargestellt, zumeist in quasi natürlichsprachlicher Form. Die verfügbaren kommerziellen Produkte zum Verwalten von Geschäftsregeln beinhalten jedoch seit langem auch grafische Darstellungsformen wie Entscheidungsgraphen und Entscheidungstabellen für die Visualisierung von Geschäftsregeln. Ein Entscheidungsmodell bietet eine organisierte Struktur für Geschäftsregeln und die Geschäftsregeln bilden wiederum die Logik hinter der Entscheidung. Die Entscheidungen aus DMN-Modellen können außerdem über viele Prozesse hinweg verwendet werden.

An den Formen der Diagrammelemente ist erkennbar, dass sich BPMN aus der Workflow-Modellierung entwickelt hat. Die Elemente der Workflow-Modellierung stehen dabei für funktionale Aktivitäten, die auf die Mengenverarbeitung ausgelegt sind: Beispielsweise bearbeitet die Buchhaltung *alle* Bezahlvorgänge. BPMN hingegen verfolgt einen prozesstheoretischen Ansatz, bei dem die Teilnehmer zu einem Arbeitsfluss beitragen, hier bearbeitet die Buchhaltung *einen speziellen* Bezahlvorgang. BPMN-Diagrammelemente beschreiben das Wesentliche eines Geschäftsprozesses und DMN-Elemente beschreiben entsprechend die wesentlichen Bestandteile einer Entscheidung.

3.1.1 Prozessinstanzen

Es ist wichtig zu verstehen, dass BPMN-Prozessmodelle nur Instanzen eines wiederholt auftretenden Prozesses widerspiegeln. Jedes Mal, wenn ein Prozess gestartet wird, wird eine neue Instanz dieses Prozesses erstellt. Diese Instanz ist eindeutig identifizierbar und besitzt eigene Nutzdaten. In vielen Fällen werden die Daten, der Wirkungsbereich und der Zustand der Prozessinstanz dauerhaft gespeichert – das ist wichtig, damit die Ergebnisse einer Instanz nachvollzogen werden können.

Ein Prozess selbst kann weitere Prozesse oder Subprozesse hervorbringen oder starten, diese sind dann in ihrem Wirkungsbereich mit dem Hauptprozess verbunden.

3.1.2   Wirkungsbereiche

Ein Wirkungsbereich (*scope*) ist wie ein logischer Behälter oder Platzhalter für Informationen, die sich innerhalb der Prozessinstanz verändern. Standardmäßig gibt es für alle Prozessinstanzen eine Hierarchie der Wirkungsbereiche: Ganz oben steht der Wirkungsbereich des Geschäftsprozesses (*business process scope*), der das oberste Ziel des Prozesses beschreibt. Dort gibt es für den gesamten Prozess ein Geschäftsziel mit wohldefinierten Start- und Endpunkten. Mit weiter hinzukommenden Details werden dann logische Unterteilungen bezüglich der Aktivitäten und Daten vorgenommen.

3.1.3   Daten

In BPMN gibt es wenige Diagrammelemente für die Beschreibung von Daten, in DMN gibt es dafür nur ein Diagrammelement – trotzdem gehören Daten zu den wichtigsten Bestandteilen jedes Geschäftsprozesses und jeder Entscheidung. Nahezu jedes Diagrammelement in BPMN erhält Inputs und produziert Outputs. Input-Daten sind auch für die Entscheidungsmodellierung in DMN grundlegend. Die Daten selbst sind jedoch nie Auslöser einer Prozessaktivität, sie sind nur Ergebnisse einer von einem Ereignis ausgelösten Aktivität.

Die Inputs und Outputs von Geschäftsprozessen liegen in Form von strukturierter Information oder von Geschäftsobjekten vor. Das sind unter anderem Geschäftsformulare, zwischen Computersystemen ausgetauschte Informationen, Dokumente, Aktivitätsprotokolle und Bildschirm-Outputs von Anwendungen.

Die Daten einer Prozessinstanz sind einzigartig. Jeder Prozessteilnehmer verfügt über eigene Informationen: Personen stellen Wissen zur Verfügung und Systeme sind im Besitz bestimmter Daten. Jeder Teilnehmer hat außerdem einen eigenen Datenzustand. Der Prozess wiederum unterhält eine Übersicht über die verschiedenen Zustände bestimmter Teilnehmer zusammen mit weiteren für den Kontext eines Unternehmensziels relevanten Informationen. Ein Prozess kann sowohl temporäre Zustandsinformationen („was passiert gerade") als auch permanente Aufzeichnungen, wie zum Beispiel die Details eines Geschäftsvorgangs, beinhalten.

Wenn ein Prozess die Logik eines DMN-Modells aufruft, beurteilen und bestimmen Entscheidungen den weiteren Prozessfluss. Die Geschäftslogik steuert wiederum die Entscheidungen. Entscheidungen steuern auch den Fluss und die Verarbeitung der Daten. Um eine Entscheidung zu treffen, werden Datenwerte durch Geschäftsregeln ausgewertet. Diese befinden sich in den Feldern strukturierter Prozessdaten.

Prozesse tragen zu einem Datenstrom bei, Entscheidungen erzeugen und bearbeiten ebenfalls Daten. Wenn beispielsweise eine Entscheidung bestimmt, welcher Preis einem Artikel oder einem Auftrag zugeordnet werden soll, findet eine Datentransformation statt – vom Prozess aufgezeichnete Daten bringen weitere, neue Datenelemente hervor. Der Preis des Artikels könnte zum Beispiel von seiner Kategorie oder seiner Identifikationsnummer abhängen.

In Prozessmodellen wird ein Nachrichtenfluss verwendet, um Daten zwischen Prozessteilnehmern und anderen Prozessen zu übermitteln, das heißt, es werden Nachrichten gesendet, deren Inhalt aus Prozessdaten besteht. Wenn ein Prozess Daten erhält, bleiben diese in Kopie bei ihm erhalten. Das ist vergleichbar mit dem Senden einer E-Mail, bei dem der Sender eine Kopie der Mail in seinem „Gesendet"-Postfach vorliegen hat und der Empfänger eine neue E-Mail erhält. Die in der Nachricht enthaltenen Daten liegen an beiden Enden der Übertragung vor.

3.2   Grundlegende BPMN- und DMN-Elemente

Bei den Spezifikationen von BPMN und DMN handelt es sich um lange, technische Dokumente, die für Personen ausgelegt sind, die Software zur Verwaltung von Prozess- und Entscheidungsmodellen entwickeln. Dieser Detailgrad wird für diejenigen, die nur die Modelle selbst erstellen wollen, nicht benötigt, besonders da es zwei verschiedene Techniken für die Modellierung von Entscheidungen und Prozessen gibt, die es zu erlernen gilt. In der Realität bestehen die meisten Modelle, ob von Prozessen oder Entscheidungen, nur aus einer Teilmenge aller Diagrammelemente, die in den Spezifikationen festgelegt werden. Kennt man die grundlegenden Diagrammelemente von BPMN und DMN sowie einige wichtige Konzepte wie Entscheidungen, Token, Aktivitätszustände und Prozessdaten, können bereits effektiv Prozesse modelliert werden. Dieses Kapitel beschäftigt sich mit diesen Elementen und Konzepten von BPMN 2.0 und DMN 1.0.

Zwischen den Voraussetzungen von Prozessen und denen von Entscheidungen gibt es wesentliche Unterschiede. Eine Geschäftsentscheidung ist zustands- und zeitlos, und wenn sie ausgeführt wird, wird ihre Entscheidungslogik auf ihre Input-Daten angewendet. DMN ist dabei eine praktikable Notation für die Dokumentation und Implementation von Entscheidungen. Sie bietet Geschäftsanalysten eine einfache und übersichtliche Methode, um Entscheidungen zu erstellen und zu verwalten. Die Modelle können um eine konkrete, komplexe Logik erweitert werden, die aufwendige Entscheidungen mit vielen Sub-Entscheidungen und vielleicht tausenden von Logikschritten oder Geschäftsregeln verwaltet. Prozesse hingegen dienen hauptsächlich der Koordination und Verwaltung zeitabhängiger Ziele und damit einhergehender Zustände. BPMN eignet sich zur Verwaltung von Prozessinstanzen und zur Modellierung und Dokumentation von Geschäftsprozessen und Interaktionen eines Unternehmens.

Die Darstellung komplexer, rechenintensiver Logiken gestaltet sich in BPMN jedoch schwierig. DMN bietet für diesen Zweck kompaktere Methoden mit höherem organisatorischem Potenzial. Umgekehrt fehlen in DMN die Möglichkeit der zeitabhängigen Orchestrierung von Aktivitäten und die Koordination von

Teilnehmern. Gerade weil diese Ziele so unterschiedlich sind, ist es wichtig, zwischen Prozessen und Entscheidungslogik zu unterscheiden.

3.2.1 Grundlegende BPMN-Elemente

Abbildung 3.1 zeigt eine Palette von wesentlichen BPMN-Diagrammelementen, die Grundbestandteile der meisten Prozesse sind.

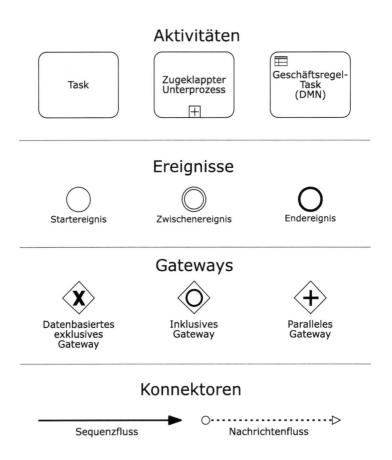

Abbildung 3.1: Überblick über die wichtigsten BPMN-Diagrammelemente.

In der Signavio Plattform sind die meisten dieser Elemente im Menü unter „BPMN (Kernelemente)" zu finden. Zwischenereignis und inklusives Gateway befinden sich unter „BPMN (Vollständig)", wo alle Elemente der BPMN-Spezifikation

aufgelistet sind. Bestimmte Eigenschaften von Aktivitäten, Ereignissen oder
Gateways (wie zum Beispiel der Tasktyp „Geschäftsregel") lassen sich über das
Attribute-Menü am rechten Rand angeben. Einige weitere dieser Attribute
werden in den nächsten Kapiteln behandelt, darunter Bedingungen, Eskalationen,
weitere Tasktypen und Zeitmessungen.

Die Diagrammelemente aus Abbildung 3.1 genügen, um grundlegende Work-
flow-Prozesse zu modellieren, die über den Geschäftsregel-Task mit DMN-
Modellen verknüpft werden können. Die BPMN-Spezifikation baut auf diesen
Diagrammelementen auf, insofern ist das Verständnis dieser Grundmenge Voraussetzung für das Verständnis der komplexeren Elemente. In späteren Kapiteln
des Buches wird darauf eingegangen, warum und wie diese komplexeren Elemente eingesetzt werden können. Viele davon ergeben sich aus dem Bedürfnis, mit
Fehlern und Ausnahmen umgehen zu können, wobei die grundlegenden Konzepte
sich nicht verändern.

3.2.2 Grundlegende DMN-Elemente

Der DMN-Kern ist mit den in Abbildung 3.2 dargestellten vier Diagrammelementen und drei Assoziationen recht unkompliziert.

Diese Palette von Diagrammelementen erlaubt es Nutzern, eine große Vielfalt
an Entscheidungsmodellen zu entwickeln: von allgemeinen Zusammenfassungen
manueller Entscheidungsfindung bis hin zur detaillierten Darstellung der Logik für
ein automatisiertes System. Nachdem die BPMN-Diagrammelemente beschrieben
wurden, werden nun die DMN-Elemente vorgestellt.

Entscheidung

Decision

Input Data

Knowledge Source

Business Knowledge

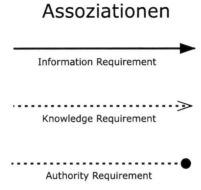

Abbildung 3.2: Überblick über die wichtigsten DMN-Diagrammelemente.

3.3   Details zu den vorgestellten BPMN-Elementen

3.3.1   Aktivitäten

Eine Aktivität beschreibt die Aufgabe, die ein Teilnehmer in einem Geschäftsprozess ausführt. Aktivitäten sind die Grundeinheiten der Arbeit in Prozessen. Aktivitäten können atomar sein (unteilbare Arbeitseinheit auf niedriger Ebene) oder nicht-atomar (viele Schritte beinhaltend). Prozesse und Subprozesse sind aus Aktivitäten zusammengesetzt. In BPMN gibt es zwei Arten von Aktivitäten: Tasks und Unterprozesse.

Diagrammelemente für Aktivitäten sind unter anderem:

Task Ein Rechteck mit abgerundeten Ecken, das einen atomaren Prozessschritt darstellt. Es kann nicht weiter verfeinert werden.	
Zugeklappter Unterprozess Ein Rechteck mit abgerundeten Ecken, das eine Abfolge weiterer Schritte enthält. Diese Schritte sind versteckt, aber das Plus-Zeichen zeigt an, dass weitere Informationen enthalten sind.	

Aufgeklappter Unterprozess Ein Rechteck mit abgerundeten Ecken, das alle Unterprozess-Aktivitäten (des zugeklappten Unterprozesses) beinhaltet.	
Geschäftsregel-Task Ein Rechteck mit abgerundeten Ecken, das mit einem DMN-Entscheidungsmodell verbunden ist.	

Ein Task ist eine atomare Aktivität. Er kann nicht detaillierter spezifiziert werden. Der Subprozess beschreibt eine zusammengesetzte Aktivität, die weitere Aktivitäten enthalten kann. Jede Aktivität kann entweder manuell von einem menschlichen Prozessteilnehmer oder durch ein System automatisiert ausgeführt werden.

Wie bereits festgelegt, sind die Aktivitäten die Kernelemente jedes Geschäftsprozesses.

Beispiele für Aktivitäten sind:

> Materiallieferung überprüfen

> Server zurücksetzen

> Vertragsforderungen erfüllen

> Darüber entscheiden, ob ein Antrag bewilligt werden soll

> Kreditanträge prüfen

Jede Aktivität ist eine eigenständige Arbeitseinheit, die beschreibt, wo ein Prozessschritt stattfindet. Aktivitäten können von atomaren Schritten, wie der Eingabe eines Wertes in ein Formular, bis hin zu einem kompletten Arbeitsablauf, wie der Verwaltung von Verträgen oder der Wartung des Systems, reichen.

Per definitionem gibt es für jede Aktivität Inputs und Outputs. In einigen Fällen ist das Vorliegen der Input-Daten Voraussetzung für die Ausführung der Aktivität. Die Input- und Output-Variablen in BPMN sind dabei Platzhalter für im Prozess enthaltene Geschäftsobjekte. Wenn beispielsweise ein Nutzer einen Antrags-Datentyp erstellt, wird dieser im Modell zu einem Dokument, das an Input- und Output-Typen angehängt wird. Die Aufgabe der Aktivität könnte es sein, die Datenelemente des Dokuments zu verändern und die Output-Daten an Gateways oder weitere Aktivitäten zur Verarbeitung weiterzuleiten.

Ein Unterprozess umschließt eine Menge von BPMN-Elementen. Im Wesentlichen kann jeder Prozess in einen Unterprozess eingebettet werden.

Geschäftsregel-Tasks zeigen die Stellen in einem Prozess an, an denen ein DMN-Modell aufgerufen wird, um ein Entscheidungsergebnis zu erhalten. Die Inputs eines Geschäftsregel-Tasks werden von der im DMN-Modell definierten Logik verarbeitet und das Ergebnis wird für später auftretende Gateways und Aktivitäten zur Verfügung gestellt. Entscheidungen können Prozesse auf bestimmte Arten steuern oder beeinflussen; darauf wird in späteren Kapiteln genauer eingegangen.

3.3.2   Prozessfluss

Prozessfluss beschreibt die zeitliche Reihenfolge, in der Aktivitäten und Prozessschritte ausgeführt werden, sowie die dafür benötigten Daten. Mit fortschreiten der Zeit wird der Prozess entlang des Prozessflusses abgearbeitet. Dabei können mehrere Flüsse innerhalb von verschiedenen Teilnehmerrollen entstehen. Abläufe können nacheinander oder parallel stattfinden und um die Reihenfolge zu definieren, müssen die korrekten Diagrammelemente verwendet werden. Es gibt zwei Arten von Flüssen in BPMN-Diagrammen:

> **Sequenz** – Gibt die Ausführungsreihenfolge von Aktivitäten für einen bestimmten Prozessteilnehmer an. Sequenzen können nie zwischen verschiedenen Prozessteilnehmern auftreten.

> **Nachricht** – Gibt den Fluss von Informationen und Nachrichten zwischen Teilnehmern eines Prozesses an. Nachrichten können nie innerhalb eines Teilnehmers auftreten.

3.3.3   Sequenz

Sequenz-Konnektoren bestehen aus einer durchgehenden Linie mit ausgefüllter Pfeilspitze. Der Pfeil zeigt den Fluss oder die Abfolge eines Prozesses an. Man spricht hierbei von *Sequenzfluss*.

Eine aktivierte Sequenz ist gleichbedeutend mit der Weitergabe eines Tokens. Dies wird folgendermaßen dargestellt[4]:

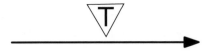

---

4.   *Die Darstellung durch ein „T" in einem auf dem Kopf stehenden Dreieck entspricht der in der OMG-Spezifikation empfohlenen Notation. Token helfen bei der Darstellung der Ausführungssemantik in einem Diagramm.*

Token werden in diesem Buch nicht durchgehend verwendet – trotzdem ist davon auszugehen, dass jede aktivierte Sequenz mit einem gedanklichen Token verbunden ist. Sequenz-Konnektoren definieren den Sequenzfluss, also die Transition zwischen logischen Schritten, die von einem Teilnehmer ausgeführt werden. In Abbildung 3.3 wird beispielsweise ein Auftrag vergeben, nachdem die Angebote ausgewertet wurden (beide Aktivitäten werden vom Vertragsbüro ausgeführt). Die Auswertung der Angebote geht innerhalb des Vertragsbüros in die Auftragsvergabe über.

Eine Sequenz beschreibt die Transition beim Übergang zwischen Aktivitäten. Eine Transition ist nicht nur der Übergang von einem Prozessschritt zum nächsten – sie signalisiert, dass eine Aktivität beendet und eine andere gestartet wurde. Eine Abfolge von Transitionen kann sich in mehrere Pfade aufteilen.

Das Konzept der Transition wird in Sequenzfluss-Konnektoren widergespiegelt. Ein Sequenzfluss von einer Aktivität oder einem Ereignis zu einer weiteren Aktivität oder einem weiteren Ereignis zeigt an, dass das nachfolgende Element startet oder zur Ausführung bereit ist.

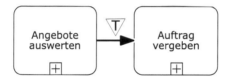

Abbildung 3.3: Sequenzfluss.

Die Verwendung von Token ist eine mentale Stütze, um zu verstehen, wie BPMN-Modelle ablaufen. Im zeitlichen Ablauf eines Prozesses lassen sich für Aktivitäten drei Phasen unterscheiden: vor, während und nach der Ausführung. Diese Zustände sind in Abbildung 3.4 dargestellt:

Bereit: Vor der Ausführung. Eine Aktivität ist zur Ausführung bereit, wenn die geforderte Menge an Token vorliegt – dies können mehrere sein, wenn zuvor mehrere Tasks abgeschlossen sein müssen.

Aktiv: Während der Ausführung. Die benötigten Input-Daten liegen vor und die Aktivität arbeitet oder wartet auf Fertigstellung.

Abgeschlossen: Alle Vorgaben sind abgearbeitet und ein Token für die nachfolgende Sequenz wird generiert.

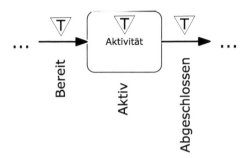

Abbildung 3.4: Eine Beschreibung des zeitlichen Ablaufs einer Aktivität. In späteren Kapiteln werden noch weitere Zustände vorgestellt.

Hier ist noch nicht klar, was bei einem Fehler passiert. Auch für diesen Fall gibt es Zustände, die eine Aktivität durchlaufen kann, beispielsweise bei Ausnahmefällen und Systemfehlern. Diese werden in späteren Kapiteln vorgestellt. Die Grund-Phasen einer Aktivität sind jedoch durch diese drei Zustände beschrieben, die im Übrigen auch von Gateways und Ereignissen durchlaufen werden.

Es wird immer mindestens eine Sequenz und damit mindestens ein Token von einer abgeschlossenen Aktivität erzeugt.

3.3.4 Nachrichtenfluss

Das Senden von Nachrichten ist ein wichtiger Bestandteil von BPMN. *Nachrichten* ermöglichen es verschiedenen Prozessen, miteinander zu kommunizieren. Nachrichten veranlassen Prozessteilnehmer zum Handeln, wodurch Prozessinstanzen gestartet werden. Prozessmodellierer nutzen Nachrichten, um Arbeitsanweisungen einzureihen, laufende Prozesse zu steuern sowie für die Kommunikation mit Kunden und Partnern.

Nachrichten werden mit einer gestrichelten Linie dargestellt, mit einem Kreis auf der Senderseite und einer (nicht ausgefüllten) Pfeilspitze auf der Empfängerseite. Die Pfeilrichtung zeigt die Richtung des Nachrichtenflusses an.

Nachrichten können nie zwischen zwei Diagrammelementen innerhalb desselben Teilnehmers eines Prozesses ausgetauscht werden, sie werden nur zwischen verschiedenen Teilnehmern und verschiedenen Prozessen versendet. Daher gibt es, anders als beim Sequenzfluss, kein zugehöriges Token für den Nachrichtenfluss.

Das Token-Weitergabe-Konzept dient dem Zweck, Parallelisierung und Blockaden (Deadlocks) innerhalb eines Prozesses modellieren zu können. Zeigt ein Task oder ein Event jedoch eine eingehende Nachricht an, dann wartet das Token auf das Eintreffen der Nachricht. Bis zu deren Eintreffen ist dieser Zweig des Prozesses dann blockiert.

Die in BPMN über den Nachrichtenfluss dargestellten Interaktionen bilden einen wichtigen Teil der Prozessmodellierung. Teilnehmer interagieren miteinander über diesen Nachrichtenfluss – beispielsweise könnte der „Vergabebeauftragte" den Auftrag an den „Auftragnehmer" mit dem besten Angebot vergeben. Die Nachricht findet also bei der Vergabe statt. Teilnehmer kommunizieren über diese Nachrichten.

Fingar und Smith[5] beschreiben Interaktion als Nutzung von Prozess-Arbeitsflächen, die es Personen oder Teilnehmern ermöglichen, mit dem Prozess selbst zu interagieren. Dazu zählen Arbeitsabläufe mit Anweisungen, Aufgabenverwaltung und formularbasierten Dateneingaben. Durch den Fokus auf Interaktion entstand die Idee von Prozessinstanzen, die durch ein Formular gestartet werden können. Dies ist häufig bei der Prozess- und Aufgabenüberwachung in BPM-Suiten anzutreffen. Eine Formular-Aktivität kann dabei durch die Interaktion mit einer Prozessinstanz erzeugt werden.

3.4 Prozessfluss mit verzweigenden und zusammenführenden Gateways

Prozesse können über mehrere Pfade verlaufen und Modelle stellen verschiedene Abfolgen von Aktivitäten dar. Ein Fluss kann von einer Aktivität direkt in verschiedene parallele Zweige verlaufen oder von Gateways explizit gesteuert werden.

Ein *Gateway* kann in BPMN sowohl verzweigend als auch zusammenführend agieren. Es erzeugt und konsumiert Token und lenkt den Sequenzfluss über Daten oder gibt verschiedene Pfade an, die den Sequenzfluss spalten. Das einfachste Gateway-Diagrammelement ist eine leere Raute:

Standardmäßig steht dieses Diagrammelement für das Verhalten des datenbasierten exklusiven Gateways. Dieses wird auch über eine X-Markierung innerhalb der Raute dargestellt. Im weiteren Verlauf dieses Buchs werden spezifischere Gateway-Diagrammelemente mit solchen Markierungen verwendet.

5.   *Howard Smith und Peter Fingar, Business Process Management: The Third Wave, Meghan Kiffer Pr, 2002.*

Es wurden verzweigende und zusammenführende Gateways erwähnt – dabei handelt es sich jedoch nicht um verschiedene Typen von Gateways. Tatsächlich arbeiten Gateways immer bidirektional, sie können gleichzeitig verzweigen und zusammenführen. Wie bei Aktivitäten werden für die Aktivierung einer Verzweigung bestimmte Bedingungen vorausgesetzt. Im Allgemeinen gibt es immer eine einzelne Eingangs-Sequenz für das Gateway; es kann jedoch auch Fälle geben, in denen es sich anbietet, im selben Gateway gleichzeitig zu verzweigen und zusammenzuführen. Das Verzweigen und Zusammenführen von Flüssen in Gateways erfolgt nach speziellen Regeln. Diese besagen, welche Sequenzen (über die entsprechenden Token) aktiviert sein müssen und welche Token beim Zusammenführen konsumiert werden. Ähnlich den Aktivitäten wechseln Gateways ihren Zustand, insbesondere wenn auf das Vorliegen der korrekten Anzahl von Token gewartet wird.

3.4.1   Implizites Verzweigen und Zusammenführen

Man muss keine Gateways verwenden, um einen Prozessfluss in mehrere parallele Pfade zu spalten oder Pfade wieder zusammenzuführen. Beim einfachen Zusammenführen werden Flusspfade und ihre zugehörigen Token bei der Aktivität wieder vereint. Das Ganze kann an einem Beispiel aus einem Inventurprozess verdeutlicht werden, bei dem ein Produkt einen bestimmten Prüfprozess durchläuft. Wenn kein Mangel festgestellt werden konnte, dann soll laut Modell die Aktivität „Als bestanden kennzeichnen" folgen. Diese „Wenn … dann"-Aussage zeigt, dass hier eine Pfadauswahl benötigt wird. Im gegenteiligen Fall soll dann der Mangel identifiziert und gemeldet werden. In Abbildung 3.5 werden die Zweige, die nach „Artikel untersuchen" entstanden sind, bei „Artikel einräumen" wieder zusammengeführt.

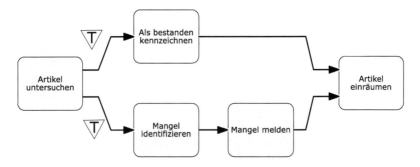

Abbildung 3.5: Implizites Zusammenführen in einem Inventur-Prozess.

Hier handelt es sich um ein implizites Zusammenführen, weil die Pfade in der Aktivität „Artikel einräumen" ohne weitere Bedingung vereint werden. Der Modellausschnitt in Abbildung 3.5 gibt nicht an, wie genau die Aktivitäten „Als bestanden kennzeichnen" und „Mangel melden" zusammengeführt werden. Auch wenn das beabsichtigte Verhalten hier offensichtlich scheint, kann diese Darstellung irreführend sein.

Implizites Zusammenführen ist also nicht eindeutig – trotzdem ist in der Spezifikation exakt angegeben, wie es ausgeführt werden sollte. Der Prozess wartet nicht, bis sowohl „Als bestanden kennzeichnen" als auch „Mangel melden" abgeschlossen sind, bevor mit „Artikel einräumen" fortgefahren wird; jedes Token, das ankommt, wird einfach an „Artikel einräumen" weitergegeben. Aus diesem Grund, und weil es keine Flusskontrolle gibt, kann es vorkommen, dass „Artikel einräumen" mehrfach ausgeführt wird – was vermutlich nicht im Sinne des Modellierers ist.

Es wird daher empfohlen, den Übergang von „Artikel untersuchen" zu „Mangel identifizieren" über Gateways oder Flusskontroll-Elemente explizit anzugeben. Dadurch entfällt die Notwendigkeit, sich das Verhalten für das folgende implizite Zusammenführen zu merken. Alternativ sollte das Verhalten beim Zusammenführen selbst über weitere Diagrammelemente spezifiziert werden. Abbildung 3.6 zeigt, wie durch bedingte Ausführung der zwei von „Artikel untersuchen" ausgehenden Pfade eine exklusive Entscheidung modelliert werden kann.

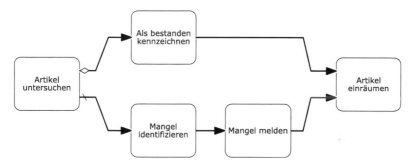

Abbildung 3.6: Spaltung von Pfaden über einen bedingten Fluss.

Ein Rautensymbol an einem Sequenzfluss zeigt den Pfad an, der gewählt wird, wenn bestimmte Daten die Bedingung für diesen Übergang erfüllen. Der Schrägstrich hingegen kennzeichnet einen Standardfluss. Eine Bedingung ist ein Boole'scher Ausdruck, der Prozessdaten auswertet und dadurch eine Abfolge von Aktivitäten steuert. Diese Daten sind meistens Inputs oder Outputs von Aktivitäten. Eine Bedingung könnte beispielsweise den Wert eines „Inspektion bestanden"-Attributs auslesen und die Transition nach „Als bestanden kennzeichnen" schalten, wenn der Wert „Ja" ist. Dieses Attribut wäre in dem Fall die Ausgabe einer Aktivität. Der Prozess folgt dem Standardfluss, wenn die Bedingung nicht nach Wahr ausgewertet wird. Generell sollten immer Standardflüsse verwendet werden, wenn bedingte Prozessflüsse spezifiziert werden.

Wie in Abbildung 3.6 zu sehen, verläuft der Prozess entweder über „Als bestanden kennzeichnen" oder über „Mangel identifizieren". Der Standardfluss macht kenntlich, dass entweder der eine oder der andere Pfad genommen wird, jedoch nie beide gleichzeitig. Pfade mit Standardfluss besitzen per definitionem keine eigenen Bedingungen – sie zeigen den Sequenzfluss an, der auftritt, wenn für keinen der anderen Pfade die Bedingung erfüllt ist. Hier wird nur ein Token entlang eines Pfades weitergegeben, somit wird auch die „Artikel einräumen"-Aktivität nur einmal ausgeführt.

3.4.2   Datenbasierte exklusive Gateways

Das datenbasierte exklusive Gateway wird durch ein rautenförmiges Diagramm-element mit einem X im Inneren dargestellt:

Datenbasierte Gateways sind entweder *exklusiv* oder *inklusiv*. *Datenbasiert* heißt, dass die Prozessdaten – meistens Inputs oder Outputs Aktivitäten – anhand einer Bedingung steuern, welche Transition als nächste geschaltet wird. Beim daten-basierten exklusiven Gateway werden Bedingungen bezüglich der Prozessdaten für die vom Gateway ausgehenden Pfade definiert.

Ein exklusives Gateway wird aktiviert, sobald ein Token eintrifft. Wenn mehrere Sequenzen in einem exklusiven Gateway zusammengeführt werden, wird das Gateway für jedes einzelne der ankommenden Token von neuem aktiviert. Dann wird die Bedingung ausgewertet und es wird entschieden, welcher ausgehende Pfad aktiviert wird. Das exklusive Gateway sollte entsprechend verwendet werden, wenn der Prozess ausschließlich entlang eines Pfades weiter verlaufen soll. Ein Beispiel dafür zeigt Abbildung 3.7:

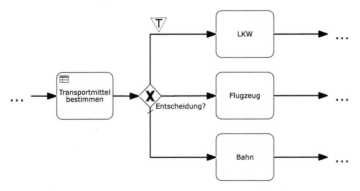

Abbildung 3.7: Datenbasiertes, exklusives Gateway. Nur ein Token verlässt das Gateway, in diesem Fall entlang des Pfades „LKW".

Die Aktivität „Transportmittel bestimmen" in Abbildung 3.7 ist ein Geschäftsregel-Task, das heißt, dort wird eine in DMN modellierte Entscheidung aufgerufen. Das Gateway benötigt Daten, um einen bestimmten Ausdruck auszuwerten; in diesem Fall wird der Ausdruck nach „LKW" ausgewertet. Die Logik im Entscheidungsmodell wertet die bereitgestellten Daten aus und entscheidet darüber, welches Transportmittel zu verwenden ist. So kann mittels operationaler Entscheidungen der Prozessfluss beeinflusst werden.

Die „LKW"-, „Flugzeug"- und „Bahn"-Aktivitäten treten auf, nachdem die Wahl des Transportmittels getroffen worden ist. Das Gateway gibt exklusives Verhalten vor; somit wird nur ein Token erzeugt und ein Pfad weiterverfolgt, alle anderen hingegen werden ausgelassen. Der Sequenzfluss zur „Bahn"-Aktivität besitzt eine Markierung, die anzeigt, dass es sich um den Standardfluss handelt. In diesem Beispiel wurde vom Modellierer die Bahn als Standard ausgewählt. Ein Standardfluss ist immer erforderlich, wenn bedingte Sequenzflüsse im Modell vorhanden sind.

Wenn in einem exklusiven Gateway Pfade zusammengeführt werden, wird auf das erste eintreffende Token gewartet, die Verwendung dieses Gateways ist also für exklusive Pfade optional. Abbildung 3.8 zeigt einen Ausschnitt aus einem Lieferketten-Prozess:

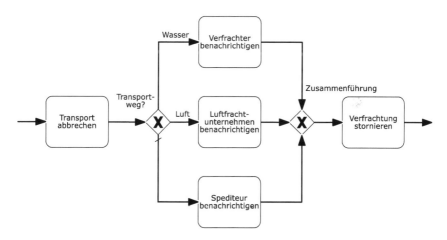

Abbildung 3.8: Explizites Zusammenführen für ein exklusives datenbasiertes Gateway mit Standardfluss.

Da nach der „Transport abbrechen"-Aktivität vom Gateway nur ein Token produziert wird, könnten die Sequenzflüsse von den Benachrichtigungs-Aktivitäten auch direkt in die „Verfrachtung stornieren"-Aktivität verlaufen. Der exklusive Datenpfad, der gewählt wurde, bestimmt den Punkt, an dem die Pfade zusammengeführt werden und die „Verfrachtung stornieren"-Aktivität ausgeführt wird.

Um die Übersicht über Modell und Prozess zu behalten, ist es empfehlenswert, die Pfade über ein Gateway explizit zusammenzuführen. Die gängige Praxis ist es, ein exklusives Gateway zur Zusammenführung zu modellieren, wenn der Zweig mit einem exklusiven Gateway beginnt. In Abbildung 3.8 werden exklusive Gateways zur Dokumentation von verzweigendem und zusammenführendem Verhalten jeweils an den Enden der drei Pfade verwendet. Bei einem detaillierteren Modell könnten dutzende Schritte zwischen „Transport abbrechen" und „Verfrachtung stornieren" ausgeführt werden. Dabei könnte das Modell sich über mehrere Seiten ausdehnen. Wenn dann die Zusammenführung über Diagrammelemente an den Enden der Pfade explizit angegeben wird, erhöht das die Lesbarkeit enorm. Da parallele und inklusive Gateways jeweils ein explizites Diagrammelement für die Zusammenführung benötigen, ist das Verwenden eines exklusiven Gateways zum Zusammenführen exklusiver Pfade mit dem Rest des Modells konsistent.

Wie bereits erwähnt, existiert in BPMN auch das datenbasierte inklusive Gateway, doch bevor dieses beschrieben werden kann, muss zuerst das Konzept der Parallelität in Prozessen erläutert werden.

3.4.3   Parallele Gateways

Das *Parallele Gateway* wird über ein rautenförmiges Diagrammelement mit einem Kreuz im Inneren dargestellt:

Ein paralleles Gateway wird aktiviert, sobald alle Token aller aktiven eingehenden Sequenzen eintreffen. Wenn also mehrere Sequenzen in einem parallelen Gateway zusammengeführt werden, muss jedes Token eintreffen, damit das Gateway aktiviert wird. Parallele Gateways sollten dementsprechend benutzt werden, wenn der Prozess über zwei oder mehr nebenläufige Stränge verläuft.

Beim parallelen Gateway werden alle ausgehenden Pfade simultan ausgeführt, das heißt, es gibt keine an die Pfade anzulegenden Bedingungen, und es wird somit für jeden Pfad ein Token generiert (siehe Abbildung 3.9). Parallelität sollte verwendet werden, wenn die Hintereinanderausführung bestimmter Aktivitäten ineffizient ist, beispielsweise wenn eine Aktivität mit langer Laufzeit andere Aktivitäten blockieren würde. Durch das parallele Gateway wird dann angezeigt, dass mehrere Aktivitäten nebenläufig stattfinden.

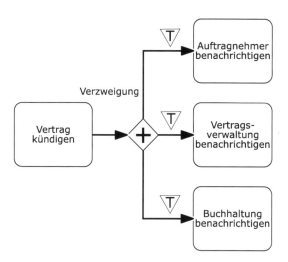

Abbildung 3.9: Wird ein paralleles Gateway verwendet, werden alle Pfade gleichzeitig aktiviert und es wird für jeden Pfad ein Token generiert.

Es gibt bei parallelen Gateways keinen Standardfluss, da es keine Bedingungen gibt, die erfüllt sein müssen, damit ein Pfad genommen wird. Die Transitionen zu den Aktivitäten finden gleichzeitig statt.

Verschiedene Aspekte sollten beachtet werden, wenn darüber entschieden wird, ob ein paralleles Gateway verwendet werden soll:

> Werden immer alle Aktivitäten ausgeführt? Wenn nicht, sollte ein exklusives oder inklusives datenbasiertes Gateway verwendet werden.

> Gibt es Abhängigkeiten zwischen den Aktivitäten? Wenn das der Fall ist, sollte eine Sequenz anstelle von Parallelität verwendet werden.

> Welchen Einfluss hat die nebenläufige Ausführung der Pfade auf die nachfolgenden Aktivitäten?

> Ab welchem Punkt sollte der Prozess wieder sequentiell verlaufen? Dies bestimmt, wo die parallelen Sequenzflüsse wieder zusammengeführt werden müssen, bevor die nachfolgenden Aktivitäten gestartet werden können.

In den meisten Fällen wird Parallelität aus organisatorischen Gründen benötigt, wenn mehrere Gruppen parallel an bestimmten Aufgaben arbeiten, oder aus Effizienzgründen, wenn zeit- oder ressourcenintensive Aktivitäten parallel ausgeführt werden können. Zum Beispiel könnten externe Aktivitäten wie Laborversuche oder externe Reviews parallel zum Ablauf der internen Verwaltungsaufgaben erfolgen.

Für explizites Zusammenführen wird ein Gateway-Diagrammelement verwendet, das mehrere Pfade in sich vereint. Damit der Prozess weiterlaufen kann, müssen alle Token bei diesem Gateway eingetroffen sein und konsumiert werden.

Abbildung 3.10 zeigt ein implizites Zusammenführen, nachdem Pfade über ein Gateway aufgeteilt werden:

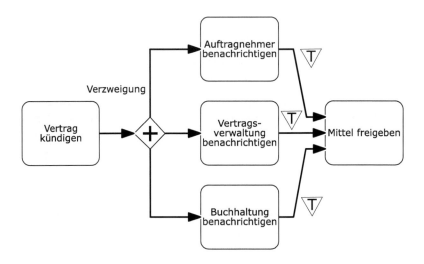

Abbildung 3.10: Unzulässiges implizites Zusammenführen nach paralleler Verzweigung.

Das Verhalten beim Zusammenführen würde sich folgendermaßen darstellen: Das parallele Gateway, das auf die „Vertrag kündigen"-Aktivität folgt, zeigt an, dass „Auftragnehmer benachrichtigen", „Vertragsverwaltung benachrichtigen" und „Buchhaltung benachrichtigen" nebenläufig stattfinden. Jede dieser Aktivitäten befindet sich zur gleichen Zeit im aktivierten Zustand und erhält ein eigenes Token. Es ist jedoch wahrscheinlich, dass sie unterschiedlich lange für die Ausführung benötigen. So könnte eine Aktivität bereits beendet sein, bevor die andere ihr Token an die nachfolgende Aktivität weiterleiten kann, und weil dieses implizite Verhalten wie ein exklusives Zusammenführen behandelt wird, wird „Mittel freigeben" in diesem Modell bis zu drei Mal ausgeführt.

Wenn die „Mittel freigeben"-Aktivität nicht drei Mal starten soll, dann wäre es sinnvoll, ein explizites paralleles Zusammenführen in das Modell einzufügen. Das Diagrammelement dafür gleicht dem für paralleles Verzweigen – der einzige Unterschied zwischen ihnen besteht darin, wo sie platziert werden.

Beim expliziten parallelen Zusammenführen gibt es keinen Prozessfortschritt über das Gateway hinaus, bevor nicht alle eingehenden Token eingetroffen sind.

Wie bereits erläutert, wird ein Token erst entlang des ausgehenden Flusses einer Aktivität generiert, dann nämlich, wenn diese beendet wurde. Insofern zeigen die ausgehenden Token der drei parallelen Aktivitäten an, dass ihre Aufgaben erfolgreich erledigt wurden.

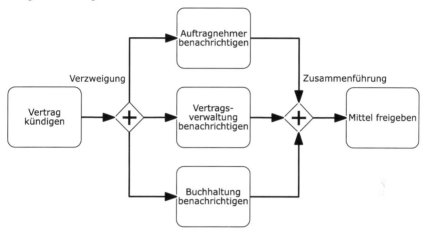

Abbildung 3.11: Korrektes Zusammenführen paralleler Pfade. Die drei Token, die von den parallelen Aktivitäten erzeugt werden, werden vom zusammenführenden Gateway konsumiert und ein neues wird generiert.

An dem Punkt im Modell, wo die Pfade wieder zusammengeführt werden, müssen alle Pfade zu Ende ausgeführt worden sein. Die „Mittel freigeben"-Aktivität hängt vom Abschluss der drei Benachrichtigungen ab; der Prozess koordiniert die Pfade.

3.4.4   Datenbasiertes inklusives Gateway

Das *datenbasierte inklusive Gateway* wird über ein rautenförmiges Diagrammelement mit einem Kreis im Inneren dargestellt:

Wenn ein Pfad in verschiedene Einzelpfade aufgeteilt wird, von denen mehrere gewählt werden können, sollte dieses Gateway verwendet werden. Es wertet Prozessdaten bezüglich einer Bedingung aus (daher *datenbasiert*) und generiert Token für jeden ausgehenden Sequenzfluss, für den die Bedingung nach Wahr ausgewertet wird.

Das inklusive Gateway stellt eine Kombination aus datenbasiertem exklusiven Gateway und parallelem Gateway dar. Es gibt eine Bedingung für jeden Pfad und es können einer oder mehrere bedingte Pfade genommen werden.

Abbildung 3.12 zeigt einen Ausschnitt aus einem Bestellverwaltungsprozess. Abhängig vom Bestellwert müssen hier verschiedene Bearbeitungsschritte durchlaufen werden:

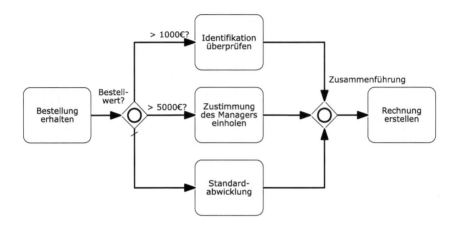

Abbildung 3.12: Explizites Zusammenführen über ein datenbasiertes inklusives Gateway.

Nach der Ausführung der „Bestellung erhalten"-Aktivität werden die ausgehenden Pfade je nach zugeordneter Bedingung ausgeführt. Wenn der Bestellwert über 1000€ liegt, wird eine zusätzliche Prüfung vorgenommen, um Betrugsversuchen vorzubeugen. Zusätzlich dazu müssen Bestellungen mit einem Wert von über 5000€ vom Manager abgesegnet werden. Wenn keiner dieser optionalen Pfade genommen wird (also wenn der Bestellwert unter 1000€ liegt), verläuft der Prozess über den Pfad mit dem Standardfluss und die „Standardabwicklung"-Aktivität wird ausgeführt.

Ein Standardfluss sollte auch für inklusive Gateways angegeben werden. Wenn keine der Bedingungen nach Wahr ausgewertet wird, kommt es ohne Standardfluss zu einer Blockade. Ein paralleles Gateway kann immer Token weiterreichen, bei inklusiven Gateways hingegen kann bei einer Blockade der Prozess das Gateway nicht passieren, weil das Token nirgendwohin weitergegeben werden kann.

Zusammenführen im inklusiven Gateway: Wenn verschiedene Pfade im inklusiven Gateway zusammengeführt werden, wartet das Gateway auf die Ankunft aller eingehenden Token der Pfade, die ausgeführt wurden. Auch hier ist die Verwendung eines expliziten Gateways die Best Practice.

Wie in Abbildung 3.13 gezeigt, gibt es auch alternative Konstrukte zu inklusiven Gateways. Die Aktivitäten können auch in mehrere exklusive Zweige aufgeteilt werden. Die Verwendung von exklusiven Pfaden bedeutet aber auch, dass unter bestimmten Bedingungen Aktivitäten umgangen werden.

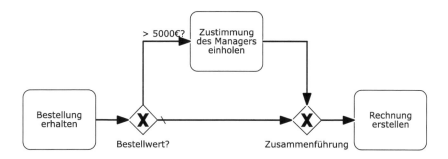

Abbildung 3.13: Ein datenbasiertes exklusives Gateway, über das ein optionaler Schritt ausgeführt werden kann.

In Abbildung 3.13 verläuft der Prozess über den zusätzlichen Schritt „Zustimmung des Managers einholen", wenn der Bestellwert über 5000€ liegt. Standardmäßig wird die Aktivität jedoch umgangen. Über diese Darstellung können auf einfache Weise Standardpfade erstellt werden, die zusätzliche Schritte umgehen.

Inklusive Gateways können auch ausgehende Transitionen ohne Aktivitäten aufweisen. In Abbildung 3.14 umgeht der Pfad mit Standardfluss alle bedingten Pfade. Wenn keine der Bedingungen im Gateway nach Wahr ausgewertet wird, verläuft der Prozess über den Standardpfad – direkt zum zusammenführenden Gateway –, ohne dass weitere Aktivitäten ausgeführt werden.

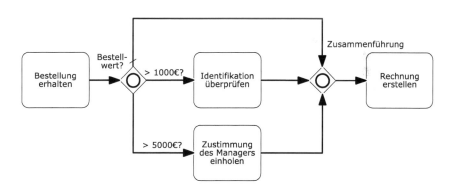

Abbildung 3.14: Inklusives Gateway mit einem Standardfluss-Pfad, der die anderen Aktivitäten umgeht.

Abbildung 3.14 zeigt wieder den Ausschnitt aus dem Bestellverwaltungs-Prozess, hier wurde jedoch die „Standardabwicklung"-Aktivität durch einen leeren Pfad ersetzt. Weil es sich um ein inklusives Gateway handelt, wird der Standardpfad nicht gewählt, wenn irgendeine andere Bedingung nach Wahr ausgewertet wird. Eine oder mehrere andere Aktivitäten („Identifikation überprüfen", „Zustimmung des Managers einholen") können nebenläufig ausgeführt werden.

3.4.5   Beschriftung von Gateways

Die Gateways in den Abbildungen 3.10 bis 3.14 sind beschriftet. Diese Beschriftungen dienen der Dokumentation und sollten am besten als Frage formuliert sein. Eine gut verständliche Beschriftung wäre beispielsweise „Gewählte Farbe?". Die aus dem Gateway ausgehenden Sequenzflüsse sollten dann mit den Antworten zu dieser Frage beschriftet sein, also in diesem Fall zum Beispiel mit „Rot", „Blau" und „Grün". In Abbildung 3.14 werden die Antworten zu „Bestellwert?" mit den Bedingungen „> 1000€" und „> 5000€" abgedeckt.

Gateways befinden sich oft hinter Aktivitäten, die das Fällen einer Entscheidung beinhalten. Durch die Aktivität wird dabei der Ergebniswert bestimmt und das Gateway steuert den Prozessfluss in die entsprechende Richtung. Wenn die Entscheidungsfindung in einer solchen Aktivität in einem separaten Entscheidungsmodell modelliert wird, können komplexe Prozesse entworfen werden, ohne dass die zugehörigen Prozessmodelle unübersichtlich werden.

3.4.6   Best Practices für inklusive und exklusive Gateways

Einige Best Practices sollten bei der Verwendung von inklusiven und exklusiven Gateways beachtet werden:

> Inklusive Gateways sollten nur in Situationen verwendet werden, in denen parallele Ausführung vonnöten ist. In anderen Fällen sollten mehrere exklusive Gateways verwendet werden.

> Ein inklusives Gateway sollte nicht für mehrere unzusammenhängende Bedingungen verwendet werden, sondern immer nur eine Frage stellen. Beispielsweise sollten die ausgewählte Farbe, der verbleibende Lagerbestand und der Bestellwert separaten Gateways zugewiesen werden.

> Wenn bestimmte Gateways wiederholt verwendet werden, könnte es sich anbieten, die von ihnen verkörperte Entscheidung in einem Entscheidungsmodell zu gestalten. Die Entscheidung kann dann mit einem Geschäftsregel-Task mit einem nachfolgenden Gateway verknüpft werden.

3.5   Ad-hoc-Unterprozesse

In einigen Fällen ist die Reihenfolge, in welcher die Aktivitäten in einem Unterprozess ausgeführt werden, nicht bekannt, zum Beispiel wenn sie von verschiedenen unabhängigen, externen Informationselementen abhängen, die in zufälliger Reihenfolge eintreffen. Das ist vergleichbar mit dem Einkaufen mithilfe einer Einkaufsliste, wenn man nicht weiß, wo sich die verschiedenen Waren befinden. Für solche Fälle gibt es in BPMN die *Ad-hoc-Unterprozesse*.

Aktivitäten in einem Ad-hoc-Unterprozess müssen nicht über einen Sequenzfluss miteinander verbunden sein. Wenn der Unterprozess gestartet wird, werden alle Aktivitäten, die keinen eingehenden Fluss besitzen, in Gang gebracht. Bei sequentiellen Unterprozessen werden alle Aktivitäten von Hand und nacheinander ausgewählt; bei parallelen können alle aktivierten Aktivitäten für die Ausführung ausgewählt werden.

Abbildung 3.15 zeigt einen Verkäuferbewertungs-Unterprozess aus einem Supplier-Relations-Management-Prozess (SRM). Die vier Aktivitäten müssen beendet werden, bevor der Prozess fortgesetzt werden kann – dies muss aber nicht in einer bestimmten Reihenfolge geschehen.

Eine Tilde-Markierung im Unterprozess-Diagrammelement zeigt an, dass es sich um einen Ad-hoc-Unterprozess handelt:

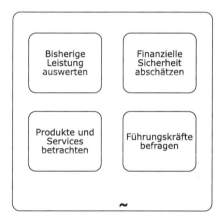

Abbildung 3.15: Beispiel für einen Ad-hoc-Unterprozess.

Die Ausführung von Unterprozessen beginnt mit dem ersten Diagrammelement des Sequenzflusses. Alle Aktivitäten müssen beendet werden, damit der Unterprozess abgeschlossen werden kann. Somit enthalten Unterprozesse auch eine implizite Zusammenführung von Aktivitäten.

Durch den Ad-hoc-Unterprozess werden einige komplexe Muster vereinfacht. Ein solcher Unterprozess kann während der Entwicklung des Modells, wenn die Ausführungsreihenfolge noch nicht bekannt ist, verwendet werden. Durch parallele Verzweigungen oder andere Sequenzflüsse und Gateways werden die meisten Prozesse adäquat beschrieben, im Einkaufsbeispiel jedoch kann mit einem Ad-hoc-Unterprozess das gewünschte Verhalten mit der minimalen Anzahl von Diagrammelementen dargestellt werden.

3.6 Prozessereignisse

Ein *Ereignis* beschreibt etwas, das geschieht. Ein *Geschäftsereignis* ist etwas, das in einem organisatorischen Kontext geschieht. Geschäftsereignisse treten oft außerhalb der Unternehmen und zufällig auf.

Ein *Prozessereignis* legt einen Punkt fest, an dem der Prozess entweder gestartet, beendet, angehalten oder fortgesetzt wird. Ereignisse können außerdem den ursprünglichen Prozessfluss in einen alternativen Pfad umleiten. Grundsätzlich beschreiben Ereignisse relevante Handlungen. Normalerweise werden sie durch Teilnehmeraktionen, Entscheidungen oder Aktivitäten hervorgebracht oder bestimmt. Ein Blanko-Ereignis besitzt keine bestimmten Kriterien, alle weiteren BPMN-Ereignistypen hingegen werden nur unter bestimmten Bedingungen ausgelöst.

Alle Ereignis-Diagrammelemente sind rund, wie beispielsweise das Blanko-Startereignis:

Das Ereignis-Diagrammelement zeigt bestimmte Punkte im Prozessverlauf, am Prozessende oder bei Ausnahmefällen an. Es kann am Anfang oder am Ende eines Prozesses auftreten oder innerhalb des Prozessflusses.

3.6.1 Blanko-Ereignisse

Ein *Blanko-Ereignis* ist ein einfaches Ereignis, das den Start, das Ende oder einen Zwischenpunkt im Prozess kennzeichnet. Für jeden dieser Fälle existiert ein eigenes Diagrammelement:

Startereignis Wird am Anfang eines Prozesses verwendet. Das Diagrammelement besteht aus einer einfachen dünnen Linie. Startereignisse erzeugen ein Token.	
Zwischenereignis Wird zwischen Start und Ende eines Prozesses verwendet. Das Diagrammelement besteht aus einer doppelten dünnen Linie. Zwischenereignisse reichen Token weiter.	

Endereignis

Wird verwendet, um anzuzeigen, wo ein Prozessfluss enden könnte.
Das Diagrammelement besteht aus einer einfachen fettgedruckten
Linie. Endereignisse konsumieren ein Token.

Laut BPMN-Spezifikation können Prozesse mit einem Task oder einem Gateway
beginnen. Wenn der Prozessstart nicht durch mehrere Ereignisse ausgelöst wird,
ist ein einzelnes Blanko-Startereignis die beste Wahl für den Anfang eines Prozessmodells. Startereignisse geben explizit an, wo und wie ein Prozess beginnt, und
generieren dafür genau ein Token.

Beispiele für Ereignisse sind:

> Bestellauftrag eingegangen

> Datenbank nicht verfügbar

> Vertragsanfrage abgeschlossen

> Anfrage abgelehnt

> Kreditantrag erhalten

Es gibt verschiedene Arten von Ereignissen, mit deren Hilfe diese Beispiele modelliert werden können.

Stellt man sich die Prozessmodelle in Abbildung 3.16a und 3.16b ohne die Start-
und Endereignisse vor, ändert sich nichts am modellierten Prozess. Die Ereignisse
kennzeichnen Start- und Endpunkte für den Leser.

Dieser einfache Prozess beginnt mit einem Startereignis und einem Token. Das
Endereignis kann jedoch mehr als einmal innerhalb eines Pools verwendet werden
und muss jedes ankommende Token konsumieren. Das nachfolgende Modell zeigt
die Verwendung von mehr als einem Endereignis:

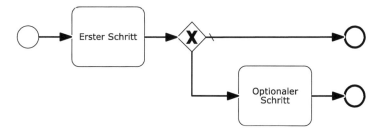

Abbildung 3.16a: Beispiel für die Verwendung von Endereignissen nach einem Gateway.

Durch das Hinzufügen des Gateways nach der „Erster Schritt"-Aktivität entsteht ein optionaler Pfad entlang der „Optionaler Schritt"-Aktivität. Der Prozess endet dann unter bestimmten Bedingungen. Das Ende eines Prozesses ist hier ein Ereignis, keine Aktivität, wodurch das Diagramm vereinfacht wird. Ohne das Endereignis nach der „Optionaler Schritt"-Aktivität gäbe es nur ein implizites Ende – die expliziten Diagrammelemente verbessern jedoch die Übersichtlichkeit des Modells. Das exklusive Gateway reicht ein Token an einen der Sequenzflüsse weiter und das entsprechende Endereignis konsumiert dieses Token, sodass der Prozess ordnungsgemäß enden kann.

Das Blanko-Zwischenereignis, ein doppelter Kreis, zeigt relevante Punkte im Modell an, oder Stellen, an denen sich ein Zustand oder Status ändert. Weil es sich um das „leere" Diagrammelement handelt, ist das Verhalten nicht genauer vorgeschrieben. Beispielsweise könnte ein Geschäftsprozess einen neuen Zustand erreichen, wie das Wechseln von „Ausstehend" nach „Genehmigt".

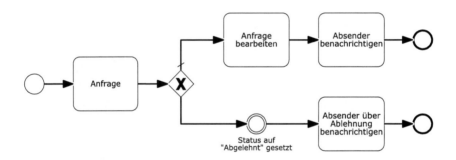

Abbildung 3.16b: Beispiel für ein Zwischenereignis in einem Prozess.

Die durch ein Blanko-Zwischenereignis dokumentierten Stellen im Prozess könnten beispielsweise Key Performace Indicators (KPIs) darstellen. KPIs quantifizieren Unternehmensziele, um den strategischen Erfolg einer Organisation messbar zu machen. Wenn wie im Beispielprozess ein Status auf „Abgelehnt" gesetzt wird, könnte ein KPI über die Anzahl der abgelehnten Anfragen definiert sein. Zusätzlich zur Anzahl von Zustandswechseln könnten zu diesem Zeitpunkt weitere Prozessdaten erfasst werden. Um diese Daten nachvollziehen zu können, können Business Intelligence (BI) oder Business Activity Monitoring (BAM) in den Prozess eingebaut werden.

Die korrekte Verwendung von Blanko-Zwischenereignissen gehorcht den folgenden Regeln:

1. Es muss einen eingehenden und einen ausgehenden Sequenzfluss geben[6]; andernfalls sollte ein Start- oder Endereignis verwendet werden.

2. Das Blanko-Zwischenereignis bringt keine Verzögerung des Prozesses mit sich.

3. Es gibt keine Bedingungen, die mit dem Blanko-Zwischenereignis verknüpft sind.

4. Das Blanko-Zwischenereignis bringt keine Synchronisation mit sich.

3.6.2 Terminierungs-Ereignisse

Ein Terminierungs-Ereignis bewirkt das sofortige Beenden aller Aktivitäten eines Prozesses. Es wird in BPMN folgendermaßen dargestellt:

Ein *Terminierungs-Ereignis* kann verwendet werden, um die Ausführung aller Aktivitäten eines Prozesses abzubrechen. Alle im Prozess befindlichen Token werden dann konsumiert.

Abbildung 3.17 zeigt die parallele Ausführung der Aktivitäten „Nach Kandidaten suchen" und „Vertrag abschließen". Wenn es zu keinem Vertragsabschluss kam, hat es wenig Sinn, weiter nach Projektmitarbeitern zu suchen. Dann wird die Gateway-Bedingung „Nein" gewählt, woraufhin der Prozess einschließlich aller Aktivitäten aus dem „Nach Kandidaten suchen"-Unterprozess endet. Da der „Nach Kandidaten suchen"-Unterprozess fortlaufend ist und der parallele Fluss nicht wieder zusammengeführt wird, bietet sich die Verwendung eines Terminierungs-Ereignisses an, um beide Flüsse zu beenden und alle Token zu konsumieren.

Ein Terminierungs-Ereignis sollte nicht für die normale Beendigung eines Prozessflusses verwendet werden, sondern eher für einen Abbruch unter besonderen Umständen. Solange es keinen spezifischen Grund gibt, den Prozess zu beenden, sollte ein normales Endereignis wie im obigen Beispiel verwendet werden.

---

6. *Ausnahmen von dieser Regel finden sich bei der Verwendung von ereignisbasierten Unterprozessen oder bei angehefteten Zwischenereignissen. Darauf wird später genauer eingegangen.*

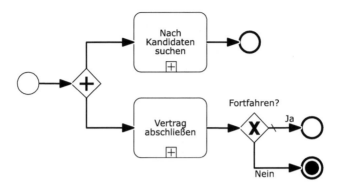

Abbildung 3.17: Beispiel für die Verwendung des Terminierungs-Ereignisses.

3.7   Prozessteilnehmer-Pools

Beim Entwurf der BPMN-Notation wurden Prozesse am Prozessteilnehmer als ihrer Grundlage festgemacht. Ein *Prozessteilnehmer* ist ein Akteur oder eine Person, der oder die mit dem Prozess interagiert. Ein Akteur kann jede menschliche, digitale oder virtuelle Ressource sein, die in den Geschäftsprozess involviert ist. Zu den Teilnehmern gehören Einzelpersonen, Systeme, Maschinen, andere Prozesse, Personengruppen und Gruppen von Systemen.

Das Pool-Diagrammelement stellt einen Prozessteilnehmer dar und beinhaltet alle Elemente des Prozessflusses, der von diesem Teilnehmer ausgeführt wird.

Abbildung 3.18: Pool.

Ein Pool bietet, dadurch dass er auf einen Teilnehmer verweist, einen Kontext für das Modell. Teilnehmer können individuell angegeben werden, wie beispielsweise „HR Manager", oder es kann sich dabei um bestimmte Arten von Rollen oder Organisationen handeln.

Prozesse selbst können ebenfalls Teilnehmer sein; aus der Modellierungssicht wird ein Prozess dabei genau wie jeder andere Teilnehmer behandelt. Auf diese Weise können interagierende Prozesse dargestellt werden.

Ein Quittierungsprozess für Warenlieferungen ist dafür ein gutes Beispiel. Um eine Quittung für die angenommenen Waren zu erstellen, müssen diese zuerst überprüft werden, dafür wird der Warenprüfprozess aufgerufen. Dieser wiederum startet den Quittierungsprozess für die erhaltenen Waren, welcher zuerst den Rechnungsstellungs-Prozess aufruft. In diesem wird schlussendlich der Verbindlichkeiten-Prozess gestartet.

Beispiele für Personen als Teilnehmer sind:

> Ein Lagerangestellter, der eine Bestellung kontrolliert

> Ein Kundenservice-Vertreter, der eine Anfrage beantwortet

> Ein Angestellter, der einen Antrag ausfüllt

> Ein Patient in einem Krankenhaus

> Ein Manager, der einen Antrag bewilligt

> Ein Techniker, der eine Festplatte wiederherstellt

> Ein Kreditberater, der einen Antrag überprüft

Beispiele für Systeme als Teilnehmer:

> Oracle Financials, JD Edwards, SAP, PeopleSoft

> Ein Datenbankserver

> Ein Business Rule Management System

> Ein Telefonvermittlungssystem

> Ein Web-Service

> Ein Application Server, beispielsweise Enterprise JavaBeans (EJB)

> Eine kundenspezifische Benutzeroberfläche

> Ein Message-Queuing-System (Sonic, MQ-Series, Tuxedo queue)

Teilnehmer können auch in Form von Rollen auftreten. Eine *Rolle* ist eine logische Gruppierung von Personen oder Systemen, die im Kontext des Prozesses Arbeit einer bestimmten Kategorie ausführen. Personen und Systeme können verschiedene Rollen haben, wobei eine Rolle nur selten von Personen und Systemen

gleichzeitig besetzt wird. Eine Person könnte zum Beispiel Daten eingeben und ein
System könnte diese Daten erhalten und verarbeiten. Auch wenn sich die Aufgaben von Personen und Systemen ähneln, können über Rollen verschiedene Ver-
antwortungsbereiche innerhalb eines Geschäftsprozesses abgegrenzt werden.

BPMN ermöglicht die weitere Unterteilung von Pools in logische Gruppierun-
gen – diese werden *Lanes* genannt. So könnten Rollen für die durch Pools beschriebenen Teilnehmer definiert werden, wie zum Beispiel „Rechtliches", „Perso-
nalbeschaffung" oder „Vertragsverhandlung". In BPMN werden Rollen jedoch
meist durch die Pools definiert und eine Lane beschreibt eine Gruppierung von
Aktivitäten einer bestimmten Art. Abbildung 3.19 beispielsweise zeigt das Vertragsbüro (eine Rolle), in dem die Aktivitäten durch Lanes gruppiert wurden („Vertragsverhandlung", „Mitarbeitersuche").

Die Verwendung von Lanes ist optional. Zumeist helfen sie jedoch dabei, die
Übersichtlichkeit des Modells zu erhöhen.

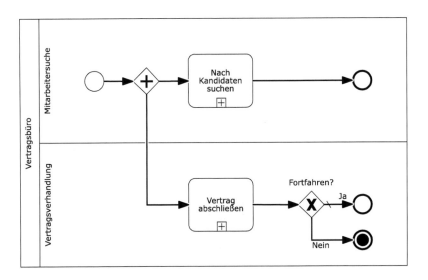

Abbildung 3.19: Ergänzung des Projektbeginn-Prozesses um Pool und Lanes.

Für die korrekte Verwendung von Lanes sollte bedacht werden, dass alle Aktivitäten
innerhalb eines Pools von einem Prozessteilnehmer ausgeführt werden. Durch
die Lanes wird nur gekennzeichnet, dass dieser Teilnehmer an mehreren Arten von
Aktivitäten beteiligt ist. Wenn dargestellt werden soll, dass mehrere Teilnehmer
an einem Ablauf beteiligt sind, sollten weitere Pools verwendet werden, die über
einen Nachrichtenfluss miteinander kommunizieren und so die Aktivitäten koor-
dinieren (Näheres dazu im nächsten Kapitel).

Wenn in BPMN Lanes verwendet werden, um mehrere Rollen (zum Beispiel HR, Buchhaltung, Vertrieb und Rechtsabteilung) in einem Pool darzustellen, dann sollte es sich bei dem durch den Pool gekennzeichneten Prozessteilnehmer selbst um einen Prozess handeln. Dessen Rollen sind dann logisch gruppiert in den Lanes anzufinden – ein Ansatz, der in vielen BPM-/Workflow-Automatisierungs-Systemen üblich ist.

3.8 Details zu den vorgestellten DMN-Elementen

In diesem Abschnitt soll gezeigt werden, wie eine Geschäftsentscheidung mithilfe der DMN-Diagrammelemente modelliert werden kann.

3.8.1 Decision

Eine *Decision* wird durch ein mit einem Tabellensymbol gekennzeichnetes Rechteck dargestellt, in dem (mindestens) der Name der Entscheidung enthalten ist. Eine Decision bestimmt einen Output, der abhängig von einer Menge von Inputs durch Anwendung einer Entscheidungslogik ermittelt wird. Wie schon erwähnt, können Decisions in Sub-Decisions aufgeteilt werden. Die Top-Level-Decisions entscheiden dann über die Auswahl bestimmter Handlungen aus einer Vielzahl möglicher Handlungen. Decisions auf einer niedrigeren Ebene liefern dagegen einfach Inputs für höherstufige Decisions. Unabhängig von der Granularitätsstufe werden jedoch alle Decisions gleich dargestellt und es gibt keine Untertypen.

Decisions haben eine Vielzahl von Eigenschaften, die zur Dokumentation der Voraussetzungen (siehe Kapitel 4) festgehalten werden können. Zwei davon sollten für jede Decision so schnell wie möglich festgelegt werden:

> Die **Frage**: Eine natürlichsprachliche Aussage, die die Entscheidung in Form einer Frage wiedergibt. Sie sollte möglichst detailliert und spezifisch gestellt sein.

> Die **möglichen Antworten**: Eine natürlichsprachliche Beschreibung der für diese Frage zugelassenen Antworten. Wenn es sich um eine handlungsorientierte Entscheidung handelt, sollten hier die möglichen Handlungen,

die ausgeführt werden können, beschrieben werden. Ist dies nicht der Fall, sollte die Art der Information, die durch die Entscheidung ermittelt wird, beschrieben werden.

Bei handlungsorientierten Entscheidungen geben die erlaubten Antworten die Reaktionen an, die der Prozess verarbeiten muss, wenn das Entscheidungsmodell wie oben beschrieben von einem Geschäftsregel-Task aufgerufen wird.

In DMN ist es erlaubt, diese Eigenschaften im Decision-Element anzugeben. Da dies jedoch meist zu überladenen Modellen führt, ist ein prägnanter, aussagekräftiger Name vorzuziehen.

3.8.2 Input Data

Input Data werden über ein ovales Diagrammelement dargestellt, das (mindestens) den Namen der Daten enthält. Decisions benötigen Inputs, und die meisten davon sind Input Data – Daten, deren Ursprung außerhalb des Entscheidungskontextes liegt. Wenn eine Decision modelliert und mit einer Aktivität verknüpft wird, werden über Input Data die Daten beschrieben, die vom Prozess an die Entscheidung übergeben werden können.

Input-Data-Elemente beschreiben üblicherweise Geschäftseinheiten, die bei der Entscheidungsfindung verwendet werden, beispielsweise „Regelung" oder „Kunde". Es kann sich bei ihnen aber auch um Informationselemente einer beliebigen Detailstufe handeln. Jedes Input-Data-Element kann hinsichtlich eines hierarchischen Informationsmodells beschrieben werden, welches genau angibt, aus welchen Informationselementen es zusammengesetzt ist. Diese Angaben sind mit dem Input-Data-Element verknüpft, werden aber im Modell nicht dargestellt.

3.8.3 Knowledge Source

Knowledge Sources werden durch ein dokumentartiges Diagrammelement dargestellt, das (mindestens) ihren Namen enthält. Knowledge Sources stehen für die Quelle des Fachwissens, das für die Entscheidungsfindung benötigt wird. Dabei kann es sich um Regelungen und Vorschriften handeln, die beschreiben, wie eine bestimmte Entscheidung zu treffen ist, oder um Best Practices oder Fachkompetenzen bezüglich des Treffens der Entscheidung oder sogar um aus Analysen gewonnenes Wissen darüber, wie die Entscheidung noch genauer getroffen werden kann. Knowledge Sources beschreiben also Vorschriften für eine Entscheidung und beziehen sich meist auf ein externes Dokument oder eine andere Wissensquelle, die eine detaillierte Anleitung für die Entscheidungsfindung angibt.

3.8.4 Business Knowledge Model

Business Knowledge Models werden durch ein mit einem Tabellensymbol gekennzeichnetes Rechteck mit abgeschnittenen Ecken dargestellt. Sie werden für Funktionen verwendet, die wiederverwendbare Entscheidungslogiken in sich beschließen. Dabei kann es sich um eine Menge von Geschäftsregeln, einen Entscheidungsbaum, eine Entscheidungstabelle oder ein analytisches Modell handeln. Genaue Angaben über die Art der Darstellung können im Modell gemacht werden, sind jedoch nicht zwingend erforderlich. Die aktuelle erste DMN-Spezifikation bietet dafür zwar noch keine spezifische Notation, im Signavio-Editor kann aber die Entscheidungslogik für Business Knowledge Models und Decisions über eine Entscheidungstabelle oder in Klartext oder Pseudocode angegeben werden.

Die Entscheidungslogik, die in einem Business Knowledge Model enthalten ist, kann direkt mit einer Entscheidung verknüpft werden. Beide, das Business Knowledge Model und die Entscheidung, beinhalten gleichermaßen eine detaillierte Entscheidungslogik, doch das Kapseln in einem Business Knowledge Model ermöglicht die Wiederverwendung, Parametrisierung und Darstellung der Logik in einem Decision Requirements Diagramm.

3.9 Decision Requirements

Die vier Diagrammelemente – Decisions, Input Data, Knowledge Sources und Business Knowledge Models – bilden die Knotenpunkte eines Decision Requirements Diagramms. Die Verbindungen dazwischen sind die Requirement Links, die drei verschiedene Arten von Voraussetzungen anzeigen.

3.9.1 Information Requirements

Die meistverwendete Verknüpfung ist das *Information Requirement*, dargestellt durch einen Pfeil mit durchgehender Linie. Über eine solche Verknüpfung werden Input-Data-Elemente mit einer Decision verbunden. Wenn eine Decision von einer bestimmten Information abhängt, wird dies über einen Information Requirement Link dargestellt. Das Element am Anfang des Pfeils ist eine Voraussetzung für die Decision an der Pfeilspitze.

Zwei Elemente können als Quelle eines Information Requirements fungieren: Input-Data-Elemente und Decisions selbst.

> Wenn eine Decision Informationen von außerhalb des Entscheidungskontextes benötigt, gibt es ein Information Requirement zu einem Input-Data-Element, das diese Information repräsentiert.

> Wenn eine Decision Informationen benötigt, die bei der Entscheidungsfindung einer anderen Decision entstanden sind, so gibt es ein Information Requirement zwischen ihr und dieser vorhergehenden Decision.

In DMN ist keine Notation vorgesehen, die angeben würde, ob ein Information Requirement zwingend erforderlich oder optional ist: Eine Marketing-Decision beispielsweise benötigt sowohl das Ergebnis einer Decision, die die Identität eines anonymen Kunden überprüft, als auch Daten zu diesem Kunden. Die Kundendaten werden nur benötigt, wenn das Ergebnis der vorhergehenden Decision eine erfolgreiche Kundenidentifikation ist. Insofern werden die Daten nicht jedes Mal, wenn die Entscheidung getroffen wird, benötigt – eine hilfreiche Information für die Dokumentation und Beschreibung der Decision, die jedoch nicht im Diagramm vermerkt wird.

Information Requirements zu Input-Data-Elementen können auch über eine Decision mit Listed Data dargestellt werden, wobei die Namen der Input-Data-Elemente direkt in der unteren Hälfte eines Decision-Elements eingetragen werden, durch eine horizontale Linie vom Decision-Namen getrennt. Diese Darstellungsform und die Darstellung der Information Requirements über Pfeile sind semantisch äquivalent.

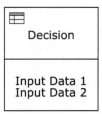

3.9.2 Authority Requirements

Authority Requirements zeigen, wo im Prozess angegeben ist, wie die Entscheidung zu treffen ist. Sie werden durch eine gestrichelte Linie mit einem runden Ende dargestellt; dabei ist das Element am Anfang des Requirement Links eine Vorschrift für das Element am runden Ende. Über Authority Requirements können Knowledge Sources mit Decisions verbunden werden, um anzuzeigen, dass sie Wissen über die Entscheidungsfindung enthalten.

Authority Requirements haben einen rein dokumentierenden Charakter und sind ohne Einfluss auf die Ausführung der Entscheidung.

3.9.3 Knowledge Requirements

Wenn Business Knowledge Models verwendet werden, wird über Knowledge Requirements angezeigt, dass sie aufgerufen werden, wenn eine Entscheidung getroffen wird. Dabei steht das Business Knowledge Model am Anfang des Pfeils und an der Pfeilspitze entweder eine Decision oder ein weiteres Business Knowledge Model.

3.10 Decision Requirements Diagramme

Durch die Kombination der vier Diagrammelemente Decision, Input Data, Knowledge Source und Business Knowledge Model können Decision Requirements Diagramme entworfen und erstellt werden. Die Beziehungen zwischen den Elementen, die durch das Hinzufügen der Requirement Links erzeugt werden, bringen dann ein Netzwerk von verknüpften Elementen als Basis eines Entscheidungsmodells hervor.

Es können beliebige Decision Requirements Diagramme entwickelt werden, in denen die Beziehungen zwischen den Diagrammelementen keineswegs vollständig sein müssen. Das heißt, kein Diagramm muss alle Requirement-Beziehungen, die für ein bestimmtes Diagrammelement gelten, darstellen. Aus Erfahrung lässt sich sagen, dass es viele mögliche Zwecke für die Verwendung der Diagramme gibt.

3.10.1 Decision-Kontext

Wenn eine Decision erstmalig identifiziert wird, ist es im Allgemeinen sinnvoll, offensichtlich benötigte Input-Data-Elemente und Knowledge Sources zu dokumentieren. Meist handelt es sich dabei um Top-Level-Decisions, von denen keine weiteren Decisions abhängen und die dementsprechend nicht als Wissensquelle für Information Requirement Links dienen. Sie werden meist direkt von einem Geschäftsregel-Task in einem Geschäftsprozess ausgeführt.

Die Datenobjekte, die zum Zeitpunkt der Entscheidung im Geschäftsprozess vorliegen, bilden in den meisten Fällen eine Grundlage für die benötigten Input-Data-Elemente. Es kann aber auch weitere Input-Daten geben und umgekehrt ist vielleicht auch nicht jede Information für die Entscheidung relevant. Eine Ausgangsmenge von Knowledge Sources kann über übliche Analyse- und Datenerhebungsverfahren bestimmt werden.

In Abbildung 3.20 wird ein Decision Requirements Diagramm für das Transportbeispiel vorgestellt. Die Information Requirements beinhalten die Anbindung der Lagerstätten an die verschiedenen Lieferwege sowie die Abkommen mit den Zulieferern zum Transport der Waren. Lagerstätten sind hinsichtlich der Art der Lieferungen, die sie erhalten können, beschränkt, außerdem in der Geschwindigkeit, mit der die Materialien in den Lagerbestand aufgenommen werden können. Weiterhin gibt es einschränkende Regelungen für den Transport der Materialien.

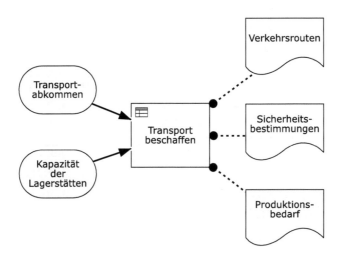

Abbildung 3.20: Ein Decision Requirements Diagramm, das den Kontext der Decision zeigt.

3.10.2 Dekomposition

Eine zweite, häufig auftretende Anwendung von Decision Requirements Diagrammen besteht darin, Entscheidungen in ihren Bestandteilen darzustellen, um sie detaillierter betrachten zu können. Dafür müssen die Decisions, die vor der Top-Level-Decision getroffen werden müssen, identifiziert werden – solche, von deren Outputs die Top-Level-Decision abhängt – und diese müssen über Information Requirements verbunden werden. Wenn sich unter diesen neu gefundenen Decisions wiederum komplexe Decisions befinden, können diese auf die gleiche Art zergliedert werden, um weitere Details aufzuzeigen.

Wie in Abbildung 3.21 gezeigt, müssen weitere Entscheidungen getroffen werden, bevor die Transportart ausgewählt werden kann. Dazu gehören:

> Das Bestimmen der verfügbaren Transportarten. Bei höherem Gewicht und Volumen der Fracht ist beispielsweise ein Containertransport per Schiff oder Bahn eine praktikable Lösung.

> Das Auswählen des Versicherungsschutzes für die Lieferung. Interne Richtlinien könnten dabei für den Transport von risikobehafteten Materialien eine Haftpflichtversicherung zusätzlich zur Deckung durch den Lieferanten vorsehen.

> Das Bestimmen der Transportkosten. Wenn mehrere Transportarten zur Auswahl stehen, werden deren Kosten berechnet, sodass die günstigste Option gewählt werden kann.

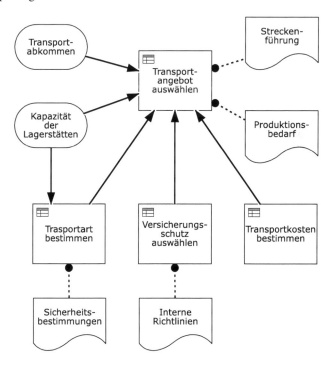

Abbildung 3.21: Ein Decision Requirements Diagramm, bei dem die Top-Level-Decision dekomponiert wurde.

Wenn so neue Details hinzukommen, ist es oft nützlich, zusätzliche Input-Data-Elemente und Knowledge Sources hinzuzufügen, die von den Teil-Decisions benötigt werden. Die Information Requirements zu den Input-Data-Elementen und die Knowledge Requirements zu den Knowledge Sources müssen in diesem Schritt unter Umständen ebenfalls angepasst werden. Wenn sich genau bestimmen lässt, was die Authority Requirements vorgeben, müssen häufig auch Authority Requirements von der ursprünglichen Entscheidung zu einer Teil-Entscheidung verschoben werden.

Modelliert man ein Decision Requirements Diagramm von Grund auf, wird es bezüglich der Decision Requirements nie vollständig sein. Wenn für den gegebenen Einsatzzweck ein entsprechend hoher Detailgrad benötigt wird, kann es weiter dekomponiert werden, um eine vollständige Menge von Decision Requirements zu erhalten. Für die Beschreibung manuell getroffener Entscheidungen ist dies aber selten der Fall.

3.10.3 Vollständige Requirements

Wenn die vollständige Menge an Requirements für eine Entscheidung erforderlich ist, beispielsweise wenn die gesamte Entscheidung automatisiert werden soll, kann ein Decision Requirements Diagramm genutzt werden, um diese aufzuzeigen. Weitere Decisions, Input-Data-Elemente und Knowledge Sources können einfach hinzugefügt und über Information und Authority Requirements verknüpft werden.

In einem solchen Diagramm ist es besonders wichtig, dass die Informationen, die über die Input-Data-Elemente dargestellt werden oder von Entscheidungen produziert werden, im Hinblick auf ein hierarchisches Informationsmodell korrekt beschrieben werden. So wird ein problemloser Informationsfluss durch das Entscheidungsnetzwerk garantiert.

Auch wenn die Entscheidungslogik nicht zwingend für das gesamte Modell angegeben werden muss (in späteren Kapiteln wird erklärt, wie die Entscheidungslogik spezifiziert werden kann), kann es sein, dass es wiederverwendbare Blöcke von Entscheidungslogik gibt. Diese können über Business Knowledge Models dargestellt werden, die mit den aufrufenden Decisions über Knowledge Requirements verknüpft werden können. Der üblichste Anwendungsfall dafür wäre das Auftreten zweier (oder mehrerer) Decisions, die verschiedene, aber miteinander kompatible Information Requirements besitzen und über die gleiche Entscheidungslogik verfügen – beispielsweise zwei Decisions, die die Adresse für eine Rechnung beziehungsweise die Adresse für eine Bestellung überprüfen. Sie verwenden verschiedene Input-Daten, weshalb es sich um verschiedene Entscheidungen handelt. Sie werden jedoch mit großer Wahrscheinlichkeit die gleiche Adressüberprüfungslogik anwenden, die dann in einem Business Knowledge Model dargestellt werden könnte. Business Knowledge Models können auch verwendet werden, um die Übersicht über vorhandenes Fachwissen zu behalten, oder als Platzhalter für Analysemodelle oder andere Algorithmen dienen.

3.10.4 Requirements-Teilmengen

In DMN können mehrere Diagramme einem bestimmten Decision Requirements Modell zugeordnet werden. Insofern ist es häufig angebracht, mehrere Diagramme zu modellieren, die jeweils eine Teilmenge der gesamten Requirements angeben. Es können dafür beliebig viele Diagramme entwickelt werden, sodass beispielsweise ein Diagramm nur die Elemente beinhaltet, die für eine bestimmte Unternehmenseinheit oder einen bestimmten Geschäftsbereich relevant sind, oder auch nur das Netzwerk der Entscheidungen aufzeigt, ohne spezifische Input-Data-Elemente oder Knowledge Sources darzustellen. Im DMN-Standard ist keine Notation vorgesehen, um das Fehlen von Daten oder Requirements anzuzeigen – trotzdem ist es sinnvoll, diejenigen Diagramme zu kennzeichnen, die nicht die gesamte Problemdomäne abbilden sollen.

3.10.5 Weitere Diagramme

Grundsätzlich können alle möglichen Diagramme erstellt werden – solche, die nur die Input-Data-Elemente zeigen, und solche, die sich auf die Business Knowledge Models und deren Interaktionen konzentrieren, oder auf alle Elemente einer bestimmten Unternehmenseinheit. Solange der Zweck der Diagramme und der von ihnen angestrebte Grad an Vollständigkeit ersichtlich sind, können sie sinnvoll eingesetzt werden.

3.11 Verwendung der vorgestellten Elemente

Mit dem Verständnis dieser grundlegenden Modellierungselemente können nun Prozessmodelle entworfen werden, darunter auch solche, die Entscheidungsmodelle aufrufen. Im weiteren Verlauf dieses Kapitels werden typische Prozessbeispiele, wie die Verwaltung von Lieferketten oder Verträgen, als Modellbeispiele dienen. Betrachtet man beispielsweise den Teil eines Prozesses näher, in dem das Vertragsbüro einen Auftrag an einen Auftragnehmer vergibt, stellt man fest, dass dazu die Schritte Werbung, Angebotsauswertung und Auftragsvergabe gehören. Bei diesen Schritten handelt es sich dann um Aktivitäten des Prozesses. Abbildung 3.22 zeigt ein BPMN-Modell für diesen Ausschnitt eines Prozessflusses, einschließlich der Start- und Endereignisse.

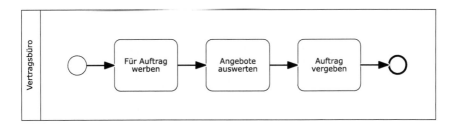

Abbildung 3.22: Sequenzfluss innerhalb des Vertragsbüros.

Hier wurde bereits eine Entscheidung „Angebote auswerten" identifiziert, für die sich ein DMN-Modell anbieten würde. Mit fortlaufender Modellierung des Prozesses kann in den Elementbeschreibungen nach weiteren Entscheidungen Ausschau gehalten werden.

Das Werben und Auswerten beinhaltet die Kommunikation mit anderen Prozessteilnehmern, insofern könnten als nächstes die Nachrichtenflüsse zum und vom Auftragnehmer hinzugefügt werden, wie in Abbildung 3.23 gezeigt.

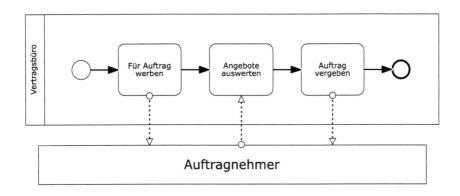

Abbildung 3.23: Nachrichtenfluss zwischen Vertragsbüro und Auftragnehmer.

In einem darauffolgenden Szenario werden Materialanfragen platziert. Durch die Modellierung können Analysten Aktivitäten und deren Beziehungen im Prozess festhalten. So können beispielsweise unternehmensbezogene Handlungen und Abhängigkeiten beobachtet werden.

Im Anfragebeispiel in Abbildung 3.24 wurde festgestellt, dass die Entscheidung über den Transport und das Aufgeben der Bestellung parallel ausgeführt werden können, und dementsprechend wurde ein paralleles Gateway eingefügt.

Abbildung 3.24 zeigt somit die Aufteilung in einen parallelen Fluss. Bei parallelen Zweigen kann es beliebig viele Aktivitäten entlang des Prozessflusses geben, die sich in jedem möglichen oben beschriebenen Zustand befinden können. Die Zweige könnten wieder zusammengeführt werden oder einer könnte enden, während andere Aktivitäten im Prozess weiterlaufen.

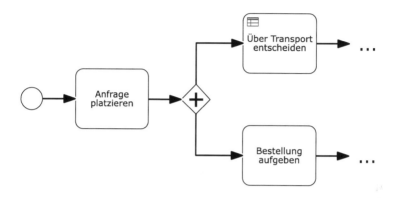

Abbildung 3.24: Parallele Verzweigung mit parallelem Gateway und DMN-Entscheidung.

Wie in Abbildung 3.25 dargestellt, ist die parallele Verzweigung die erste Stelle im Modell, bei der mehrere Token entstehen können. Eine Sequenz wurde definiert über die Weitergabe eines einzelnen Tokens. Da nach der „Anfrage platzieren"-Aktivität zwei Sequenzflüsse das Gateway verlassen, werden zwei Token generiert. Diese Token müssen konsumiert werden, bevor der Prozess beendet werden kann.

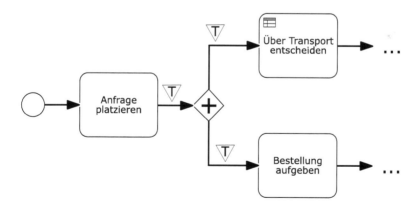

Abbildung 3.25: Parallele Verzweigung mit Tokenfluss.

Das Entscheidungsmodell für die Transportentscheidung sollte in das Gesamtmodell eingebunden werden. Abbildung 3.26 zeigt ein vollständigeres Modell für diese Entscheidung.

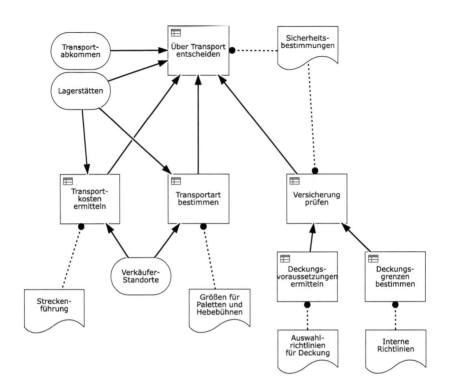

Abbildung 3.26: Decision Requirements Diagramm mit vollständigeren Requirements.

> Um die möglichen Transportarten bestimmen zu können, muss bekannt sein, welche Lagerstätten Waren über eine bestimmte Transportart, beispielsweise per Bahn, erhalten können.

> Um den Versicherungsschutz für die Lieferung auszuwählen, müssen zuerst weitere Entscheidungen bezüglich der Deckungsvoraussetzungen und Deckungsgrenzen getroffen werden.

> Um die Transportkosten zu ermitteln, müssen die Standorte der Verkäufer und der Lagerstätten in Betracht gezogen werden.

Die Top-Level-Decision wird dann über den Geschäftsregel-Task mit dem Prozess verknüpft.

Um dieses Szenario zu vervollständigen: Nach Erhalt der Waren werden diese überprüft und entweder in den Lagerbestand aufgenommen oder bei Mängeln zurückgesendet. Dieser Abschnitt wurde bereits abgedeckt, insofern kann er einfach an den bestehenden Prozess angehängt werden. Zuerst muss jedoch der parallele Fluss wieder zusammengeführt werden. Die Entweder-oder-Handlungsstränge nach dem Überprüfen der Waren deuten auf ein exklusives Gateway hin. Abbildung 3.27 zeigt das gesamte Szenario.

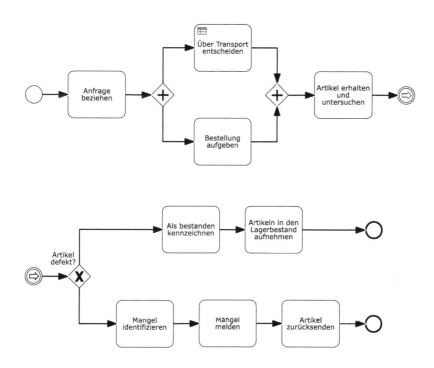

Abbildung 3.27: Vollständiges Szenario inklusive Untersuchung der erhaltenen Waren. Der schwarze und der weiße Pfeil stehen für Link-Events, die miteinander verbunden sind und den Fortlauf des Prozesses darstellen sollen.

3.12 Zusammenfassung

Der erste Abschnitt dieses Kapitels hat eine grundlegende Palette von BPMN- und DMN-Diagrammelementen vorgestellt, die jeder Modellierer kennen sollte. Mit ihnen kann bis auf sehr komplexe und vielschichtige Prozessszenarien alles modelliert werden.

Danach wurden die Funktionsweisen von Aktivitäten, Gateways und Ereignissen in BPMN betrachtet. Ein BPMN-Prozess beschreibt einen zeitabhängigen Fluss von Daten und Token entlang der Diagrammelemente, wobei die Richtung von den Werten der Daten abhängig sein kann. Die Bewegung von Daten findet man in Nachrichten, Sequenzen und Aktivitäten. Um ein Prozessszenario modellieren zu können, muss bekannt sein, wie diese Elemente den Tokenfluss beeinflussen. Dabei wurde festgelegt, dass Aktivitäten drei Zustände besitzen, die sie durchlaufen: Bereit, Aktiv und Abgeschlossen.

Um den Prozessfluss in BPMN zu steuern, können Gateways verwendet werden. Es gibt drei grundlegende Gateway-Arten: datenbasiert exklusiv, parallel und datenbasiert inklusiv. Wenn sie Pfade zusammenführen, warten sie jeweils auf die Ankunft einer bestimmten Anzahl von Token.

Das datenbasierte exklusive Gateway (mit einer X-Markierung, wie in eXklusiv) wird durch ein einzelnes Token aktiviert, auch wenn es mehrere eingehende Sequenzflüsse besitzt. Eine datenabhängige Bedingung gibt dann das Token weiter.

Das parallele Gateway wartet auf die Token aller eingehenden Sequenzen, bevor sich aktiviert. Wenn es als Verzweigung agiert, werden Token an jeden ausgehenden Sequenzfluss weitergegeben, ohne dass dafür eine bestimmte Bedingung vorliegen muss.

Ähnlich wie das parallele Gateway wartet das datenbasierte inklusive Gateway (mit einer O-Markierung wie in Oder) auf die Token aller aktiven eingehenden Sequenzen. Bei einer Verzweigung werden abhängig von einer Bedingung Token für die ausgehenden Sequenzflüsse generiert.

Ereignisse werden über Kreise dargestellt; Startereignisse werden dabei mit einer dünnen Linie markiert, Endereignisse mit einer dicken Linie und Zwischenereignisse mit zwei dünnen Linien. Diese Notation gilt für alle Ereignisse in BPMN.

Abbildung 3.28 fasst die BPMN-Inhalte dieses Kapitels zusammen:

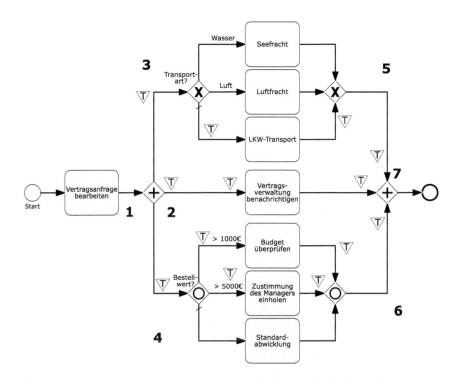

Abbildung 3.28: Token und Transitionen bei den vorgestellten Diagrammelementen.

Der zeitliche Ablauf des Prozesses aus Abbildung 3.28 sieht folgendermaßen aus:

1. Ein einzelnes Token wird von der „Vertragsanfrage bearbeiten"-Aktivität generiert, deren Output in den datenbasierten Gateways verwendet werden wird. Das Token wird vom parallelen Gateway konsumiert.

2. Drei Token für die drei Pfade werden vom parallelen Gateway generiert.

3. Ein einzelnes Token aktiviert das datenbasierte exklusive Gateway. Der Pfad entlang des Standardflusses wird gewählt und das Token wird dorthin weitergegeben.

4. Das inklusive Gateway wird (parallel zu Schritt 3) aktiviert und weil der Bestellwert über 5000€ liegt, werden die oberen beiden Pfade ausgeführt.

5. Wenn die „LKW-Transport"-Aktivität beendet wurde, wird das Token an das zusammenführende exklusive Gateway weitergeleitet, wo es direkt konsumiert wird und ein neues Token generiert wird, das an das zusammenführende parallele Gateway weitergegeben wird. Dieses wartet auf die Ankunft der Token aller drei Pfade, bevor es aktiviert wird.

6. Das zusammenführende inklusive Gateway wartet auf die Token der „Budget überprüfen"- und „Zustimmung des Managers einholen"-Aktivitäten und gibt dann ein einzelnes Token an das parallele Gateway weiter.

7. Sobald alle drei Token das Gateway erreicht haben, werden diese konsumiert, und es wird ein einzelnes Token an das Endereignis weitergegeben.

Ein BPMN-Prozessmodell besteht aus mehr als nur aus Pfaden in einem Workflow-Diagramm – es ist vielmehr eine Abbildung davon, was im Prozess Element für Element passiert. Für verschiedene Elemente gibt es verschiedene Aktivierungsvoraussetzungen, wobei die meisten davon mindestens ein Token und bestimmte Input-Daten benötigen. Aktivitäten, Subprozesse und Gateways durchlaufen bestimmte Zustände, für die in der BPMN-Spezifikation angegeben ist, welchen Einfluss sie auf die Ausführung besitzen.

Die BPMN-Elemente folgen alle einem sich wiederholenden Muster: Sie durchlaufen Zustände und lösen Ausnahmen oder Bedingungen aus. Für Prozessmodellierer ist es wichtig, die Kombinationen von Token, die die Elemente aktivieren, zu kennen. Dadurch wird das Verhalten komplexerer Diagrammelemente verständlicher.

In diesem Kapitel wurden auch die Grundbestandteile des Decision-Model-and-Notation-Standards beschrieben – Decision, Input Data, Knowledge Source und Business Knowledge Model – sowie die Requirement-Abhängigkeiten, die zwischen diesen aufgestellt werden können: Information Requirements, Authority Requirements und Knowledge Requirements. Diese können in Decision

Requirements Diagrammen zusammengestellt werden, um eine Entscheidungsfindung beliebig detailliert darzustellen.

Decision Requirements Diagramme werden verwendet, um exakt darzustellen, wie eine manuelle Entscheidung in einem Prozess zu treffen ist, und um die Erfordernisse (Requirements) für automatisierte Entscheidungsfindung in einem Software-Tool (beispielsweise einem Business Rule Management System) anzugeben. Mit ihrer Hilfe wird die Entscheidungsfindung in ihre Bestandteile zerlegt, um eine Übersicht zu schaffen und um Automatisierungsgrenzen offenzulegen. Sie zeigen, welche Informationen für welche Teile der Entscheidung benötigt werden und wo Regeln, Richtlinien und Know-how zu finden sind, die für die korrekte Entscheidungsfindung benötigt werden.

Entscheidungsmodellierung ist für die meisten Unternehmen ein recht neuer Ansatz. Dieses Kapitel stellt Werkzeuge bereit, mit denen Entscheidungsmodelle gelesen werden können, und beschreibt eine standardisierte Darstellung der Modelle, die zusätzlich zur Prozessmodellierung entwickelt werden können. Genau wie bei der Prozessmodellierung ist die Kenntnis der Notation für die Entscheidungsmodellierung zwar eine Voraussetzung, aber ein effektives Entwickeln solcher Modelle kann nur durch Übung erlernt werden.

Kapitel 4
Fortgeschrittene Techniken

In Kapitel 3 wurden die Grundlagen von BPMN und DMN vorgestellt. Zusätzlich zur Modellierung von Entscheidungen und Prozesspfaden wurde dargelegt, dass die Prozessmodellierung in BPMN mit der zeitabhängigen Weitergabe von Daten und Token entlang von Sequenzen auf sehr dynamische Weise erfolgt. Eine bestimmte Menge an Token wird benötigt, um bestimmte Aktivitäten und Gateways zu aktivieren. Sind sie aktiviert, können sie auf eine bestimmte Weise ausgeführt werden, die über ihre jeweilige Darstellung vorgegeben ist. Wie dies genau vonstattengeht, wird in diesem Kapitel anhand weiterer BPMN-Elemente ausführlich behandelt.

In Kapitel 3 wurde des Weiteren die Modellierung von Entscheidungen mittels DMN vorgestellt. In diesem Kapitel kommt nun die Darstellung der Geschäftslogik der entsprechenden DMN-Diagramme hinzu. Außerdem werden weitere Eigenschaften von Diagrammelementen vorgestellt, die bei der Dokumentation von Entscheidungen und Entscheidungsmodellen hilfreich sind.

Es werden weiterhin verschiedene Ereignisarten in BPMN vorgestellt; darunter wird besonders auf die Nachrichtenereignisse genauer eingegangen. Nachrichten sind ein bedeutender Bestandteil von BPMN-Modellen, denn sie ermöglichen die Kommunikation zwischen verschiedenen Pools oder Prozessen. Sie werden über Tasks und Ereignisse im Modell implementiert. Durch die Einführung von Event-Driven Architectures (EDA) haben sich die Praktiken der Prozessmodellierung weiterentwickelt (mehr dazu in Kapitel 6) und gerade BPMN ist im Kontext von Ereignissteuerung entworfen worden und somit auf EDA ausgelegt.

Geschäftsprozesse sind dynamisch und müssen mit unvorhersehbaren Situationen umgehen können. Aus diesem Grund ist es in BPMN möglich, dass ein Prozessfluss sowohl von innerhalb als auch von außerhalb des Unternehmens ausgelöst oder verändert werden kann. Beispiele für interne Ereignisse sind die Umbesetzung eines Angestellten, der Austausch von Haushaltsposten oder die Herausgabe neuer Richtlinien und Anordnungen. Externe Ereignisse beinhalten Transaktionen, wie beispielsweise Mitteilungen und Nachrichten an Kunden, Partner oder staatliche Einrichtungen. Dabei kann es sich auch um Umwelt-, Politik- oder Wirtschaftsdaten wie Nachrichten, Wetterdaten, Daten zur Wasserqualität oder Rohstoffpreise handeln.

Mit zunehmendem Fokus auf Prozessdetails werden bei der Prozessmodellierung Konstrukte wie Schleifen, Zeitabhängigkeit und Bedingungen benötigt, die ebenfalls in diesem Kapitel vorgestellt werden.

In BPMN werden komplexere Diagrammelemente durch das Hinzufügen von bestimmten Eigenschaften zu den Grundelementen konstruiert. So kann aus einem einfachen Ereignis durch das Hinzufügen eines Uhr-Symbols ein Zeitereignis entstehen. Bei den meisten Ereignissen, Gateways und Aktivitäten erbt das innere Element die Attribute des äußeren Elements, sodass insgesamt eine Komposition der inneren und äußeren Attribute entsteht. Dieses Konzept wird in Abbildung 4.1 anhand eines Zeitereignisses verdeutlicht:

Abbildung 4.1: BPMN-Ereignis-Syntax.

Die grafische Darstellung gibt die Funktionalität an, die Datenattribute bestimmen das situationsabhängige Verhalten der Diagrammelemente. In diesem Kapitel werden einige dieser zusammengesetzten Elemente behandelt, darunter Aktivitätstypen und Gateways.

Ein wirksames Modell sollte gleichzeitig anschaulich und prägnant sein sowie detaillierte Beschreibungen enthalten und eindeutige Elemente verwenden. Aber auch das vollständige Ausarbeiten aller Details mittels BPMN-Syntax reicht in manchen Fällen nicht aus. BPMN beinhaltet auch nützliche Mittel zur Beschreibung und Dokumentation. In diesem Kapitel werden darüber hinaus neue Diagrammelemente und Modellierungsstile vorgestellt, die bei der Modellierung von Details in Prozessen und Entscheidungen nützlich sein können.

4.1   Weitere Aktivitäten und Tasks

Wenn bei der Prozessmodellierung stärker auf Prozessdetails geachtet wird, können viele geschäftliche und betriebliche Einzelheiten erkannt werden. Die folgenden Aktivitäten und Tasks helfen bei der Modellierung dieser Einzelheiten.

4.1.1   Besondere Tasktypen

In der BPMN-2.0-Spezifikation werden sechs Untertypen von Tasks vorgestellt. Dabei handelt es sich um zusammengesetzte Task-Varianten, die bestimmte Metadaten beinhalten und spezifische Ausführungsmerkmale besitzen.

Oft sind Prozessdetails (beispielsweise Prozessteilnehmer oder Architektur-merkmale eines ausführenden Systems) in den frühen Phasen der Prozessmodel-lierung noch unbekannt. Ein sinnvolles Verfahren ist es dann, zuerst einen groben Ablauf des Aktivitätsflusses im gesamten Prozess zu identifizieren, bevor genau bestimmt wird, von welchem Teilnehmer welche Aufgaben ausgeführt werden. Wird der Prozess im Anschluss verfeinert, helfen die Tasktypen aus Tabelle 4.1 bei der präzisen Darstellung von Prozesserhebung und -dokumentation.

Um ein komplexeres Beispiel für Integration von DMN in BPMN aufzuzeigen, werden in Abbildung 4.2 Nachrichten-, Geschäftsregel- und Skripttasks sowie Gateways verwendet.

Tabelle 4.1: Tasks mit speziellem Verhalten

Nachrichtentask (empfangend) Beschreibt asynchrone Kommunikation mit einem anderen Prozessteilnehmer.	Der weiße Umschlag zeigt an, dass der Task erst durch den Erhalt einer Nachricht abgeschlossen wird. Ein ein-gehender Nachrichtenfluss sollte angefügt werden.	✉ Nachrichten-Task
Nachrichtentask (sendend) Beschreibt asynchrone Kommunikation mit einem anderen Prozessteilnehmer.	Der schwarze Umschlag zeigt an, dass beim Start des Tasks eine Nachricht gesendet wird. Dementsprechend sollte ein ausgehender Nachrichtenfluss angefügt werden.	✉ Nachrichten-Task
Manueller Task Wird manuell außerhalb eines BPM-Systems (BPMS) oder einer anderen Softwareanwen-dung (CRM-, ERP-System) ausgeführt.	Manuelle Tasks werden nicht von Prozessengines verwaltet und haben keinen Einfluss auf die Ausführung. Sie besitz-en keine eingehenden oder ausgehenden Nachrichten.	☝ Manueller Task
Benutzertask Wird von einer Person ausge-führt. Wird häufig in BPMS verwendet, um von system- oder formularbasierten Tasks abzugrenzen.	Benutzertasks arbeiten meist mit einer Taskliste, die die Sichtbarkeit des Tasks abhängig von der Rolle des Benutzers bestimmt.	👤 Benutzer-Task

Servicetask Wird synchron von einem System-Service ausgeführt.	Auch zur Darstellung von Interaktionen mit Web-Services (veraltet). Eingehende und ausgehende Nachrichtenflüsse können angefügt werden.	Service-Task
Skripttask Steht für ein Software-Skript, das automatisch ausgeführt wird, wenn der Task aktiviert wird.	Skripttasks verändern die Werte von Input-Daten-Objekten mittels einer Programmiersprache wie XPath, Jscript oder Visual Basic(.net) – abhängig davon, was die Prozessengine interpretieren kann.	Skript-Task
Geschäftsregeltask Steht für eine Aktivität, bei der Geschäftsregeln das Ergebnis oder den Output bestimmen.	Geschäftsregeltasks dienen als Platzhalter für (über Geschäftsregeln gesteuerte) Entscheidungen und für DMN-Decision-Tasks.	Geschäftsregel-Task

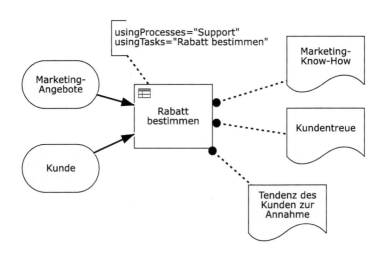

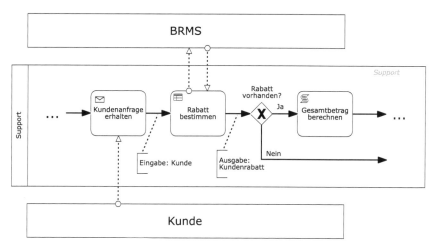

Abbildung 4.2: Verbindung zwischen DMN-Entscheidung und BPMN-Prozess.

Die Kundenanfrage enthält Kundendaten, die als Input für den „Rabatt bestimmen"-Task dienen. Dieser Geschäftsregeltask wendet die Geschäftslogik an, die im DMN-Diagramm für die Rabattentscheidung vorgesehen ist. Die Geschäftslogik wiederum ist in einem Business Rule Management System (BRMS) implementiert und gibt einen Rabattwert zurück, der von einem Skript mit dem Gesamtbetrag verrechnet wird.

Bei Verwendung von DMN 1.0 wird ein Prozess über Metadaten mit einer Entscheidung verknüpft. Entscheidungen können mit einem oder mehreren Geschäftsprozessen verbunden werden, um anzuzeigen, dass die Entscheidung während dieses Prozesses getroffen wird. Entscheidungen können auch mit einem oder mehreren speziellen Tasks in solchen Prozessen verknüpft werden (im Allgemeinen mit Geschäftsregeltasks), um den Zeitpunkt im Prozessablauf zu markieren, an dem die Entscheidung getroffen wird.

Abbildung 4.2 zeigt einen öffentlichen Prozess mit einem Kunden als Teilnehmer. Bei öffentlichen Prozessen werden nur die Aktivitäten dargestellt, über die mit anderen Prozessteilnehmern kommuniziert wird. Prozessmodelle müssen nicht immer die gesamte Interaktion mit allen Details darstellen. Der Schwerpunkt eines Diagramms könnte auf einem einzelnen Teilnehmer liegen – die Stellen im Prozess, an denen Interaktionen stattfinden, können dann trotzdem detailliert modelliert werden. Über einen zugeklappten Pool kann die Beteiligung eines Prozessteilnehmers dargestellt werden, ohne genauer auf dessen Aktivitäten einzugehen. Auf diese Weise werden häufig externe Teilnehmer wie Verkäufer, Lieferanten oder andere Dritte modelliert.

Zu beachten ist, dass es keine feste Notation dafür gibt, *wie* ein DMN-Decision Requirements Diagramm mit einem BPMN-Prozessdiagramm verknüpft ist.

Typischerweise werden dafür, wie in Abbildung 4.2 gezeigt, Textanmerkungen verwendet.

Abbildung 4.3 veranschaulicht einen Beispielprozess mit korrekter Verwendung der Nachrichten-, Skript- und Benutzertasks.

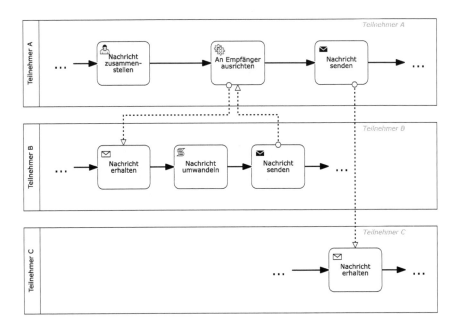

Abbildung 4.3: Abstrakter Anwendungsfall für die verschiedenen Tasktypen.

Teilnehmer A füllt ein Formular in der „Nachricht zusammenstellen"-Aktivität aus, das dann an die „An Empfänger ausrichten"-Aktivität weitergeleitet wird, die wiederum eine Nachricht an Teilnehmer B sendet. Der „Nachricht umwandeln"-Skripttask verändert die Nachricht über eine Programmiersprache (beispielsweise XPath) und sendet sie dann zurück an Teilnehmer A. Schlussendlich wird die umgewandelte Nachricht über den sendenden Nachrichtentask an Teilnehmer C weitergeleitet.

Ein Nachrichtentask kann nicht gleichzeitig Nachrichten senden und empfangen – dies ist nur über Servicetasks oder über zwei Nachrichtentasks oder zwei Nachrichten-Zwischenereignisse möglich – diese werden im Ereignis-Abschnitt dieses Kapitels vorgestellt.

4.1.2   Iterationen und Mehrfachausführung

Eine weitere Methode für die detailliertere Darstellung von Prozessen ist die Modellierung von Schleifen mit Bezug auf Daten, Zeit und Bedingungen.

Eine Aktivität, die über mehrere Iterationen wiederholt wird, wird Schleifen-aktivität genannt. Schleifenaktivitäten sind entweder Tasks oder Unterprozesse. Die Schleifen-Eigenschaft wird über eine Pfeil-Markierung am unteren Rand der Aktivität angezeigt.

Schleifen-Task

Schleifen-Unterprozess

Der Schleifen-Task beschreibt einen einfachen Task, der wiederholt ausgeführt wird. Das kann beispielsweise ein bestimmter Arbeitsablauf sein, der solange wiederholt wird, bis eine bestimmte Bedingung erfüllt ist. Meistens handelt es sich bei Schleifenaktivitäten jedoch um Unterprozesse. Dort werden aus mehreren Aktivitäten bestehende Abläufe auf verschiedene Datensätze angewendet. Bei einer Warenbestellung müssen zum Beispiel mehrere Produkte erst beschafft und dann ausgeliefert werden. Wenn die Schleife endet, wird auch der Unterprozess beendet und der Prozess fährt mit der nächsten Aktivität fort.

Für Schleifen gibt es verschiedene Bedingungen, z.B. „Wiederhole den Unterprozess solange, bis alle Dokumente angenommen oder abgelehnt wurden" wie in Abbildung 4.4. Die drei möglichen Bedingungsarten sind:

1. Eine bestimmte Anzahl an Wiederholungen ausführen.

2. Wiederholen, *solange* eine Bedingung erfüllt ist.

3. Solange wiederholen, *bis* eine Bedingung erfüllt ist.

Die Bedingungsart wird nicht explizit angezeigt, sie ist jedoch Teil des BPMN-Datenmodells. Textanmerkungen können verwendet werden, um die Abbruchbe-dingung der Schleife zu beschreiben (dazu später in diesem Kapitel).

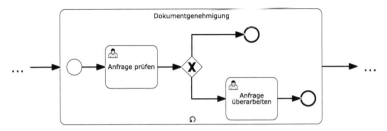

Abbildung 4.4: Schleifen-Unterprozess (ausgeklappt).

In Abbildung 4.4 ist es die Aufgabe eines Managers, eine Anzahl von Dokumenten zu prüfen. Die Schleife wird solange ausgeführt, bis alle Dokumente abgearbeitet wurden.

4.1.3   Multiple-Instanzen-Unterprozesse

Ein weiterer Typ von Schleifenaktivitäten sind die *Multiple-Instanzen-Unterprozesse*. Sie dienen dem Zweck, eine bestimmte Anzahl von Instanzen zu erstellen, die eine Input-Datenquelle anhand des angegebenen Unterprozesses verarbeiten. Die Instanzen können parallel oder sequentialisiert ausgeführt werden. Vier verschiedene Szenarien lassen sich mit dem MI-Unterprozess darstellen:

1. Die Aktivitäten innerhalb des Unterprozesses sollen in einer festgelegten Anzahl von Instanzen parallel ausgeführt werden. Diese Anzahl kann vom Teilnehmer festgelegt werden.

2. Die Aktivitäten innerhalb des Unterprozesses sollen in einer festgelegten Anzahl von Instanzen der Reihe nach ausgeführt werden. Diese Anzahl kann vom Teilnehmer festgelegt werden.

3. Die Aktivitäten innerhalb des Unterprozesses sollen über eine Datenmenge parallel ausgeführt werden. Die Anzahl der Instanzen wird durch die Anzahl der Elemente in der Menge bestimmt.

4. Die Aktivitäten innerhalb des Unterprozesses sollen über eine Datenmenge sequentialisiert ausgeführt werden. Auch hier wird die Anzahl der Instanzen durch die Anzahl der Elemente in der Menge bestimmt.

Multiple-Instanzen-Unterprozess: Sequentialisierte Ausführung

Multiple-Instanzen-Unterprozess: Parallele Ausführung

Wenn bei mehreren Teilnehmern die nebenläufige Ausführung schneller oder effizienter erfolgt, kann über parallele Unterprozesse der Gesamtprozess optimiert werden.

In den anderen Fällen verwaltet der Unterprozess eine Sammlung oder Liste von Geschäftsobjekten wie Lieferungen, Quittungen, Änderungsanträge und Produktketten-Berichte. Die Anzahl der Geschäftsobjekte bestimmt dann die Anzahl der gestarteten Instanzen. Eine solche Multiple-Instanzen-Aktivität könnte beispielsweise für einen Bestell-Prozess verwendet werden, bei dem eine Sammlung von 10 Bestellartikeln abgearbeitet wird.

Im Gegensatz zu diesen Szenarien beschreibt der Schleifen-Unterprozess eine unbestimmte Wiederholung – wenn die Bedingung nie erfüllt wird, wird der Unterprozess endlos weiter ausgeführt.

Die parallele Variante der MI-Unterprozesse bietet sich an, wenn alle Aktivitäten parallel ausgeführt werden können. Abbildung 4.5 zeigt einen Prozess mit einem parallelen Unterprozess, der an jede Person aus einer Personengruppe Angebote sendet und die jeweiligen Bestellantworten darauf verarbeitet.

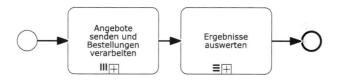

Abbildung 4.5: Prozess mit parallelem und sequentialisiertem MI-Unterprozess.

Wenn das Iterieren über einen Stapel von Dokumenten eine Anforderung für den Prozess ist, kann dafür ein sequentialisierter MI-Subprozess verwendet werden. Ein Teilnehmer könnte zum Beispiel fünf Dokumente erhalten, die alle unterschrieben werden müssen. Dies kann nur für jedes Dokument einzeln, der Reihe nach geschehen und die Reihenfolge der Dokumente soll erhalten bleiben – insofern bietet sich die sequentialisierte Ausführung an. Der entscheidende Faktor ist also, ob die Iterationen in einer bestimmten Reihenfolge geschehen müssen oder nicht. Abbildung 4.5 zeigt eine sequentielle Auswertung der Ergebnisse – nachdem alle Bestellungen verarbeitet wurden, wird von einem Prozessteilnehmer jede Bestellung aus der Menge aller erhaltenen Bestellungen ausgewertet.

Ein Auftrag könnte auch lauten: „Sende eine Werbe-Mail an jeden Kunden, der
im Südosten wohnt." Ist die Anzahl der Kunden festgelegt, kann ein sequentialisierter MI-Unterprozess anstelle eines Schleifen-Unterprozesses verwendet werden.
Der Schleifen-Unterprozess verhält sich mehr wie ein *Do-while-* (führe aus, solange) oder *Do-until*-Konstrukt (führe aus, bis). Do-while- und Do-until-Schleifen
besitzen im Allgemeinen keinen festgelegten Iterationszähler. Der Genehmigungsprozess zum Beispiel wird solange eine Überarbeitung verlangen, bis die Anfrage
angenommen oder abgelehnt wurde, es handelt sich also um ein Do-until.

4.1.4   Schleifen ohne Schleifen-Unterprozess

BPMN besitzt auch Möglichkeiten, wiederholte Prozessschritte ohne die Verwendung von *Schleifen-Unterprozessen* darzustellen. Eine davon ist der Rücksprung
im Prozessfluss. Hierbei verläuft der Prozessfluss zurück zu einer vorher ausgeführten Aktivität. Abbildung 4.6 zeigt ein Beispiel dafür. Dieses Modellierungskonzept
kann über mehrere Lanes innerhalb eines Pools verwendet werden.

Die Verwendung solcher Rücksprünge zur Schleifenmodellierung hat Vor- und
Nachteile. Ein Sequenzfluss in verschiedene Richtungen wirkt meist unübersichtlich, kann aber andererseits aufgrund der simplen Notation besser verständlich
sein. In vielen Fällen bietet sich ein Schleifen-Unterprozess aber eher an, um das
Wiederholungsverhalten deutlich zu machen.

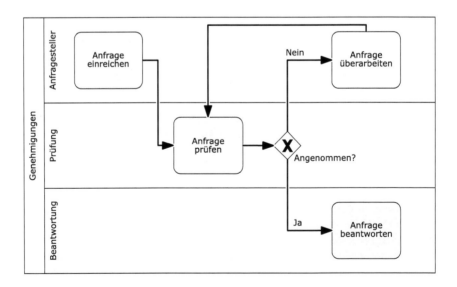

Abbildung 4.6: Modellierung einer Schleife über einen Rücksprung im Prozessfluss.

4.2   Ereignisarten

4.2.1   Nachrichtenereignis

Nachrichtenereignisse können in fünf verschiedenen Basis-Formen auftreten: als Start, als nicht-unterbrechender Start, als Zwischenereignis, als nicht-unterbrechendes Zwischenereignis sowie als Ende. Wie auch bei Blanko-Ereignissen wird über den Rand der Nachrichtenereignisse angezeigt, wo im Prozess sie auftreten können. Gestrichelte Randlinien bezeichnen nicht-unterbrechende Ereignisse.

Nachrichtenereignisse sind erkennbar am Umschlag-Symbol im Inneren des Ereigniselements. Sie erben jeweils das Verhalten der Blanko-Start-, Zwischen- und Endereignisse. Das Startereignis steht am Anfang eines Prozesses und besitzt per definitionem keine eingehenden Sequenzflüsse. Das Endereignis kann im Gegenzug keine ausgehenden Sequenzflüsse besitzen.

Tabelle 4.2: BPMN-Nachrichtenereignisse

Ereignistyp	BPMN-Notation
Startereignis (Empfangen einer Nachricht)	✉
Nicht-unterbrechendes Startereignis	✉
Eintretendes Zwischenereignis (Empfangen einer Nachricht)	✉
Nicht-unterbrechendes eintretendes Zwischenereignis	✉
Auslösendes Zwischenereignis (Senden einer Nachricht)	✉
Endereignis (Senden einer Nachricht)	✉

Nachrichten-Startereignisse (mit weißem Umschlag) empfangen Nachrichten, das heißt, dass die Spitze eines Nachrichtenfluss-Pfeils in ihre Richtung zeigen muss. Nachrichten-Endereignisse (schwarzer Umschlag) senden Nachrichten – das heißt, dass der Nachrichtenfluss von ihnen ausgeht. In BPMN stehen weiße Symbole für eintretende Ereignisse und schwarze Symbole für auslösende Ereignisse.

4.2.2   Auslösende und eintretende Ereignisse

Auslösend bedeutet *sendend, eintretend* steht für *empfangend*. Die meisten Ereignistypen können sowohl auslösend als auch eintretend sein. Ein Ereignis wird ausgelöst, wenn eine bestimmte Bedingung erfüllt wird; und ein Ereignis tritt bei dem Diagrammelement ein, das auf diese erfüllte Bedingung reagieren muss. Nachrichtenereignisse weisen ein ausgefülltes Umschlag-Symbol auf, wenn sie senden, und ein unausgefülltes Symbol sowie eine eingehende Nachricht, wenn sie empfangen.

Diese Darstellung über ausgefüllte Symbole für das Auslösen und unausgefüllte Symbole für das Eintreten gilt für alle Ereignistypen.

Wenn Zwischenereignisse an den Rand eines Unterprozesses angehängt werden, nennt man sie angeheftete Zwischenereignisse. Im Fall von angehefteten Nachrichtenereignissen bedeutet das, dass innerhalb des Unterprozesses eine Nachricht ausgelöst (gesendet) wird, die dann an der Prozessgrenze eintritt (empfangen wird). Die Verwendung eines Endereignisses garantiert, dass keine Token mehr im Prozess verbleiben.

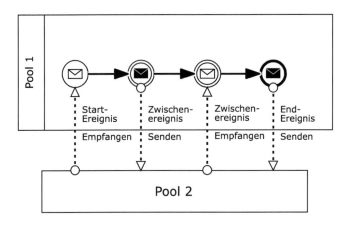

Abbildung 4.7: Beispiel, in dem die vier Typen von Nachrichtenereignissen verwendet werden, um mit einem öffentlichen Pool zu interagieren.

Abbildung 4.8 beschreibt zwei Prozessteilnehmer über zwei Pools. Der Prozess beginnt über das leere Startereignis im Vertragsbüro-Pool. Danach wird in einem Unterprozess per Benutzer-Task eine Nachricht vorbereitet und gesendet, die von dem an den Unterprozess angehefteten Zwischenereignis empfangen wird. Aus Auftragnehmersicht beginnt die Prozessinstanz, wenn eine Nachricht vom Vertragsbüro eingeht – vorher ist der Auftragnehmer noch nicht am Prozess beteiligt.

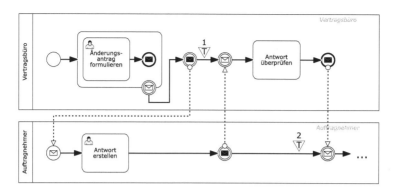

Abbildung 4.8: Verwendung von Nachrichtenereignissen für die Kommunikation zwischen Prozessteilnehmern. Der Prozess ist abgeschlossen, wenn die letzte Nachricht im oberen Pool gesendet wurde.

An den mit 1 und 2 markierten Stellen im Prozess werden Token an die eintretenden Zwischenereignisse weitergegeben, wo sie dann auf das Eintreffen einer Nachricht warten, bevor die nächste Sequenz aktiviert wird.

Nachrichten-Startereignisse beginnen im Allgemeinen dann, wenn eine Nachricht erhalten wird. Dann wird ein Token generiert und an den nächsten Schritt, im Prozess (hier „Antwort erstellen") weitergegeben. Bei der Nachricht kann es sich dabei um ein unspezifiziertes Auslöser-Signal handeln oder sie kann tatsächliche Prozessdaten enthalten. Im Beispielprozess ist ein Änderungsantrag für den Vertrag in der Nachricht enthalten, der vom Auftragnehmer in einem Benutzertask bearbeitet wird.

Nachrichten-Zwischenereignisse in Pools von Prozessteilnehmern zeigen einen Wartezustand an, in dem auf das Eintreffen einer Nachricht von einem anderen Teilnehmer gewartet wird, auch wenn bereits ein Token das Ereignis erreicht hat. Der Prozess des Vertragsbüros endet im Beispiel mit einem Nachrichten-Endereignis.

Folgende Regeln sollten für die Modellierung von Nachrichten-ereignissen beachtet werden:

> Nachrichten-Startereignisse können nur Nachrichten empfangen.

> Nachrichten-Endereignisse können nur Nachrichten senden.

> Nachrichten-Zwischenereignisse können Nachrichten sowohl senden als auch empfangen.

> Wird in einem Zwischenereignis eine Nachricht empfangen, sollte das weiße Umschlag-Symbol verwendet werden. Beim Senden einer Nachricht ist das schwarze Umschlag-Symbol zu verwenden.

Eine Prozessinstanz kann außerdem auf Informationen von anderen Teilnehmern warten, das heißt, die Instanz wird erst fortgesetzt, wenn eine Nachricht mit diesen

Informationen eingeht. Das kann über Nachrichten-Zwischenereignisse modelliert werden. Abhängig vom Inhalt der eingegangenen Nachricht kann es dann verschiedene Prozessergebnisse oder Endereignisse geben.

Es wurde bereits erwähnt, dass das Senden und Empfangen von Nachrichten auch über Nachrichten-Tasks modelliert werden kann. Um zu bestimmen, ob ein Ereignis oder ein Task für die Interaktion verwendet werden sollte, muss die Interaktion entweder als *synchron* oder als *asynchron* klassifiziert werden.

> **Synchrone Kommunikation:** Eine Aktivität fragt Informationen von einem anderen Prozessteilnehmer an und muss auf eine Antwort warten, bevor der Prozess fortgesetzt werden kann. Synchrone Kommunikation wird in BPMN typischerweise über einen Service-Task dargestellt.

Ein Beispiel für synchrone Kommunikation ist die Auslieferung eines Pakets, bei dem die Unterschrift des Kunden als Bestätigung benötigt wird. Das Paket kann nicht ausgeliefert werden, bis der Kunde da ist, um den Erhalt zu bestätigen. Ein weiteres Beispiel ist die Kommunikation zwischen zwei Systemen: bei jeder Transaktion muss der Kommunikationspartner eine Bestätigung senden.

> **Asynchrone Kommunikation:** Eine Aktivität fragt Informationen von einem anderen Prozessteilnehmer an, muss jedoch nicht auf eine sofortige Antwort warten. Der Prozess kann fortgesetzt werden und die Antwort trifft zu einem späteren Zeitpunkt ein. Asynchrone Kommunikation wird in BPMN typischerweise über Nachrichtenereignisse dargestellt, und zwar jeweils eines für das Senden und das Empfangen.

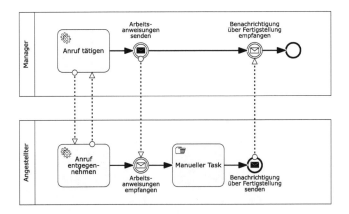

Abbildung 4.9: Beispiel für die Verwendung von Tasks und Ereignissen für die Kommunikation. Bei „Anruf tätigen" handelt es sich um eine synchrone Aktivität, der Nachrichtenfluss über die Ereignisse erfolgt asynchron.

Der Manager tätigt einen Anruf – dabei könnte es sich auch um eine manuelle Aktivität handeln, es wurde jedoch ein Service-Task als Analogie für die synchrone Kommunikation mit beidseitiger Beteiligung modelliert. Während des Telefonats kann der Manager keine weiteren Schritte ausführen, der Prozess wird also blockiert. Aus diesem Grund nennt man synchrone Kommunikation auch *blockierend*.

Der Manager informiert den Angestellten während des Gesprächs über die zu erledigende Aufgabe und darüber, dass er noch weitere Arbeitsanweisungen übermitteln wird. Wenn das Telefonat abgeschlossen ist, sind beide Service-Tasks ebenfalls beendet. Als nächstes sendet der Manager das Anweisungsdokument. Zwischen dem Ende des Telefonats und dem Eintreffen der Anweisungen steht es dem Angestellten frei, andere Dinge zu tun. Wahrscheinlich wird der Angestellte je nach der vom Manager gesetzten Priorität auf das Eintreffen des Dokuments reagieren. Der Manager wiederum kann nach dem Absenden der Anweisungen ebenfalls andere Dinge erledigen. Wenn er dann jedoch die Benachrichtigung über die Fertigstellung erhält, wird der Prozess wieder aktiviert.

Der manuelle Task dient als Platzhalter und dokumentiert irgendeine erwartete Aktivität. Er hat keinen Einfluss auf die tatsächliche Ausführung des Prozesses. Dementsprechend wird jedes eintreffende Token ungehindert weitergereicht.

4.2.3 Zeitereignisse

Zeitereignisse gehören zu den vielseitigsten Diagrammelementen in BPMN. Sie können Verarbeitungsintervalle oder Wartezeiten darstellen oder bestimmte Aktionen bei überfälligen Ereignissen, Aktivitäten oder Prozessen auslösen. Zeitereignisse können als Start- oder als Zwischenereignisse auftreten – Zeit-Enderereignisse gibt es nicht.

In Abbildung 4.10 ist ein Prozess dargestellt, der über ein Zeit-Startereignis immer zu einem bestimmten Zeitpunkt gestartet wird. Jeweils am letzten Tag des Monats wird von einem System ein Bericht erstellt.

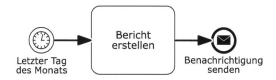

Abbildung 4.10: Zeitgesteuertes Erstellen eines Berichts.

Der Zeitpunkt kann über einen bestimmten Tag angegeben werden: beispielsweise jeder Freitag, der letzte Tag des Monats oder der erste Tag des Quartals. Es können aber auch Zeitspannen, wie zwei Stunden oder drei Tage, festgelegt werden. Das Zeitereignis besitzt manipulierbare Input-Attribute, die von zuvor im Prozess getroffenen Entscheidungen gesetzt werden können. Eine solche Entscheidung würde über eine Vielzahl von Logikschritten und Input-Daten optimale Zeitabstände für bestimmte Prozessaktivitäten oder Ausnahmefälle bestimmen.

Zeit-Zwischenereignisse, wie in Abbildung 4.11 gezeigt, stehen für eine bestimmte Wartezeit, nach der der Prozess fortgesetzt wird. Wie auch beim Startereignis kann die Zeit als Intervall oder als Kalenderdatum angegeben werden.

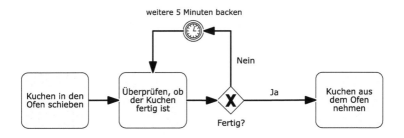

Abbildung 4.11: Verwendung eines Zeit-Zwischenereignisses.

Über Zeitereignisse kann modelliert werden, welche Handlungsschritte erfolgen sollen, wenn etwas nicht innerhalb einer bestimmten Zeitspanne erledigt wurde. Dafür sind alternative Pfade von Nutzen.

Abbildung 4.12 zeigt ein angeheftetes Zeit-Zwischenereignis. Im Unterprozess wird durch dieses Zwischenereignis der Fall einer Zeitüberschreitung behandelt. Der alternative Pfad beginnt, wenn der Angestellte die Aufgabe nicht in der vorgegebenen Zeit erledigt hat.

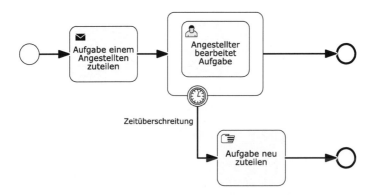

Abbildung 4.12: Verwendung eines angehefteten Zeit-Zwischenereignisses.

4.2.4 Abbrechen von Unterprozessen und nicht-unterbrechende Ereignisse

In einigen Modellierungsszenarien kann es eine Abfolge von Aktivitäten geben, die während eines Unterprozesses ausgeführt werden sollen, ohne diesen dabei zu unterbrechen. Der Prozess könnte beispielsweise nach einer bestimmten Zeit eine Statusabfrage zu einer Aufgabe durchführen, ohne die eigentliche Aufgabe zu unterbrechen. Abbildung 4.13 stellt ein solches Szenario unter Verwendung eines angehefteten nicht-unterbrechenden Zeit-Zwischenereignisses dar.

Dieses Zwischenereignis unterscheidet sich von unterbrechenden Zwischenereignissen nur dadurch, dass die Randlinien gestrichelt sind. Damit wird angezeigt, dass der Eltern-Unterprozess beim Eintreten dieses Ereignisses nicht unterbrochen wird. Nicht-unterbrechende Zwischenereignisse können nur an Unterprozesse oder Tasks angeheftet werden, sie können nicht für sich stehen.

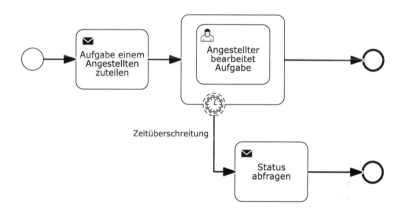

Abbildung 4.13: Verwendung eines nicht-unterbrechenden Zeitereignisses.

An einen Unterprozess können mehrere Ereignisse angeheftet werden. Bei der Weiterentwicklung des Diagramms könnte zum Beispiel festgestellt werden, dass ein Abbruch bei Zeitüberschreitung gar nicht angebracht ist, sondern das Abbrechen nur bei einer expliziten Nachricht aus einer externen Quelle erfolgen sollte.

In Abbildung 4.14 bricht statt des Zeit-Zwischenereignisses das Nachrichten-Zwischenereignis den Unterprozess ab. Das Zeit-Ereignis wird nach einer bestimmten Zeit ausgelöst und fordert den Manager dazu auf, den Status der vom Angestellten erledigten Aufgabe abzufragen. Bei Erhalt der Abbruchnachricht soll der Angestellte seine Arbeit einstellen. Dazu muss ihm wiederum eine Nachricht gesendet werden, um ihn über den Abbruch in dieser Prozessinstanz zu informieren.

4.2.5   Bedingungsereignisse

Das Verhalten von Bedingungsereignissen ist komplexer als das von Zeit- und
Nachrichtenereignissen. Zeitereignisse werden durch Zeitpunkte ausgelöst,
Nachrichtenereignisse durch das Senden einer Nachricht durch einen Teilnehmer.
Bedingungsereignisse hingegen sind zu einem gewissen Grad automatisiert und
setzen ein aktives System, wie beispielsweise eine Event-Processing-Plattform vor-
aus, um eine Bedingung auszulösen.

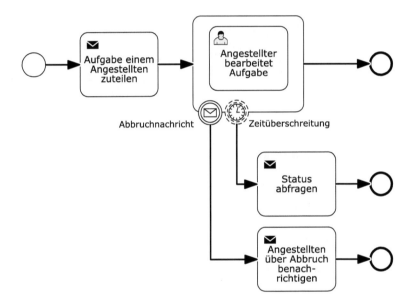

Abbildung 4.14: Verwendung mehrerer angehefteter Zwischenereignisse.

In diesem Abschnitt werden Bedingungsereignisse in Form von Start-, Zwischen-
und nicht-unterbrechenden Zwischenereignissen behandelt:

Im nächsten Kapitel werden außerdem nicht-unterbrechende Startereignisse vorgestellt. Abbildung 4.15 zeigt ein Beispiel für die Verwendung eines Bedingungs-
Startereignisses.

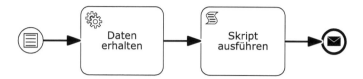

Abbildung 4.15: Ein Bedingungs-Startereignis löst einen automatisierten Prozess aus.

In Szenarien, in denen Bedingungsereignisse verwendet werden können, werden meist auch Entscheidungen getroffen – sie können insofern auch mit einem Zeitereignis und einer Entscheidung, die auf Geschäftsregeln oder einem Business Rule Management System basiert, ersetzt werden. Wenn die Bedingung für ein Bedingungsereignis sehr komplex wird, kann es sinnvoll sein, eine Entscheidung mit einem Zeitereignis auszulösen, um zu bestimmen, ob die Bedingung erfüllt ist (mittels eines Wahr/Falsch-Entscheidungsmodells) und je nach Ergebnis eine Nachricht zu senden.

Bedingungsereignisse können auch in nicht-automatisierten Prozessen verwendet werden. Sie können an den Rand von Aktivitäten angeheftet werden, wenn die Aktivität nicht erfolgreich beendet wurde und eine unterbrechende Bedingung auftritt oder entdeckt wird – siehe Abbildung 4.16.

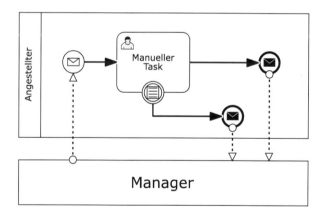

Abbildung 4.16: Bedingungsereignis, das eine manuelle Aufgabe unterbricht.

Bedingungsereignisse werden nur durch Daten oder andere Ereignisse ausgelöst. Außerdem muss die Bedingung kontinuierlich durch einen Prozessteilnehmer geprüft werden. Im Beispiel aus Abbildung 4.16 wird die Aktivität vermutlich über ein System überwacht, das auch die Bedingung auslösen würde.

Alternativ stellt das Bedingungsereignis manchmal einen versteckten oder nicht im Diagramm enthaltenen Prozessteilnehmer dar. Wenn dieser Teilnehmer in Abbildung 4.16 eine Person wäre, wie würde er die Daten und Ereignisinformationen erhalten, um die Bedingung auszuwerten? Da diese Information durch das Diagramm nicht dargestellt wird, sollte in solchen Fällen ein anderes Ereignis – beispielsweise das Signalereignis – verwendet werden.

4.2.6 Signalereignisse

Signalereignisse besitzen ein Dreieckssymbol im Inneren. Es gibt sechs verschiedene Typen von Signalereignissen mit je eigenem Symbol. Fünf davon werden in Tabelle 4.3 vorgestellt. Beim sechsten handelt es sich um das nicht-unterbrechende Startereignis, das im nächsten Kapitel vorgestellt wird.

Ein Signalereignis funktioniert ähnlich wie eine Radioübertragung. Normale Nachrichtenereignisse senden eine Nachricht von einem Prozessteilnehmer direkt zu einem anderen. In manchen Fällen ist es jedoch für den Prozess nötig, dass eine Nachricht an eine Gruppe von Teilnehmern gesendet wird. Dazu muss die Gruppe, die das Signal empfängt, noch nicht einmal festgelegt sein. Das Signal wird kontinuierlich übertragen und diejenigen, die es empfangen wollen, stellen sich auf den Sender ein bzw. melden sich für diesen an.

Ein Signalereignis kann an alle Prozesse gleichzeitig senden; dies kann über auslösende Zwischenereignisse oder Endereignisse stattfinden. Um ein Signal zu empfangen, müssen eintretende Zwischenereignisse oder Startereignisse verwendet werden.

Über Signalereignisse können zudem parallele Zweige synchronisiert werden. Abbildung 4.17 zeigt zwei Aktivitäten, A1 und B1, die zwar zur selben Zeit starten, aber nicht zur selben Zeit beendet sein müssen. B2 kann aber trotzdem nicht starten bevor A1 beendet wurde. Nachrichten können nur zwischen verschiedenen Teilnehmern und nicht innerhalb eines Pools versendet werden, aber weil ein Signal alle Teilnehmer erreicht, ist es möglich, Signalereignisse innerhalb eines Pools zu verwenden.

Ein Prozess in Abbildung 4.17 könnte nach A2 ein weiteres Signal senden. Das Signalereignis nach B1 könnte dann jedes dieser beiden Signale erhalten. Der Prozess könnte auch blockieren, wenn B1 noch nicht beendet wurde, aber A1 und A2 bereits fertig sind und beide Signale gesendet wurden.

Tabelle 4.3: Fünf Typen von Signalereignissen

Ereignistyp	BPMN-Notation
Signal-Startereignis	
Signal-Zwischenereignis (eintretend)	

Signal-Zwischenereignis (eintretend, nicht-unterbrechend)	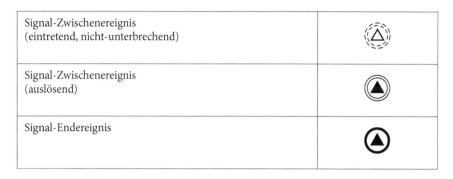
Signal-Zwischenereignis (auslösend)	
Signal-Endereignis	

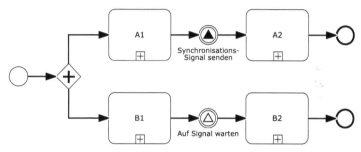

Abbildung 4.17: Verwendung von Signalereignissen zur Synchronisation.

Um eine solche Blockade zu verhindern und sicherzustellen, dass A1 und B1 sowie A2 und B2 synchron bleiben, kann eine parallele Zusammenführung und eine neue parallele Verzweigung eingebaut werden – siehe Abbildung 4.18.

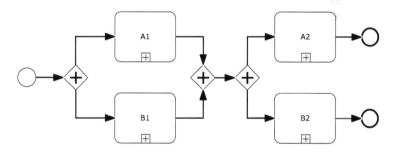

Abbildung 4.18: Verwendung von parallelem Zusammenführen anstelle eines Signalereignisses zur Synchronisation.

Die bisher behandelten Ereignistypen im Vergleich:

> Nachrichten werden für die Punkt-zu-Punkt-Kommunikation zwischen Prozessteilnehmern verwendet, wenn die Darstellung von Interaktionen gewünscht ist. Hier ist der garantierte Empfang der Nachricht gewollt.

> Signale werden für Formen der Kommunikation genutzt, bei der die Existenz eines entsprechenden Partners nicht unbedingt gegeben sein muss – der Sender ist sich im Allgemeinen nicht darüber bewusst, wer das Signal erhalten wird. Signale werden meist für die prozessweite Benachrichtigung über veränderte Daten- oder Verarbeitungszustände verwendet. Eine Bestätigung des Empfangs ist hier wegen des damit verbundenen Aufwands nicht gewünscht.

> Bedingungen werden für das Ermitteln von möglichen Kombinationen von Kriterien aus verschiedenen Quellen verwendet. Ein Teilnehmer muss dabei seine eigenen Bedingungskriterien ermitteln, da es keine Benachrichtigungen über veränderte Kriterien gibt.

4.2.7   Linkereignisse

Linkereignisse sind ein Hilfsmechanismus für das Erstellen von Diagrammen. Mit ihrer Hilfe können Sequenzflüsse unterbrochen und fortgesetzt werden. Sie verhalten sich wie ein Go-To-Befehl für Prozessmodelle. Es gibt zwei Arten von Linkereignissen: eintretende und auslösende Zwischenereignisse, wie hier gezeigt:

Der Link steht für eine Unterbrechung oder einen Fortsetzungspunkt im Prozessfluss und kann somit nicht als Start- oder Endereignis auftreten. Wenn eine Diagrammseite mit einem Linkereignis beginnt, sollte das eintretende (unausgefüllte) Linkereignis gewählt werden.

Abbildung 4.19 zeigt die korrekte Verwendung von Linkereignissen. Der Prozess kann durch ein normales Startereignis gestartet werden oder alternativ über das eintretende Linkereignis an diesem Punkt fortgesetzt werden. Im Gateway wird die Entscheidung getroffen, ob der Prozess in diesem Diagramm oder über das auslösende Linkereignis in einem weiteren Diagramm fortgesetzt werden soll.

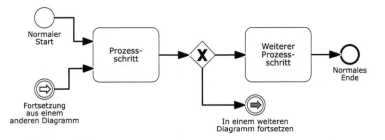

Abbildung 4.19: Verwendung von Linkereignissen.

Mithilfe von Linkereignissen kann man zu einer anderen Stelle im Diagramm springen, wenn es schwierig wäre, der dünnen Sequenzfluss-Linie zu folgen. Aus diesem Grund werden sie meist anstelle von Sequenzflüssen verwendet, um sauberere und gut lesbare Modelle zu erstellen.

Abbildung 4.20 stellt einen Einstellungsprozess dar, in dem 10 Kandidaten gesucht werden und eine telefonische Vorauswahl getroffen wird. Besitzen die Kandidaten die gewünschten Fähigkeiten, rücken sie in den Bewerbungsgespräch-Unterprozess auf. Wenn unter den 10 gefundenen Kandidaten nicht genügend viele für ein Bewerbungsgespräch geeignet sind, wird über ein Linkereignis die Suche erneut gestartet.

Die Kandidatensuche wird parallel von mehreren Personalbeauftragten durchgeführt (erkennbar an der Markierung am MI-Unterprozess). Die Bewerbungsgespräche finden dann nacheinander statt. Die Anzahl der Kandidaten steht fest, bevor dieser Unterprozess gestartet wird, insofern ist es sinnvoll, einen sequentialisierten MI-Unterprozess zu verwenden. Nach der ersten Runde von Bewerbungsgesprächen kann es drei verschiedene Ergebnisse geben:

1. Keiner der Kandidaten hat im Gespräch überzeugt. Dann wird über das obere Linkereignis die Kandidatensuche erneut gestartet.

2. Für eine engere Auswahl müssen erneut Bewerbungsgespräche geführt werden. Das untere Linkereignis führt dann wieder zur Bewerbungsgespräch-Aktivität zurück.

3. Im Standardfall wurde ein Kandidat eingestellt, und der Prozess wird beendet.

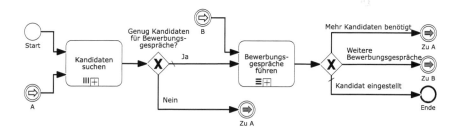

Abbildung 4.20: Verwendung von Linkereignissen anstelle eines direkten Sequenzflusses.

4.2.8 Mehrfach- und Mehrfach/Parallel-Ereignisse

In vielen Szenarien kann eine Kombination von Ereignissen an einem Punkt im Prozess auftreten oder diesen beenden. Ein Prozess könnte beispielsweise über einen Anruf oder eine Online-Bewerbung gestartet werden. Ein anderer typischer

Fall ist, dass es verschiedene Kanäle oder Services mit verschiedenen Formularen gibt, die alle ein Ereignis auslösen. Für solche Fälle gibt es in BPMN Mehrfach- und Mehrfach/Parallel-Ereignisse.

Ein Mehrfachereignis wird aktiviert, wenn eines der auslösenden (Start- oder Zwischen-) Ereignisse eintritt, oder wenn es verschiedene mögliche Abschlüsse für einen Prozess gibt. Die einzelnen Ereignisse sind exklusiv, weil das Mehrfachereignis ausgelöst wird, wenn nur ein einziges von ihnen eintritt. Mehrfach/Parallel-Ereignisse funktionieren ähnlich, nur dass bei ihnen alle zugehörigen Ereignisse eintreten müssen, damit sie ausgelöst werden.

Ein Mehrfachereignis dient als Mechanismus zur Steuerung eines Prozesses mit mehreren auslösenden Ereignissen. Diese Auslöser beinhalten Nachrichten, Zeitpunkte, Bedingungen, Signale, Eskalationen und weitere Ereignistypen. Eskalationen werden wir später noch kennen lernen. Tabelle 4.4 stellt die verschiedenen Arten von Mehrfachereignissen vor. Danach werden spezielle Anwendungsfälle behandelt.

Tabelle 4.4: Typen von Mehrfach- und Mehrfach/Parallel-Ereignissen

Ereignistyp	Voraussetzungen zur Aktivierung	Mehrfach-ereignis	Mehrfach/ Parallel-Ereignis
Startereignis	Ein Ereignis tritt ein./ Alle Ereignisse treten ein.	⬠	✚
Zwischenereignis (eintretend)	Ein Ereignis tritt ein oder wird ausgelöst./ Alle Ereignisse treten ein oder werden ausgelöst.	⬠	✚
Zwischenereignis (auslösend)	Alle Ereignisse werden ausgelöst, keine parallele Variante.	⬟	N/A
Zwischenereignis (eintretend, nicht-unterbrechend)	Ein Ereignis tritt ein oder wird ausgelöst./ Alle Ereignisse treten ein oder werden ausgelöst.	⬠	✚
Endereignis	Alle Ereignisse werden ausgelöst, keine parallele Variante.	⬟	N/A

Abbildung 4.21 zeigt die Verwendung von Mehrfachereignissen an einem simplen Beispiel.

Abbildung 4.21: Generische Darstellung von Ereignissen über Mehrfachereignisse.

Hier löst das Auftreten eines einzelnen Ereignisses das Startereignis aus. Weil die Transition also nur durch ein einziges Ereignis ausgelöst wird, handelt es sich hier um exklusives Verhalten. Das Endereignis löst in diesem Beispiel mehrere Ereignisse aus.

4.2.9   Ereignisbasierte exklusive Gateways

In Kapitel 3 wurden datenbasierte Gateways vorgestellt. Diese werten eine Bedingung anhand von Prozessdaten aus, um den Prozessfluss zu bestimmen – „Kandidaten einstellen?" zum Beispiel könnte die Antworten „Ja", „Nein" und „Vielleicht" aufweisen. Bei ereignisbasierten Gateways hingegen beruht die Auswahl auf eintretenden Ereignissen, meist in Form von Nachrichten. Abbildung 4.22 zeigt ein Beispiel, wie mehrere Ereignisse mithilfe eines Gateways behandelt werden können:

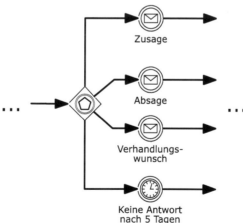

Abbildung 4.22: Mehrere Zwischenereignisse bei einem ereignisbasierten exklusiven Gateway.

Wenn ein Prozess an einer Stelle durch den Erhalt verschiedener Nachrichten – eventuell mit verschiedenen Datentypen – fortgesetzt werden kann, kann das ereignisbasierte exklusive Gateway für Zwischenereignisse verwendet werden, um die möglichen Nachrichten abzufangen.

Ereignisbasierte Gateways besitzen die typische Rautenform, mit einem Mehrfach-Start- oder Zwischenereignis im Inneren. Was diese Notation ausdrückt, ist, dass es sich um eine Kombination von exklusivem Gateway und Mehrfachereignis handelt.

Ereignisbasierte Gateways warten auf das Eintreffen einer einzelnen Nachricht oder das Auslösen eines einzelnen Ereignisses. Dazu gehören auch Signale und Zeitereignisse. Da Ereignisse normalerweise vor Gateways auftreten, scheint die Notation verkehrt herum zu sein. Tatsächlich werden die Ereignisse aber im Fluss nach dem Gateway gezeichnet. Würde man sie davor platzieren, müssten sie alle auftreten und würden im Gateway zusammenlaufen.

Abbildung 4.23: Ereignisbasiertes Gateway für exklusive Instanziierung.

Abbildung 4.24: Ereignisbasiertes Gateway für Zwischenereignisse.

Ereignisbasierte Gateways können am Anfang eines Prozesses oder mitten im Prozessfluss auftreten. Treten sie am Anfang auf, ist das Symbol im Inneren der Raute ein Mehrfach-Startereignis mit einer einfachen Umrandung. Abbildung 4.25 zeigt die Verwendung eines solchen Gateways als Startpunkt eines Prozesses.

In diesem Fall ist das Gateway-Element ein Ersatz für das Startereignis. Es wartet auf das Eintreffen eines der darauffolgenden Ereignisse und startet dann den Prozess. In den meisten Prozessen gibt es einen festgesetzten Startpunkt, aber mit diesem Gateway ist es möglich, Prozesse zu modellieren, die mehrere Startoptionen besitzen.

Wird das ereignisbasierte Gateway zum Starten eines Prozesses verwendet, heißt das, dass für jedes Eintreffen eines Ereignisses eine neue Prozessinstanz gestartet wird. In Abbildung 4.25 startet das Eintreffen eines Faxes eine Prozessinstanz. Trifft danach noch eine E-Mail ein, wird eine neue, davon unabhängige Instanz gestartet. Drei verschiedene Ereignisse können in Abbildung 4.25 das zusammenführende Gateway aktivieren. Für jede Möglichkeit gibt es einen nachfolgenden Verarbeitungsschritt. Sobald eine Nachricht über ein Zwischenereignis eingegangen ist und die Prozessinstanz gestartet wurde, wird der Prozessfluss nach dem Verarbeitungsschritt wieder zu einem manuellen oder System-Prozess zusammengeführt.

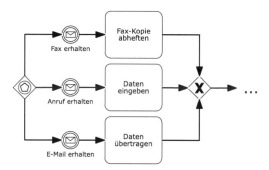

Abbildung 4.25: Ereignisbasiertes Gateway für die exklusive Instanziierung anstelle eines Startereignisses.

Ein weiteres Beispiel für die Modellierungsmöglichkeiten mit ereignisbasierten Gateways ist in Abbildung 4.26 dargestellt. In diesem Anwendungsfall wird zuerst ein externes System aufgerufen, von dem daraufhin eine Antwort erwartet wird. Das ereignisbasierte Gateway wählt dann den Pfad, über den eine Nachricht eintrifft. Das externe System könnte einer anderen Organisation angehören und über eigene Ressourcen verfügen. Insofern gibt es gute Gründe für die Aufteilung der Systemantworten. Zwischen dem Senden und dem Empfangen der Anfrage kann es zu einer Verzögerung kommen, dementsprechend handelt es sich hier um eine Form von asynchroner Kommunikation.

Prozesse können über verschiedene Datentypen gestartet werden. In Abbildung 4.26 antwortet das externe System mit einer von drei verschiedenen möglichen Antwortnachrichten. Weil das Nachrichtenformat für jede dieser Möglichkeiten verschieden ist, müssen drei verschiedene Nachrichtenformate empfangen werden können. Hier wird für jede Möglichkeit das Nachrichtenereignis verwendet. In anderen Fällen müssen die Nachrichtenformate von verschiedenen externen Teilnehmern über die verschiedenen Ereignistypen modelliert werden.

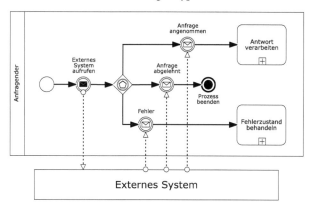

Abbildung 4.26: Ereignisbasiertes Gateway für Zwischenereignisse.

Ereignisbasierte Gateways sind besonders dann sinnvoll, wenn eine Kooperation mit verschiedenen Zulieferern oder Partnerorganisationen stattfindet. Diese weisen oft verschiedene Grade an Systemautomatisierung auf. Manche der externen Teilnehmer ermöglichen vielleicht die Interaktion über einen Webservice, andere bieten die Möglichkeit zu Daten-Uploads und wieder andere unterstützen nur eine manuelle Abwicklung. Jede Form von Inputs benötigt eine eigene Nachrichten-verarbeitung, daher ist die Modellierung mit einem ereignisbasierten Gateway in solchen Fällen eine gute Wahl.

Ereignisbasierte Gateways können auch zusammen mit Nachrichtentasks anstelle von Nachrichtenereignissen verwendet werden. Dies funktioniert auch zusammen mit anderen Ereignistypen, wie zum Beispiel Zeitereignissen:

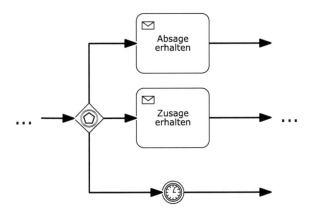

Abbildung 4.27: Ereignisbasiertes Gateway mit Nachrichtentasks und Zeitereignis.

Abbildung 4.27 zeigt ein Beispiel mit Nachrichtentasks und einem Zeitereignis. Der Prozess erhält entweder eine Zusage oder eine Absage oder fährt fort, wenn nach einer bestimmten Zeit keine Antwort eingegangen ist.

4.2.10   Ereignisbasierte parallele Gateways

Ereignisbasierte *parallele* Gateways werden verwendet, wenn ein Prozess den Eintritt mehrerer Ereignisse für seine Fortsetzung benötigt. Das Diagrammelement besteht aus der Kombination von Gateway und Mehrfach/Parallel-Ereignis und erbt die Eigenschaften dieser beiden Elemente. Auch hier kann sich im Inneren des Gateways ein Start- oder ein Zwischenereignis befinden.

Die ausgehenden Pfade von ereignisbasierten parallelen Gateways müssen über normale parallele Gateways wieder zusammengeführt

Abbildung 4.28: Ereignisbasiertes paralleles Gateway, für parallele Instanziierung.

Abbildung 4.29: Ereignisbasiertes paralleles Gateway, Verwendung im Prozessfluss.

werden. Der Best Practice entspricht es, die Pfade direkt nach den Ereignissen wieder über ein solches paralleles Gateway zusammenzuführen.

In Abbildung 4.30 müssen zwei Nachrichten empfangen werden und ein Bedingungsereignis muss ausgelöst werden. Wenn irgendeines der Ereignisse nicht eintritt, blockiert der Prozess. Hier könnte es sich zum Beispiel um einen Genehmigungsprozess handeln, bei dem zwei Berichte von zwei Prüfern erforderlich sind, und wo die Vorgabe ist, dass der Vorgang an einem Werktag abzuwickeln ist. Wenn der zweite Bericht erst am Wochenende eingeht, wird das Bedingungsereignis nicht vor dem darauffolgenden Montag ausgelöst und der Prozess wird erst dann fortgesetzt.

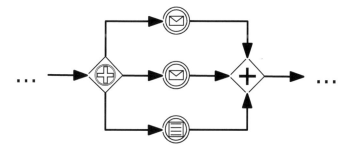

Abbildung 4.30: Verwendung des ereignisbasierten parallelen Gateways.

Ereignisbasierte parallele Gateways unterscheiden sich nur geringfügig von normalen parallelen Gateways: Über sie wird modelliert, dass ein Prozess nicht fortgesetzt wird, bis alle erforderlichen Ereignisse eingetreten sind. Bei normalen parallelen Gateways würde auf die Ereignisse einzeln gewartet werden. Bei paralleler Instanziierung wird ebenfalls eine neue Prozessinstanz erst dann gestartet, wenn tatsächlich alle drei Ereignisse eingetreten sind – im Gegensatz zur normalen Instanziierung, bei der die Prozessinstanz bereits laufen würde.

Ereignisbasierte parallele Gateways für Zwischenereignisse haben Dokumentationscharakter und schränken den Wirkungsbereich der ausgehenden Flüsse auf Ereignisse ein. Prozesse verändern sich im Laufe der Zeit und BPMN bietet viele Wege, um das Prozessverhalten möglichst exakt auszudrücken.

Abbildung 4.31 zeigt, wie ein Prozess für einen Dienstleistungsauftrag gestartet wird. In diesem speziellen Fall werden die Bestellung sowie ein Pflichtenheft benötigt (sie müssen also als Nachrichten empfangen werden), damit der Prozess beginnen kann. Zusätzlich muss für das Konto des Auftraggebers eine Berechtigung für den Auftrag vorliegen (eine Bedingung muss also erfüllt sein). Ist eine dieser Voraussetzungen nicht erfüllt, wird der Prozess nicht gestartet.

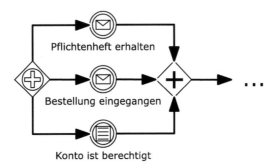

Abbildung 4.31: Paralleles ereignisbasiertes Gateway zur Instanziierung.

Ohne Verwendung eines ereignisbasierten parallelen Gateways würde sich die Modellierung des Szenarios aus Abbildung 4.31 um einiges schwieriger gestalten. Vor dem Prozessstart ist nicht bekannt, welche der Nachrichten zuerst eintreffen wird, sowie ob das Nutzerkonto die korrekten Berechtigungen besitzt. Letzteres könnte sich auch vor oder nach Empfang jeder der Nachrichten noch ändern.

4.3   BPMN-Szenarien

In diesem Abschnitt werden BPMN-Beispielmodelle betrachtet, die die in diesem Kapitel behandelten Diagrammelemente enthalten.

4.3.1   Koordination von Schleifenprozessen

Schleifen werden in der Prozessmodellierung häufig im Zusammenhang mit einem Koordinator-Teilnehmer verwendet, der Entscheidungen trifft und Anfragen an Inhaber entsprechender Rollen stellt. Bei diesem Koordinator handelt es sich um eine nützliche Abstraktion für die Koordination der Entscheidungen einer Organisation. Er weiß über alle ausgeführten Aktivitäten Bescheid und koordiniert Ereignisse für alle anderen Teilnehmer. Der Koordinator selbst führt normalerweise jedoch keine Tasks aus, sondern leitet die jeweiligen Aufgaben durch die Anwendung gewisser Regeln an geeignete Teilnehmer weiter. Abbildung 4.32 veranschaulicht ein derartiges Szenario unter Verwendung eines Schleifen-Unterprozesses in einem solchen Koordinator-Pool.

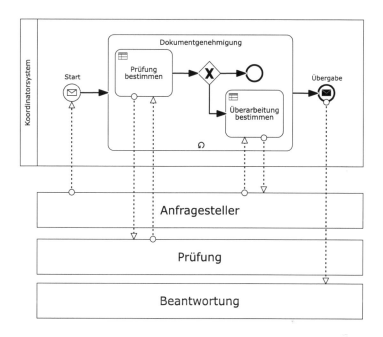

Abbildung 4.32: Schleifen-Unterprozess in einem Koordinator-Pool.

Der Prozess in Abbildung 4.32 ist ein weiteres Beispiel dafür, wie Entscheidungen den Prozessfluss steuern können. Hier verwenden sie Input-Daten aus der Anfrage, um den Prozessteilnehmer – und vermutlich auch das Vorgehen – für die Erledigung der Aufgaben auszuwählen.

Die verschiedenen Teilnehmer werden in Abbildung 4.32 nur über ihre öffentlichen Prozesse dargestellt. Auf diese Weise wird zwar gezeigt, welche Interaktionen stattfinden, aber nicht, wie diese genau erfolgen. In einigen Prozessmodellen kann es jedoch sein, dass die Details der Kommunikation eine wichtige Rolle spielen, beispielsweise aus Gründen der Synchronisation. Es könnte zum Beispiel wichtig sein anzuzeigen, dass der Prüfer nicht in den kompletten Prozess involviert ist und benachrichtigt werden muss, wenn ihm eine Aufgabe zugewiesen wird. Eine solche Benachrichtigung erfolgt in BPMN über Ereignisse, das heißt hier wäre eine Nachrichteninteraktion über Nachrichtenereignisse eine passende Methode für die Aufgabenzuweisung.

Die Erstellung eines entscheidungsbasierten Prozessmodells wie dem aus Abbildung 4.32 kann recht einfach erfolgen. Wenn der Entscheidungskoordinator als Erstes entworfen wird, vereinfacht dies den restlichen Entwurf und die Vollständigkeit des Diagramms ist sichergestellt. Die weiteren Teilnehmer werden nach der Modellierung der Entscheidungen und Prozessziele hinzugefügt. Der Fokus sollte zuerst auf den Entscheidungen und danach auf den Teilnehmern liegen, da ansonsten Entscheidungen direkt den vorhandenen Teilnehmern zugewiesen werden, anstatt dass bei der Modellierung der Entscheidungen überlegt wird, welche Teilnehmer wie daran beteiligt sein sollten, die Prozessziele zu erfüllen.

MI-Unterprozesse sind besonders nützlich in Verbindung mit mehreren Pools. Abbildung 4.33 zeigt einen Abstimmungsprozess, der damit beginnt, dass von den Mitgliedern des Ausschusses die Abgabe einer Stimme verlangt wird. Dafür wird an jedes Mitglied eine Abstimmungsanfrage gesendet und der Prozess kann erst fortgesetzt werden, wenn jedes Mitglied seine Stimme abgegeben hat.

Die Kommunikation erfolgt hier asynchron, das heißt, dass eine Aufforderung gesendet wird und unabhängig davon über ein weiteres Ereignis geantwortet wird. Abbildung 4.34 hingegen zeigt ein Beispiel einer synchronen Kommunikation, bei der der Prozess auf das Eintreffen der Antworten warten muss, bevor er fortgesetzt werden kann. Bei asynchroner Kommunikation kann der Teilnehmer zwischen „Stimmabgabe anfordern" und „Stimme erhalten" weitere Aktivitäten ausführen.

Die Darstellung der Schleife über einen MI-Unterprozess ist in solchen Fällen üblich und sinnvoll. Versucht man, dieses Szenario über Schleifen-Unterprozesse darzustellen, wird das Diagramm deutlich komplexer. Als Erstes muss eine bestimmte Zahl an Anfragen gesendet werden und später, in einem weiteren Unterprozess, geht die gleiche Anzahl von Antworten ein. Abbildung 4.34 zeigt die Modellierung mithilfe von Schleifen-Unterprozessen.

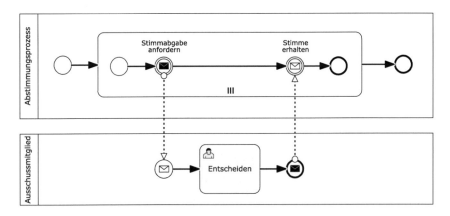

Abbildung 4.33: Interaktion zwischen Pools mit MI-Unterprozess.

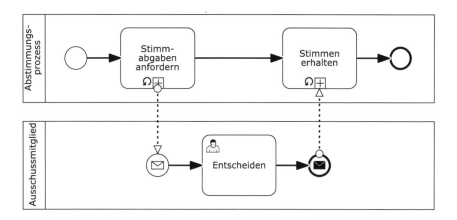

Abbildung 4.34: Abstimmungsprozess mit Schleifen-Unterprozessen.

Weil Schleifen-Unterprozesse sequentiell ausgeführt werden, kann eine Unter-
prozessinstanz nur mit einem einzelnen Ausschussmitglied interagieren. Dadurch,
dass das Erhalten der Antworten in einem zweiten Unterprozess abgekapselt
wird, wird paralleles Verhalten nachgeahmt. Dies erhöht aber auch die Komplexität
bezüglich Überprüfung und Implementation des Prozesses.

Die Methode aus Abbildung 4.33 ist für diesen Zweck einfacher und bietet eine
bessere Koordination der Stimmabgabe. Wenn im Prozess aus Abbildung 4.34
eine Stimme abgegeben wird, bevor alle Anfragen gesendet wurden, geht diese verloren. Im Prozess aus Abbildung 4.33 besteht dieses Problem nicht, da jede
Instanz parallel und unabhängig zu den anderen Unterprozessinstanzen läuft. Dadurch erfolgt das Senden und Empfangen innerhalb eines Wirkungsbereiches
und kann so eindeutig miteinander in Beziehung gesetzt werden.

4.4   Entscheidungslogik

Decision Requirements Diagramme sind äußerst nützlich, da sie die Entscheidungsfindung sowie dafür benötigte Input-Daten und bekannte Wissensquellen
darstellen und somit die Charakteristika einer Entscheidung in einem Geschäftsprozess exakt beschreiben können. Was ihnen jedoch fehlt, ist eine Angabe der
Logik, die beim tatsächlichen Treffen der Entscheidung angewendet wird.

In DMN können Decision Requirements Diagramme um eine solche Entscheidungslogik erweitert werden, wenn gewünscht sogar bis hin zu einer vollständig
automatisierbaren und ausführbaren Beschreibung der Entscheidungsfindung.
Dazu kann für jede (Teil-)Decision und jedes Business Knowledge Model im

Diagramm eine Entscheidungslogik angegeben werden. Bei der Ausarbeitung der Entscheidungslogik sollten keine neuen Objekte zum Diagramm hinzugefügt werden müssen; es genügt, sie mit den Daten und Entscheidungen, die sich bereits im Diagramm befinden, zu verknüpfen. Womöglich kann sich dabei jedoch herausstellen, dass eine weitere Dekomposition der Entscheidungsfindung oder das Hinzufügen weiterer wiederverwendbarer Business Knowledge Models sinnvoll ist.

4.4.1 Darstellungsweisen von Entscheidungslogik

Es gibt drei Hauptnotationen für die Darstellung von Entscheidungslogik in DMN:

> Literal Expressions, die textuell beschreiben, wie ein Entscheidungsergebnis aus den Input-Daten abgeleitet wird.

> Entscheidungstabellen, die die Entscheidungslogik in Tabellenform zusammenfassen.

> Aufrufe von Business Knowledge Models.

Literal Expressions bieten die flexibelste Notation, da es sich bei ihnen sowohl um natürlichsprachliche Beschreibungen handeln kann als auch um ausführbare Formate. Dazu zählen formale Entscheidungslogik, Programmiersprachen wie zum Beispiel Java, bestimmte von BRMS unterstützte Regelsyntaxen, sowie die Friendly Enough Expression Language (FEEL), die ein Teil der DMN-Spezifikation ist und in Kapitel 5 näher beschrieben wird. Literal Expressions können auch auf anderen Standards, wie beispielsweise der Predictive Model Markup Language (PMML) basieren, wodurch die Entscheidungslogik auch im Hinblick auf ein analytisches Modell definiert werden kann.

Entscheidungstabellen sind das meistverbreitete Format für die Darstellung von Geschäftsregeln und Entscheidungslogik und DMN unterstützt dabei verschiedene Ansätze und Formate.

Decisions können mit einem Business Knowledge Model verknüpft werden, welches dann durch sie aufgerufen wird, um mithilfe der darin enthaltenen wiederverwendbaren Entscheidungslogik die Entscheidung zu treffen.

Literal Expressions können auch Aufrufe von Business Knowledge Models enthalten. Wenn zusätzlich zu der Logik eines Business Knowledge Models eine weitere Entscheidungslogik benötigt wird oder für eine Entscheidung mehrere Business Knowledge Models aufgerufen werden sollen, kann das nicht über einen einfachen Aufruf modelliert werden. Stattdessen muss eine Literal Expression formuliert werden, die den Aufruf/die Aufrufe sowie die zusätzliche Logik enthält.

Unabhängig vom Format nutzt die Entscheidungslogik Variablen, die die Information Requirements der Entscheidung darstellen – für jedes Requirement existiert eine Variable. Bei Literal Expressions und Entscheidungstabellen werden die Requirements direkt in der Logik auf Variablen abgebildet, wohingegen sie bei Aufrufen von Business Knowledge Models zuerst an die dort verwendeten Variablen angepasst werden müssen.

Am Ende kann das Ergebnis eines Entscheidungsausdrucks an das Prozessmodell zurückgegeben werden, damit die Handlungsschritte, die in der Entscheidung bestimmt wurden, umgesetzt werden können. Wenn in der Logik eines Entscheidungsmodells beispielsweise passende Angebote für einen Kunden ermittelt werden, können diese Angebote als Output an den Prozess übergeben werden, in welchem sie dann dem Kunden unterbreitet werden.

4.4.2 Entscheidungstabellen

DMN sieht drei verschiedene Arten von Entscheidungstabellen vor: Kreuztabellen, bei denen jede Zeile und jede Spalte für einen bestimmten Wert einer Input-Variable steht und die Ergebnisse sich jeweils in den Zellen mit der entsprechenden Zeilen-Spalten-Wertekombination befinden, Tabellen mit Regeln in Spaltenform, sowie Tabellen mit Regeln in Zeilenform.

Tabellen mit Regeln in Zeilenform sind die am weitesten verbreitete Tabellenart. Bei ihnen steht jede Spalte für eine Input- oder eine Output-Variable. Jede Zeile enthält Werte in keiner, einer oder mehreren der Spalten der Input-Variablen, sowie mindestens einen Wert in den Spalten der Output-Variablen. Wenn die Werte der Input-Variablen allen Werten einer Zeile entsprechen, dann wird diese Regel als Wahr ausgewertet und die entsprechenden Output-Werte werden ausgewählt.

Es ist anzumerken, dass die Outputs auch zusammengesetzt sein können, weil jede Regel mehrere Output-Variablen setzen kann. Die Syntax erlaubt außerdem das Zusammenfassen von Zellen, um die Lesbarkeit zu erhöhen.

Entscheidungstabellen können *Single-Hit-* oder *Multiple-Hit*-Verhalten aufweisen. Bei Single-Hit-Tabellen darf nur eine Regel nach Wahr auswerten und es gibt somit nur einen Output. Multi-Hit-Tabellen hingegen können mehrere Outputs produzieren, wenn mehrere Regeln umgesetzt werden.

UC	Eingabewerte		Ergebnisse
	Gefahrengut-Kategorie	**Transportweg**	**Versicherungsschutz**
	[1..3]	*{LKW,Zug,Frachter,Paket}*	*[100000€..12000000€]*
1	= 1	= LKW	1000000 €
2	= 1	= Zug	4000000 €
3	= 1	= Frachter	6000000 €
4	= 1	= Paket	500000 €
5	= 2	= LKW	6000000 €
6	= 2	= Zug	6000000 €
7	= 2	= Frachter	4000000 €
8	= 2	= Paket	100000 €
9	= 3	= LKW	8000000 €
10	= 3	= Zug	8000000 €
11	= 3	= Frachter	12000000 €
12	= 3	= Paket	500000 €

Abbildung 4.35: Entscheidungstabelle mit Regeln in Zeilenform.

DMN definiert außerdem noch weitere Hit Policys, die in den Tabellen vermerkt werden sollten. Die wichtigsten davon sind:

> Unique-Single-Hit-Tabellen, bei denen die Regeln exklusiv sind und nur eine Regel gleichzeitig wahr sein kann.

> Any-Single-Hit-Tabellen, in denen mehrere Regeln gleichzeitig wahr sein können, die dann jedoch den gleichen Output liefern (beispielsweise, wenn ein Antrag aus mehreren Gründen abgelehnt wird).

> Multiple-Hit-Tabellen, in denen mehrere Regeln gleichzeitig wahr sein können. Der Output ist dann eine Aggregation über den Output-Werten aller zutreffenden Regeln (beispielsweise das Zusammenstellen einer Liste mit Ablehnungsgründen oder das Zusammenzählen aller Werte von zutreffenden Regeln zu einer Punktzahl).

Weitere Hit Policys werden in Kapitel 5 diskutiert.

4.4.3   Business Knowledge Models

Business Knowledge Models sind wie Funktionen, mit denen die Entscheidungslogik parametrisiert und über Entscheidungen hinweg wiederverwendet werden
kann. Eine Logik, die beispielsweise überprüft, ob eine Adresse gültig ist, kann
sowohl in einer Entscheidung, die eine Rechnung als Input bekommt, als auch in
einer Entscheidung, die eine Bestellung als Input erhält, verwendet werden.

Business Knowledge Models sind mit den Entscheidungen und mit den anderen
Business Knowledge Models, von denen sie aufgerufen werden, über Knowledge
Requirements verknüpft. Sie können außerdem über Authority Requirements mit
Knowledge Sources verbunden werden, die anzeigen, worauf die Entscheidungs-
logik fußt.

Die Logik in Business Knowledge Models unterscheidet sich nicht von der in
Decisions. Auch hier kann sie über Entscheidungstabellen dargestellt werden oder
in Literal Expressions in Form von Geschäftsregeln (oder anderen Formaten, wie
Predictive Analytic Models) enthalten sein. Business Knowledge Models besitzen
bestimmte Parameter, die von der Entscheidungslogik verwendet werden, und
geben einen Wert oder ein Geschäftsobjekt zurück.

Wenn ein Business Knowledge Model über einen direkten Aufruf oder eine
Literal Expression aktiviert wird, werden die Input-Werte des aufrufenden Dia-
grammelements auf die Parameter des Business Knowledge Models abgebildet und
umgekehrt wird das Ergebnis des Business Knowledge Models auf die Output-
Daten abgebildet. Wie im Beispiel in Abbildung 4.2 zu Beginn des Kapitels ange-
deutet, können Entscheidungen, wenn sie in Prozesse integriert werden, über
ihre Output-Daten Bedingungen in Gateways steuern und Datenwerte für Aktivitäten manipulieren.

Auch wenn für alle Decisions in einem Decision Requirements Diagramm die
Entscheidungslogik explizit angegeben werden kann, bietet sich die Verwendung
von Business Knowledge Models zur Modellierung wiederverwendbarer (oder zur
Wiederverwendung entworfener) Logikschritte und zur einfacheren Verwaltung
bestimmter Teile von Geschäftslogiken an.

4.5   Dokumentation in BPMN und DMN

BPMN und DMN bieten Modellierern die Möglichkeit zur Dokumentation ihrer
Modelle, um die Übersichtlichkeit und Verständlichkeit zu erhöhen. In BPMN gibt
es zu diesem Zweck eingebaute Konstrukte, Artefakte und Datenobjekte; in DMN
hingegen gibt es solche Elemente nicht, hier wird in der Spezifikation lediglich davon ausgegangen, dass beispielsweise Textanmerkungen für die Dokumentation
vorhanden sind. Generell erfolgt die Dokumentation in DMN jedoch hauptsächlich
über die korrekte Verwendung der Metadaten und Eigenschaften.

4.5.1   Dokumentation in BPMN

BPMN bietet die Möglichkeit, über Diagrammelemente und Anmerkungen zusätzliche Informationen zu Diagrammen hinzuzufügen. Es gibt dabei drei Arten von Anmerkungen: Textanmerkungen, Assoziationen und Gruppen. Sie können mit den anderen Diagrammelementen verbunden werden, sind jedoch kein Teil des Sequenz- oder Nachrichtenflusses des Prozesses. Die gepunktete Assoziationslinie verbindet Textanmerkungen und Datenelemente mit anderen BPMN-Elementen. Bei Datenelementen kann sie außerdem eine Pfeilspitze besitzen, um zwischen Input- und Output-Daten für eine Aktivität zu unterscheiden.

Textanmerkungen sind nützlich, weil sie mehr Hintergrundinformationen zu einer Aktivität enthalten können als nur den Namen der Aktivität.

Aktivitäten, Ereignisse und Gateways sollten im Normalfall eine knappe Beschriftung besitzen. Ein Ziel bei der Erstellung eines BPMN-Modells ist es, über eindeutige Beschriftungen Verständlichkeit zu schaffen. Ein gutes BPMN-Modell ist außerdem kurz gefasst, aber präzise, und kann mit Textanmerkungen und gut formulierten BPMN-Beschriftungen verbessert werden.

Für DMN ist diese Form von Textanmerkungen noch kein Teil der Spezifikation, es ist aber wahrscheinlich, dass eine solche in der Zukunft noch hinzugefügt wird, da sie hier die gleichen Vorteile wie in BPMN-Modellen bringt und Verständlichkeit wie Lesbarkeit erhöht.

4.5.2   Gruppen

Das Gruppenelement fasst mehrere Diagrammelemente, die derselben Aufgabe angehören, zusammen. Es wird als Rechteck mit abgerundeten Ecken und einem Punkt-Strich-Rand gezeichnet:

Gruppen sind in Prozessdiagrammen auch über Pools und Lanes hinweg erlaubt. Sie umfassen andere Diagrammelemente, die sich überall im Diagramm befinden können, und zeigen dadurch zusammenhängende Aktivitäten an, auch wenn diese auf mehrere Teilnehmer verteilt sind (siehe Abbildung 4.36). Wird eine Gruppe nur innerhalb eines Pools verwendet, ist sie eine nicht-ausführbare Alternative zu Unterprozessen.

Gruppen sind im DMN-Standard nicht vorgesehen – die Signavio Plattform bietet jedoch trotzdem die Möglichkeit, sie in Entscheidungsmodellen zu verwenden, da es auch hier überaus sinnvoll sein kann, verschiedene Decisions und Business Knowledge Models zusammenzufassen. Auf diese Weise können Implementationsgrenzen oder Projektphasen dargestellt werden. Über Gruppen von Input-Daten kann außerdem angezeigt werden, welche Informationsobjekte gemeinsam an das System übergeben werden.

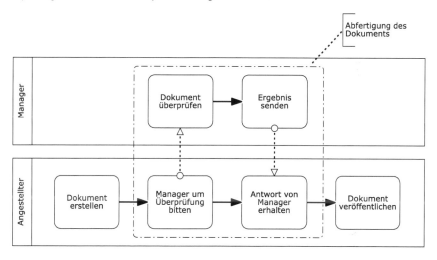

Abbildung 4.36: Eine Gruppe von zusammengehörenden Aktivitäten in zwei Teilnehmerpools.

4.5.3 Datenobjekte

Auch Datenobjekte dienen der Dokumentation von Diagrammen und stellen einen Mechanismus dar, Datenschemata mit BPMN-Modellen zu verknüpfen. Datenobjekte werden über Rechtecke mit umgeknickter oberer rechter Ecke dargestellt:

Oft wird auch der momentane Zustand des Datenobjektes in eckigen Klammern unter der Beschriftung vermerkt. Im Verlauf des Prozesses kann sich dieser Zustand dann verändern, wie in Abbildung 4.37 gezeigt.

Wie Textanmerkungen werden Datenobjekte über gestrichelte Linien mit anderen Diagrammelementen verbunden. Diese sind entweder Aktivitäten, Gateways, Ereignisse oder Sequenzflüsse.

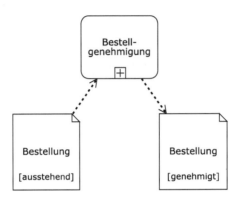

Abbildung 4.37: Datenobjekt mit Zuständen.

Beim Nachrichtenfluss wird anstelle eines Datenobjektes ein Umschlag-Symbol an den Nachrichtenfluss angefügt, um die Daten oder den Inhalt der Nachricht darzustellen.

Das Ziel hinter der Modellierung von Datenobjekten ist es, die für die Ausführung eines Prozessmodells nötigen Details zur Verfügung zu stellen. Datenobjekte helfen auch dabei, Aussagen über das Ausführungsverhalten eines Prozesses zu treffen – darauf wird im Kapitel über Ausführungssemantik genauer eingegangen.

In DMN gibt es auch ein spezifiziertes Datenobjekt: das Input-Data-Element. Aus Gründen der Übersichtlichkeit ist es dabei nützlich, wenn die Datenobjekte aus dem Prozessmodell eine entsprechende Input-Data-Repräsentation im Entscheidungsmodell besitzen.

4.5.4 Dokumentation in DMN

DMN besitzt keine Elemente zur expliziten grafischen Dokumentation, dafür jedoch zusätzliche Eigenschaften und Assoziationen, die in Form von Metadaten zu den einzelnen Diagrammelementen gehören. Die Rolle von Fragen und erlaubten Antworten in Bezug auf eine Entscheidung wurde schon behandelt, genauso wie das Verknüpfen von Prozessen und Tasks mit bestimmten Entscheidungen. Die Beziehung von Entscheidungen zu Organisationen, Geschäftszielen und anderen Kontexten spielt für die Dokumentation ebenfalls eine Rolle.

4.5.5 Ziele und Metriken

DMN ermöglicht die Verknüpfung von Zielen und KPIs oder Metriken aus dem OMG Business Motivation Model (BMM)[7] mit den Entscheidungen, die sie beeinflussen. Dadurch können die einzelnen Decisions, oder zumindest die Top-Level-Decisions, in einen Geschäftskontext eingeordnet werden. Die KPIs und Ziele des entsprechenden Geschäftsbereichs können dann ausgewertet werden und es kann ermittelt werden, welche Entscheidung einen Einfluss auf welchen KPI oder welches Ziel besitzt – das ist dann relevant, wenn bei einer Änderung der Entscheidungsfindung begründet zu erwarten ist, dass sich der ermittelte Wert für den KPI oder das Ziel ebenfalls ändert.

BMM beschreibt eine Methode zur Dokumentation darüber, wie Ziele erreicht werden können. Eine Entscheidungsinstanz kann mit mehreren Zielen und Performance Indicators verknüpft sein.

4.5.6 Bedeutung für Unternehmen

Entscheidungsfindung ist ein zentraler Aspekt in Unternehmen und es sind dabei verschiedene Rollen von Bedeutung. Wie in BMM können diese von Unternehmen, Unternehmenseinheiten oder Rollen im Unternehmen gespielt werden. Bei wiederholten Entscheidungen beziehen diese sich meist auf ein Team oder eine Abteilung eines Unternehmens oder eine Rolle darin, und nicht auf eine Einzelperson. Es ist außerdem möglich, dass mehrere Unternehmen oder Rollen eine Entscheidung besitzen oder treffen können oder davon betroffen sein können. In DMN gibt es zwei solcher Rollen:

> **Wer ist Besitzer der Entscheidung (decision owner)?** Wer entscheidet, wie die Entscheidung getroffen wird? Wer genehmigt den gewählten Ansatz? Wer bestimmt die Geschäftsregeln für diese Entscheidung und passt sie gegebenenfalls an?

7.   Object Management Group, Inc.: Business Motivation Model, http://www.omg.org/spec/BMM/1.3.

> **Wer ist Träger der Entscheidung (decision maker)?** Wer genau trifft die
> Entscheidung? In vielen Fällen ist zwar ein Teil des Unternehmens Besitzer
> der Entscheidung, aber ein weiterer Teil trifft und nutzt diese Entschei-
> dung dann täglich. Die Verkaufsleitung könnte beispielsweise die Entschei-
> dung über Verkaufspreise besitzen, aber die Entscheidung, welcher Ver-
> kaufspreis einem bestimmten Produkt zugeordnet wird, würde dann von
> den Mitarbeitern der einzelnen Verkaufsabteilungen getroffen werden.
> Bei automatisierten Entscheidungen könnte auch das Unternehmen, das die
> Entscheidung an einen Kunden oder Zulieferer weiterleitet, als Entschei-
> dungsträger gesehen werden.

Oft ist es auch sinnvoll, in einem Entscheidungsmodell zu vermerken, welche Un-
ternehmensteile neben den Besitzern und Entscheidungsträgern an der Entscheidung beteiligt sind. Es gibt in Unternehmen meist weitere Abteilungen, die an einer
bestimmten Entscheidung beteiligt oder interessiert sind und deren Meinungen
für die Entscheidungsfindung von Bedeutung sind.

4.5.7 Sonstiger Kontext

Neben den Beziehungen zu Geschäftsprozessen und Tasks sollte außerdem die
Dokumentation der Beziehungen von Entscheidungen zu anderen Objekten wie
Geschäftsereignissen oder Informationssystemen in Betracht gezogen werden.

4.5.8 Informationselemente

Input-Datenobjekte, Outputs von Entscheidungen sowie Parameter und Outputs
von Business Knowledge Models können in DMN formal über Informationselemente definiert werden. Informationselemente beschreiben eine hierarchische Infor-
mationsstruktur, dergestalt, dass jedes Element entweder ein einfaches Datenelement,
eine Struktur aus anderen Datenelementen oder eine Ansammlung von diesen
sein kann. Dafür kann eine grundlegende Menge von DMN-Typen verwendet werden und es kann auf weitere externe Typen verwiesen werden. Einschränkungen
bezüglich erlaubter Werte können über Ausdrücke ebenfalls angegeben werden.
     Wenn ein DMN-Modell vervollständigt wird, müssen auch die Informati-
onen, die von Decisions, Business Knowledge Models und Entscheidungslogik
manipuliert werden, angegeben werden. Dies kann beispielsweise mithilfe von
FEEL (siehe Kapitel 5) erfolgen. In anderen Fällen sollten die Informationselemente
bis zu einem bestimmten Grad dokumentiert werden, sodass zumindest ersichtlich ist, welche Informationen wo verwendet werden.

4.6   Signale im Zusammenspiel mit anderen Ereignissen

Im Folgenden wird ein weiteres Beispiel für die Modellierung komplexer, diffiziler Situationen mit nur wenigen Diagrammelementen in BPMN erläutert.

Abbildung 4.38 zeigt das Geschehen an einer Verkehrskreuzung aus Sicht dreier Teilnehmer: eines Fahrers, der Richtung Norden reist, eines Fahrers, der Richtung Westen reist, sowie einer Ampel, die eine Kollision der Fahrer verhindert. Fahrer, die die Kreuzung erreichen, bestimmen anhand der Farbe der Ampel, ob sie weiterfahren können oder warten müssen. Sie beobachten also den Zustand der Ampel und entscheiden darauf basierend. Weil eine Änderung der Ampelfarbe während des normalen Verkehrsablaufs stattfindet, wird sie über ein Signalereignis beim Fahrer modelliert. Ein stehender Fahrer kann weiterfahren, wenn ein Grün-Signal bei ihm eintritt. Die Ampel sendet ein solches Grün-Signal an die Verkehrsteilnehmer, die gerade vor einer roten Ampel warten.

Abbildung 4.38 verwendet für die Darstellung der Interaktion der Teilnehmer anstelle von Nachrichtenflüssen das Gruppensymbol, um die auslösenden und die eintretenden Signalereignisse zusammenzufassen. Die Verwendung des Gruppensymbols dient der Dokumentation und erhöht die Lesbarkeit des Diagramms.

Nachdem die Ampel auf Grün schaltet, tritt der Fahrer, der nach Norden unterwegs ist, rücksichtslos auf das Gaspedal, wohingegen der Fahrer, der nach Westen will, achtsamer ist und auf kreuzenden Verkehr achtet, obwohl seine Ampel Grün zeigt. Wenn ein anderer Fahrer, ohne die rote Ampel zu beachten, die Kreuzung überquert, wird ein Fehler geworfen, der in einem speziellen Unterprozess behandelt wird.

Der Prozess aus Abbildung 4.38 stellt Bedingungs- und Signalereignisse einander gegenüber. Die Fahrer überwachen aktiv die Bedingung im Bedingungsereignis, wenn das ereignisbasierte Gateway erreicht wird. Es gibt keine Garantie dafür, dass während der Fahrt eine Ampel erreicht wird (eine der Bedingungen). Das Standardereignis ist hier das Bedingungsereignis, welches voraussetzt, dass die Ampel erkannt und beobachtet wurde, dass sie relevant für die jeweilige Fahrtrichtung ist und dass sie auf Grün steht. Ist dies nicht der Fall, wartet der Fahrer, bis die Farbe von Rot auf Grün wechselt (ein Übertragungssignal).

Wird ein Signalereignis verwendet, können die Teilnehmer eine Übertragung empfangen. Die Fahrer registrieren sich für diese Übertragung und warten auf entsprechende Nachrichten. Das Signalereignis tritt bei allen Teilnehmern im Sichtbereich der Ampel ein. Hier wird das Signalereignis verwendet, weil es schon potentielle Teilnehmer gibt. Beim Bedingungsereignis hingegen muss nicht bekannt sein, ob ein zugehöriger Prozess bereits existiert oder nicht. Die Situation wurde hier so modelliert, weil das Erkennen einer Ampel sowie das korrekte Reagieren auf deren Zustand eine recht komplexe Handlung darstellt. Der Fahrer muss dafür während der Fahrt auf verschiedenste Objekte achten und auf sie eingehen. Wenn es sich statt einer Ampel um eine Krankenwagensirene handeln würde, wäre ein Signalereignis eine bessere Wahl zur Modellierung. Unter den gegebenen (komplexen) Voraussetzungen passt ein Bedingungsereignis hier jedoch besser als ein Signalereignis.

Abbildung 4.39 zeigt einen Prozess, in dem die Verkaufsabteilung einen Vertrag von der Rechtsabteilung überprüfen lassen möchte. Der Vertrag wird nicht direkt von der Verkaufsabteilung aufgesetzt, sondern von einem System erstellt. Als Erstes wird der CRM-Datenspeicher aktualisiert.

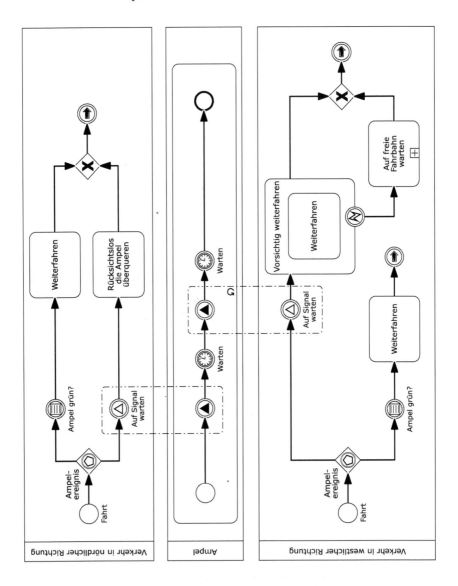

Abbildung 4.38: Modellierung einer Ampelkreuzung mithilfe von Signalereignissen.

Dabei können zusätzliche Informationen an das CRM-System übertragen werden, welches diese automatisch in den Vertrag einfügt. Nach der Erstellung eines Vertrages wird die Rechtsabteilung benachrichtigt und sie erhält einen Hyperlink, der auf das Vertragsdokument im Netzwerk-Dateisystem verweist.

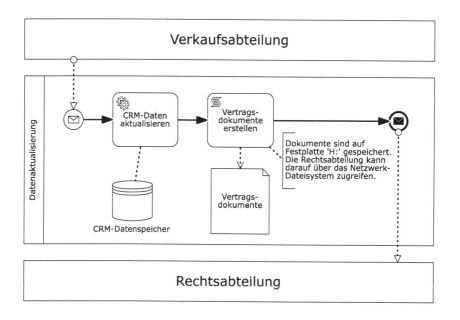

Abbildung 4.39: Modell mit Dokumenten und Textanmerkung.

4.7 Zusammenfassung

In diesem Kapitel wurde eine Vielzahl nützlicher BPMN-Ereignistypen behandelt. Die in diesem und in den vorherigen Kapiteln vorgestellten Inhalte ermöglichen Modellierern die Entwicklung vollständiger Prozessmodelle. Weiterhin wurden in diesem Kapitel neue, komplexe Diagrammelemente vorgestellt, die sich aus dem Verhalten der in den ersten Kapiteln beschriebenen Elemente zusammensetzen.

Darüber hinaus wurden sechs neue Tasktypen vorgestellt, die spezielle Markierungen aufweisen:

> Manueller Task (Hand-Markierung): Eine manuell ausgeführte Aktivität außerhalb des Anwendungsbereiches eines BPMS.

> Benutzertask (Personen-Markierung): Ein Task, der von einer Person aus-
> geführt wird; wird zur Unterscheidung zwischen Menschen- und System-
> aufgaben verwendet.

> Nachrichtentask (Umschlag-Markierung): Ein Task, der eine Interaktion
> mit einem anderen Teilnehmer beinhaltet.

> Servicetask (Zahnrad-Markierung): Ein Task, der von einem Systemservice
> ausgeführt wird.

> Skripttask (Papier-Markierung): Ein automatisch ausgeführtes Software-
> skript.

> Geschäftsregeltask (Tabellen-Markierung): Eine Aktivität, in der Geschäfts-
> regeln angewendet werden, oft mit DMN-Modellen verknüpft.

Weiter wurden Zeitereignisse vorgestellt, darunter auch nicht-unterbrechende Zeitereignisse. In diesem Zusammenhang wurde näher auf Ereignisse eingegangen,
die an Unterprozesse angeheftet werden können. Als nächstes wurden Signalereignisse behandelt.

Über Schleifenaktivitäten war zu sagen, dass sie eine gute Möglichkeit bieten, um
Mengen von Dokumenten zu bearbeiten oder eine Aufgabe solange auszuführen,
bis eine bestimmte Bedingung erfüllt ist.
    Das Linkereignis wird in BPMN verwendet, um große Diagramme übersicht-
licher zu gestalten. Dafür gibt es zwei Arten von Linkereignissen: auslösende und
eintretende Zwischenereignisse.
    Ereignisbasierte Gateways eignen sich für die Modellierung von Szenarien, bei
denen ein Prozess bei Erhalt bestimmter Nachrichten starten soll, die jedoch
verschiedene Datentypen oder Inhalte besitzen. Dies kann über Zwischenereignisse
zusammen mit ereignisbasierten Gateways modelliert werden.
    Dadurch kann die Situation, dass mehrere Ereignisse in einem Prozess auftreten
können, angegangen werden. Sie setzen sich aus den grundlegenden Diagramm-
melementen von Gateway und Zwischenereignis zusammen und sind notwendig
für die Modellierung komplexer Geschäftsprozesse. Im nächsten Kapitel werden
die verbleibenden Werkzeuge zur Handhabung von Ereignissen vorgestellt.

In diesem Kapitel wurde außerdem die Logik hinter Entscheidungsmodellen besprochen. Dabei lag ein besonderer Fokus auf Entscheidungstabellen. Logikelemente können in Decision Requirements Diagrammen zusammengestellt werden,
um aufzuzeigen, wie eine Entscheidung getroffen werden soll. Diese Diagramme
können dann um eine Entscheidungslogik erweitert werden, um genau zu definieren, wie eine Entscheidung nach Wunsch des Teilnehmers getroffen werden soll.
    Zu guter Letzt wurde erläutert, dass es ein Ziel von BPMN und DMN ist, die
Menge der für komplexe Prozesse oder Entscheidungen nötigen Textdokumen-

tation so gering wie möglich zu halten. Zu diesem Zweck müssen dem Modell so viele Details wie möglich beigefügt werden, um seine Zielsetzung zu verdeutlichen.

Kapitel 5
Zum Umgang mit Komplexität

Bisher wurden die Grundbausteine von Prozessfluss in BPMN und Entscheidungen in DMN vorgestellt. Darauf baut dieses Kapitel weiter auf. Mit den hier vorgestellten Diagrammelementen und Methoden können zunehmend komplexere Prozesse in BPMN modelliert werden. In DMN kann mit erhöhter Komplexität auch ohne zusätzliche Diagrammelemente oder Konstrukte umgegangen werden; dies wird durch detailliertere Angaben zur Entscheidungslogik erreicht. Die Modellierung von Entscheidungen in DMN hilft außerdem beim Umgang mit Komplexität, da die Schritte zur Entscheidungsfindung dem Prozessmodell entnommen und in einem separaten Entscheidungsmodell verwaltet werden können.

In Kapitel 3 wurde der Fokus auf die „angenehmen" BPMN-Diagrammelemente gelegt und der schwierigere Teil des Umgangs mit Fehlern und Ausnahmefällen wurde diesem Kapitel überlassen. Die „Leitschienen" Sequenz- und Nachrichtenfluss wurden in den Kapiteln 3 und 4 so gut wie nie verlassen. Prozesse können jedoch fehlschlagen, sei es aus technischen oder aus fachlichen Gründen. In solchen Fällen ist es hilfreich, den Prozess verlassen zu können, um den Fehler zu behandeln oder das gewünschte Verhalten wiederherzustellen. Dazu gibt man einen eigenen Pfad an, auf dem die Fehlerbehandlung durchgeführt wird. Durch nichtunterbrechende Zwischenereignisse können solche Fehler sogar behandelt werden, ohne die laufende Prozessinstanz zu stoppen.

Neben den bisher vorgestellten Modellierungsweisen gibt es untypischere Szenarien, die durch komplexe Gateways und unter Umständen auch durch Signalereignisse kontrolliert werden können.

Der Umgang mit Fehlern und Ausnahmefällen ist ausschlaggebend für das Erstellen robuster Prozesse. In diesem Kapitel werden einige gebräuchliche Muster vorgestellt, die die Modellierung solcher Fälle vereinfachen.

Im Hinblick auf DMN wurden in Kapitel 3 grundlegende Diagrammelemente vorgestellt – Decisions, Knowledge Sources, Input Data und Business Knowledge Models – sowie deren Relationen untereinander, die über verschiedene Requirement Links modelliert werden konnten. DMN-Elemente und ihre Requirements können in einem oder mehreren Decision Requirements Diagrammen festgehalten werden, um ein vollständiges Entscheidungsmodell aufzubauen. Innerhalb eines solchen Modells kann die Entscheidungslogik der einzelnen Decisions und Business Knowledge Models über Entscheidungstabellen angegeben werden.

Kapitel 4 hat die Grundlagen für die Formulierung dieser einem Entscheidungsmodell zugrundeliegenden Entscheidungslogik – die Geschäftsregeln – behandelt. In diesem Kapitel werden die in Entscheidungstabellen verwendeten Ausdrücke und die Literal Expressions eines vollständig spezifizierten Entscheidungsmodells genauer vorgestellt. Außerdem werden fortgeschrittene Probleme
bei der Modellierung der Decision Requirements betrachtet und einige Hin-
weise zur Modellierung komplexerer Interaktionen zwischen Entscheidungs- und
Prozessmodellen gegeben.

5.1   Komplexe Gateways

Bisher wurden fünf verschiedene Gateways vorgestellt. Jedes dieser Gateways
produziert und konsumiert eine bestimmte Anzahl an Token. Exklusive Gateways
(datenbasiert und ereignisbasiert) produzieren ein einzelnes Token für einen
ausgehenden Fluss. Parallele und inklusive Gateways (datenbasiert und mehrfach/
parallel) produzieren mehrere Token für ausgehende Flüsse. In einigen Prozessszenarien wird aber ein dynamischeres Verwalten der zusammengeführten Token
benötigt. Ein Beispiel dafür wäre, dass vier verschiedene Aktivitäten eine Antwort oder ein Ergebnis hervorbringen können und entweder zwei oder drei davon
tatsächlich ein solches Ergebnis produzieren. Der Modellierer muss in diesem
Fall also selbst die passenden Pfade zusammenführen. Die Abwicklung der Gate-
way-Sequenz hängt davon ab, wie viele Token eintreffen oder wie viele produziert
werden sollen. Dafür gibt es in BPMN komplexe Gateways, die über eine Raute mit
Stern im Inneren dargestellt werden:

Dieses Gateway verwaltet eine Reihe paralleler Pfade, entweder bei der Verzweigung oder bei der Zusammenführung. Es bewältigt außerdem ein schwieriges
Problem: Die Ausführung eines Pfades bringt die Notwendigkeit mit sich, die Ausführung anderer Pfade abzubrechen. Dieses Szenario wird auch *Dead Path Eli-
mination* genannt. Komplexe Gateways können an eingehende Token Bedingungen
stellen und es einem Prozess ermöglichen, eine Untermenge der eingehenden
Pfade zu synchronisieren. In komplexen Gateways laufen parallele oder inklusive
Pfade zusammen und nachfolgende Aktivitäten werden aktiviert, sobald die
eingehenden Zweige beendet sind. Die Ergebnisse verbleibender Zweige werden
ignoriert. Das Zusammenführen im komplexen Gateway wird erst ausgeführt,
wenn alle eingehenden Zweige einen Abschluss gefunden haben.

5.1.1   Verzweigung im komplexen Gateway

In einem Anwendungsfall, in dem eine Produktlinie überprüft werden soll, wird
ein Geschäftsprozess benötigt, der nebeneinander her überprüft, ob das Produkt
ein hohes rechtliches Haftungsrisiko mit sich bringt, es wahrscheinlich ist, dass
es nach der Herstellung aus Qualitätsgründen oft umgetauscht werden wird,
sowie ob die internen Qualitätskontrollen möglicherweise nicht zufriedenstellend
waren. Die Ergebnisse dieser Überprüfungen werden folgendermaßen ausgewertet: Sobald zwei der Überprüfungen absolviert worden sind und das Produkt keine
hohe rechtliche Haftbarkeit besitzt, wird die dritte Prüfung abgebrochen und die
Gesamtprüfung gilt als bestanden.

Diese drei Schritte werden, vom parallelen Gateway gesteuert, nebeneinander
her ausgeführt. Drei Token werden generiert und müssen auf irgendeine Weise
wieder konsumiert werden. Die Ergebnisse der jeweiligen Unterprozesse werden
durch das komplexe Gateway ausgewertet. Hier handelt es sich um ein Beispiel
mit einer Zwei-aus-drei-Zusammenführung, bei der eine Bedingung vorgegeben
ist. Laut Ausführungssemantik wird die Instanz des „Interne Qualitäts-kontrol-
len"-Unterprozesses gestoppt, wenn der „Umtausch-wahrscheinlichkeit abschätzen"-
und der „Haftungsrisiko prüfen"-Unterprozess abgeschlossen wurden.

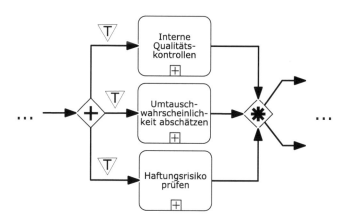

Abbildung 5.1: Beispiel für die Verwendung eines komplexen Gateways.

Mithilfe von komplexen Gateways können Aktivitäten explizit übersprungen werden. Wie dabei genau vorgegangen wird kann über Geschäftsregeln angegeben
werden, da es sich hier letztendlich nur um eine Entscheidung über die als nächstes
auszuführenden Schritte handelt. Das Verhalten eines komplexen Gateways ist

außerdem anhand nur des Modells schwer abzuleiten. Die Verwendung von parallelen Gateways zur Modellierung der Ergebnismöglichkeiten ist jedoch zu unübersichtlich und nur schwer verständlich. Komplexe Gateways ermöglichen weiterhin das Abbrechen aller laufenden Prozessflüsse, wobei ein Token entlang eines optionalen Abbruch-Flusses generiert wird.

Die Arbeitsweise komplexer Gateways ist recht undurchsichtig; solange keine anpassbaren Regeln für das Erzeugen und Konsumieren von Token beim Verzweigen oder Zusammenführen von Prozessflüssen benötigt werden, können sie auch durch Entscheidungsflüsse ersetzt werden.

5.1.2   Zusammenführung in komplexen Gateways

Wenn ein Prozessmodell Pfade enthält, die durch verschiedene – also parallele, exklusive oder inklusive – Verzweigungen entstanden sind, können diese über komplexe Gateways wieder zusammengeführt werden.

Wenn jedoch die Bedingungen für das Zusammenführen festgelegt sind und keine Aktivitäten abgebrochen werden müssen, muss im Allgemeinen kein komplexes Gateway verwendet werden.

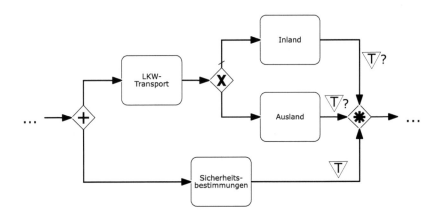

Abbildung 5.2: Verwendung eines komplexen Gateways zum Zusammenführen von Pfaden. Hier sind bessere Lösungen möglich.

Dasselbe Szenario wird in den Abbildungen 5.3 und 5.4 in anderer Form dargestellt. Hier muss das Gateway hinsichtlich einer bestimmten Anzahl an Token, die zur Aktivierung nötig sind, programmiert werden. In Abbildung 5.4 wird die Logik im komplexen Gateway über einen Unterprozess ausgedrückt, in Abbildung 5.3 werden die Pfade explizit wieder zusammengeführt.

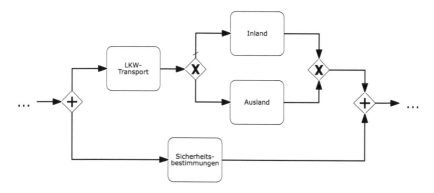

Abbildung 5.3: Explizites Zusammenführen über Gateways nach komplexer Verzweigung.

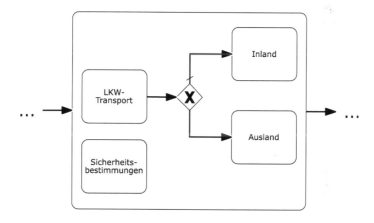

Abbildung 5.4: Komplexes Zusammenführen durch Verwendung eines Unterprozesses.

In Unterprozessen findet das Verzweigen und Zusammenführen implizit statt, dadurch können mit ihrer Hilfe auch einige der komplexen Szenarien modelliert werden. Komplexe Gateways müssen nur verwendet werden, wenn Pfade abgebrochen werden sollen. In diesem Fall erfüllt aber der Unterprozess genau das Modellierungsziel. Wie zuvor schon bemerkt, hilft die Verwendung von Entscheidungs-Tasks beim Umgang mit solchen komplexen Situationen.

Abbildung 5.4 ermöglicht durch die Verwendung eines Unterprozesses die kompakteste der Darstellungen. Auch in Abbildung 5.3 könnte die Verwendung eines Unterprozesses nahegelegt werden. Um die Lesbarkeit noch zu erhöhen, könnte im Unterprozess ein paralleles Gateway vor den „LKW-Transport"- und „Sicherheitsbestimmungen"-Aktivitäten eingefügt werden, die Bedeutung würde sich dadurch nicht ändern. So können auf einfache Art implizite Verzweigungen und Zusammenführungen in Unterprozessen gefunden werden. Außerhalb von Unterprozessen sollten immer explizite Verzweigungen und Zusammenführungen über Gateways verwendet werden.

5.2   Ereignisse zur Behandlung von Fehlern

Bisher wurden zum größten Teil Prozessmodelle vorgestellt, die fehlerlos entlang von Sequenz- und Nachrichtenflüssen verlaufen. Es sollte jedoch auch berücksichtigt werden, was in Ausnahmesituationen geschieht, also dann, wenn der Prozessfluss sich vom vorgesehenen Pfad entfernt.

Einen Prozess mit einer Fehlerverarbeitungsstrategie auszustatten, kann sich als schwierig herausstellen. Glücklicherweise bietet BPMN zu diesem Zweck viele Ansätze für das Behandeln von Fehlern über Ereignis-Unterprozesse sowie Fehler- und Eskalationsereignisse. Sie helfen bei der Erstellung robuster, ausfallsicherer Prozesse und ermöglichen die Fortsetzung des Betriebs im Falle unregelmäßiger Fehlersituationen, wie beispielsweise bei der Integration von Cloud-Services und -Ressourcen. Ohne robuste Prozesse benötigen Prozessteilnehmer manuelle Prozesse für den Umgang mit Fehlern. Diese bringen jedoch oft improvisierte und undokumentierte Notlösungen mit sich – und sollten natürlich vermieden werden.

5.2.1   Ereignis-Unterprozesse

Ereignis-Unterprozesse gehören zu den wichtigsten Neuerungen in der BPMN 2.0-Spezifikation. Sie beginnen mit einem Ereignis, auf das eine Sequenz von Aktivitäten und Ereignissen folgt.

Bei Ereignis-Unterprozessen handelt es sich um eine besondere Form der Unterprozesse, die innerhalb von Prozessen, die selbst wiederum Unterprozesse sein können, verwendet werden können. Ein Ereignis-Unterprozess wird gestartet, wenn das erste Ereignis in einem Sequenzfluss ausgelöst wird. Wie in Abbildung 5.5 gezeigt, kann es sich dabei um ein unterbrechendes Ereignis mit durchgezogener Umrandung, aber auch um ein nicht-unterbrechendes Ereignis mit gestrichelter Umrandung handeln. Ereignis-Unterprozesse sind an der gepunkteten Umrandung erkennbar und können auch zugeklappt mit einer „+“-Markierung verwendet werden.

Ereignis-Unterprozesse werden zusammen mit eintretenden, unterbrechenden oder nicht-unterbrechenden Starterereignissen verwendet, genauer mit Starterereignissen für die Fehlerbehandlung. Sie bieten eine ähnliche Funktionalität wie an Unterprozesse angeheftete Zwischenereignisse.

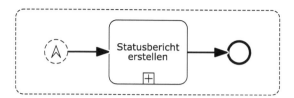

Abbildung 5.5: Einfacher Ereignis-Unterprozess, in dem ein Bericht erstellt wird, ohne den Hauptprozess zu unterbrechen.

Der Elternprozess in Abbildung 5.5 könnte ein Gateway besitzen, das überprüft, ob eine Benachrichtigung über den momentanen Zustand erstellt werden soll, und dementsprechend den nicht-unterbrechenden Ereignis-Unterprozess auslöst.

Mithilfe von nicht-unterbrechenden Startereignissen können auch hier Aktivitätsfolgen ausgeführt werden, ohne den Hauptprozess zu unterbrechen. Zum Beispiel könnte ein spezieller Bericht erforderlich sein, wenn ein bestimmter Zustand erreicht wird. Wie aus Abbildung 5.5 ersichtlich, kann über das Auslösen des Unterprozesses dieser Bericht erstellt werden, ohne dass der eigentliche Prozess angehalten werden muss. Der Vorteil dieses Ansatzes besteht in der Vereinheitlichung von Routinen, wie dem Erstellen eines Berichts, als aufrufbare Unterprozesse.

5.2.2   Fehler- und Eskalationsereignisse

Fehler- und Eskalationsereignisse sind Elemente in BPMN, die einen laufenden Unterprozess anhalten können, um die Flussrichtung zu ändern oder eine Fehlersituation zu beheben. Eskalationsereignisse können darüber hinaus andere Ereignisse auslösen und Verarbeitungsschritte ausführen, ohne den eigentlichen Prozessverlauf zu unterbrechen. Fehlerereignisse hingegen halten den Zweig des Prozessteils, in dem sie sich befinden, in jedem Fall an. Sie stoppen jedoch nicht den Fluss anderer aktiver Token – wenn parallel zum Fehlerereignis weitere Aktivitätsstränge verlaufen, müssen diese separat abgefangen werden.

Fehlerereignisse erstellen entweder einen Fehlercode, der im Fehlerfall gesendet wird, oder fangen einen solchen Fehlerfall ab. Wenn ein Fehlerfall eintritt, wird ein Fehlerereignis ausgelöst. Als nächstes wird dieser Fehlerfall von einem anderen Element abgefangen oder er wird auf eine Stufe angehoben, in der er abgefangen werden kann. Abhängig von den Umständen kann ein nicht behandelter Fehler einen ganzen Prozess „zum Absturz" bringen.

Fehlerereignisse können entweder als Endereignisse im Fehlerfall ausgelöst werden oder sie können als Start- oder Zwischenereignisse einen Fehlerfall behandeln. Die folgende Tabelle verdeutlicht dies:

Ereignistyp	BPMN-Element	Verwendung
Fehler-Startereignis (eintretend)		In Ereignis-Unterprozessen
Fehler-Zwischenereignis (eintretend)		An Unterprozesse angeheftet
Fehler-Endereignis		Am Ende einer Sequenz

Eskalationen stehen für erwartete Situationen in einem Prozess, die außerhalb des normalen Prozessflusses behandelt werden müssen. Sie zeigen an, dass während der Ausführung eines Tasks diese Eskalation ausgelöst werden kann, woraufhin bestimmte im Diagramm fest-gehaltene Schritte ausgeführt werden. Sie können den Prozess unterbrechen oder parallel dazu ausgeführt werden. Eskalationen zeigen einen spontanen, weniger starren Prozessfluss an.

Eskalationsereignisse können im Gegensatz zu Fehlerereignissen in drei verschiedenen Formen als Zwischenereignis auftreten: mit unausgefülltem Symbol für das Behandeln einer Fehlersituation, mit ausgefülltem Symbol für das Auslösen einer Fehlersituation – und als nicht-unterbrechendes, eintretendes Zwischenereignis. Die folgende Tabelle zeigt alle Arten von Eskalationsereignissen:

Ereignistyp	BPMN-Element	Verwendung
Eskalations-Startereignis (eintretend)		In Ereignis-Unterprozessen
Nicht-unterbrechendes Eskalations-Startereignis (eintretend)		In Ereignis-Unterprozessen
Eskalations-Zwischenereignis (eintretend)		An Unterprozesse angeheftet
Nicht-unterbrechendes Eskalations-Zwischenereignis (eintretend)		An Unterprozesse angeheftet
Eskalations-Zwischenereignis (auslösend)		In Sequenzen im Prozessfluss

Eskalations-Endereignis		Am Ende einer Sequenz

Genau wie Zeitereignisse können Fehler- und Eskalationszwischenereignisse an Unterprozesse oder Tasks angehängt werden.

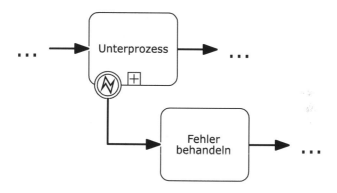

Abbildung 5.6: Alternativer Fluss zur Fehlerbehandlung.

5.2.3 Modellierung von Fehlerbehandlung

Drei Arten von Fehlern

Es gibt drei Arten von Fehlern, die die Prozessausführung beeinflussen können:

1. Technische Fehler: Der Prozessserver ist ausgefallen.

2. Kurzzeitige Fehler: Eine benötigte Ressource, beispielsweise ein Cloud-Service, ist vorübergehend nicht verfügbar.

3. Fachliche Fehler: Der Zustand des Prozesses ist fehlerhaft oder Daten sind unvollständig oder fehlerbehaftet.

Für die Behebung technischer Fehler gibt es leider keine Notation. Wenn ein Server ausfällt, ist das Wiederherstellen des Prozesses von der Technik des Servers abhängig.

Auch Entscheidungen können Ausnahmefälle hervorbringen. Im Allgemeinen handelt es sich dabei um normale Entscheidungsergebnisse, die mit den passenden BPMN-Elementen behandelt werden können. Dabei können formale Fehler ausgelöst werden, wie in Abbildung 5.7 zu sehen. Wenn der Prozess Transaktionen beinhaltet, sollte er mit unvollständigen Transaktionen umgehen können. Dabei müssen unter Umständen Datensätze aus ERP-Systemen, Operational Data Stores oder Data Warehouses bereinigt oder entfernt werden.

Prozesse müssen oft innerhalb einer bestimmten Zeitspanne abgeschlossen werden; für diese Fälle könnten bestimmte Schritte für den Fall einer Zeitüberschreitung im Diagramm vermerkt werden. In BPMN können Zeitüberschreitungen, Ausnahmefälle und Arten der Fehlerbehandlung leicht modelliert werden. Dies kann direkt in Ereignis-Unterprozessen geschehen – wenn in einem Prozessschritt eine Zeitüberschreitung oder ein Ausnahmefall vorliegt, fängt der Prozessserver diese bzw. diesen ab und startet den entsprechenden Unterprozess zur Fehlerbehandlung oder er verlässt eine Unterprozessgrenze und löst das angeheftete Ereignis aus.

5.2.4   Methoden zur Fehlerbehandlung in BPMN

Über Fehler- und Eskalationsereignisse können Pfade für Ausnahmefälle angegeben werden, die Schritte zur Fehlerbehandlung beinhalten. Die einfachste Methode ist es dabei, den Fehler abzufangen, ihn zu verarbeiten und danach wieder in den normalen Prozessfluss einzusteigen. Wenn für die Fehlerbehandlung mehrere Schritte nötig sind, können diese in einem Unterprozess gruppiert werden, wie in Abbildung 5.7 gezeigt. Hier wurde der Fehler am Rand des Unterprozesses abgefangen, durch zwei Aktivitäten behoben, und am Ende läuft der Fluss in der „Abgeschlossen"-Aktivität wieder mit dem Prozess zusammen.

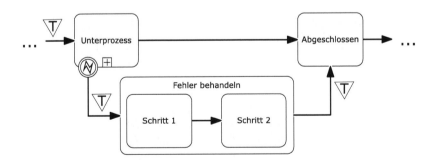

Abbildung 5.7: Verwendung eines Unterprozesses zur Fehlerbehandlung.

Der von Fehlerereignissen ausgehende Fluss ist immer unterbrechend: Der Unterprozess, der den Fehler gezeitigt hat, wird gestoppt und der Prozess folgt dem
alternativen Fehlerfall-Fluss. Danach kann dieser Fluss wieder mit dem Hauptfluss
des Prozesses zusammengeführt werden. Dies muss weder im auslösenden Unterprozess noch in der Aktivität direkt danach erfolgen, es können auch mehrere
Schritte übersprungen werden. Beim Zusammenführen muss aber in jedem Fall
auf den Tokenfluss geachtet werden: Bei unterbrechendem Fluss im Fehlerfall sollte
exklusiv zusammengeführt werden – entweder implizit, wie in Abbildung 5.7,
oder über ein exklusives Gateway, wie es in Abbildung 5.8 verwendet wird.

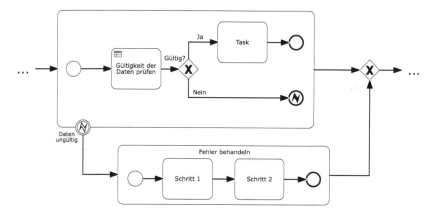

*Abbildung 5.8: Explizites Zusammenführen des Fehlerbehandlungspfades, der durch eine Ent-
scheidung ausgelöst werden kann.*

Abbildung 5.8 zeigt ein angeheftetes Fehlerereignis, das einen Fehler abfängt, der
von der Entscheidung im Inneren des Unterprozesses hervorgebracht wird. Die
Geschäftsregeln der Entscheidung werten die Attribute der Daten aus und bestimmen so, ob die Information gültig ist. Der Ausgang der Entscheidung bestätigt
nicht nur die Gültigkeit der Daten, er kann auch bestimmen, wie der Prozess einen
Fehler behandeln oder beheben soll. Dies geschieht durch das Setzen von Attributen in den Output-Daten des Geschäftsregeltasks. Ein solches Attribut könnte
beispielsweise aussagen, dass ein Budget überzogen wurde, und eine entsprechende Nachricht an den Account-Manager erstellen.

Entscheidungen spielen eine wichtige Rolle bei der Behandlung von Fehler-
fällen. Prozesse und Nutzer senden Daten an einen Prozess auf einem Anwendungs-
server. Wenn diese Daten fehlerhaft sind, was über eine DMN-Entscheidung
überprüft werden kann, ist ein geschäftlicher Fehler aufgetreten. Dann werden
entsprechende Prozessschritte ausgeführt, um diesen Fehler zu beheben.

Wenn ein Token einen Unterprozess verlässt, besitzen Aktivitäten außerhalb
dieses Unterprozesses keinen direkten Zugriff auf dessen interne Daten. Aus diesem Grund kann es passieren, dass alle im Unterprozess erzeugten Daten verloren

gehen, wenn ein Fehler vor einem Speicherpunkt auftritt. Um die Daten im Fehlerfall zu erhalten, kann innerhalb des Unterprozesses ein Ereignis-Unterprozess
mit Fehler-Startereignis modelliert werden. Abbildung 5.9 zeigt dies wieder für
den Fall, dass eine Entscheidung die Gültigkeit bestimmter Daten überprüft.
Das Startereignis im Ereignis-Unterprozess wird nur im Fehlerfall ausgelöst und ist
der Einstieg in den Fehlerbehandlungspfad.

Der Fluss in einem Ereignis-Unterprozess hat Zugriff auf alle Daten des Eltern-
prozesses. Insofern können alle Daten, die im Unterprozess von einer der Aktivitäten erzeugt wurden, bei der Fehlerbehandlung im Ereignis-Unterprozess ein-
gelesen werden. Im Gegensatz dazu müssen die Daten für die Schritte 1 und 2
im Ereignis-Unterprozess in Abbildung 5.8 speziell aufbereitet werden. Dies wird
später im Zusammenhang mit Transaktionen genauer diskutiert.

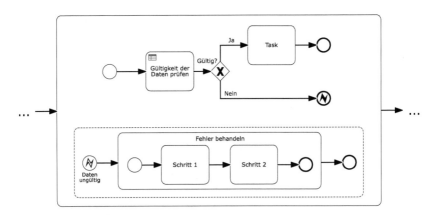

Abbildung 5.9: Fehlerbehandlung in einem Ereignis-Unterprozess mit einem Fehler-Starter-
eignis.

Prozessmodelle besitzen in den meisten Fällen ein Paar von Fehlerereignissen – ein
auslösendes Fehler-Endereignis sowie ein eintretendes, den Fehler abfangendes
Zwischen- oder Startereignis. Fehler, die von Fehler-Endereignissen ausgelöst wurden, aber nicht im Anwendungsbereich des Unter- oder Gesamtprozesses behandelt werden, benötigen kein abfangendes Zwischenereignis.

Fehler können aus vielen Gründen entstehen. Web Services und Datenbanken können für längere Zeit nicht erreichbar sein, Daten von Angestellten oder
Handelspartnern können fehlerhaft sein. Fehler in Prozessdaten können über
Geschäftsregeln und verschiedene Ereignisse im Prozess erkannt werden. Oft ist es
nötig, Fehler, die in bestimmten Situationen auftreten können, vorher zu definieren.

Auslösende Fehlerereignisse setzen Variablen, die von den abfangenden Zwischenereignissen ausgelesen werden können. In einem Unterprozess werden in
verschiedenen Situationen verschiedene Schritte zur Fehlerbehebung benötigt.

Abbildung 5.10 zeigt einen Unterprozess mit mehreren Aktivitäten zur Fehlerbehandlung. Wird ermittelt, dass die Daten ungültig sind, wird der Fehlerfluss
wieder mit dem normalen Prozessfluss zusammengeführt. Andernfalls wird ein
Linkereignis ausgelöst, das den Prozess von vorne beginnen lässt.

Es gibt eine Vielzahl von Ansätzen, wie mit dem Fluss in einem Fehlerfall umgegangen wird. Diese unterscheiden sich danach, ob nicht-unterbrechende Ereignisse verwendet wurden oder nicht. Abbildung 5.11 zeigt ein Beispiel für explizites
Zusammenführen über ein Gateway nach dem Auftreten von unterbrechenden
Ereignissen.

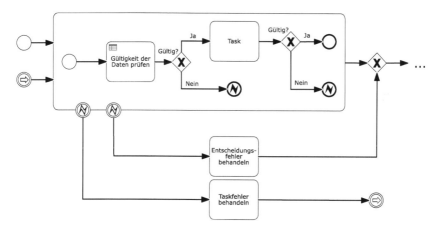

Abbildung 5.10: Behandlung mehrerer möglicher Fehler über angeheftete Zwischenereignisse.

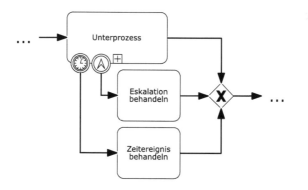

Abbildung 5.11: Zusammenführen von unterbrechenden Pfaden.

Wenn nicht-unterbrechende Ereignisse verwendet werden, gibt es mehrere Möglichkeiten für das Zusammenführen der Pfade. Nicht-unterbrechende Ereignisse
generieren ein neues Token für den Ausnahmepfad, während der Tokenfluss auf

dem Hauptpfad normal weiterverläuft. Der Ausnahmepfad muss dann nicht mit dem Hauptpfad zusammengeführt werden, er kann normal enden. Werden die Pfade jedoch zusammengeführt, muss dies inklusiv geschehen, da mehrere Token vorliegen. Abbildung 5.12 verdeutlicht dies. Da nicht alle Pfade ausgeführt werden, würde das parallele Gateway hier blockieren. Ein exklusives Gateway würde ebenfalls nicht das gewünschte Verhalten hervorrufen, da potentiell mehr als ein Pfad ausgeführt werden kann.

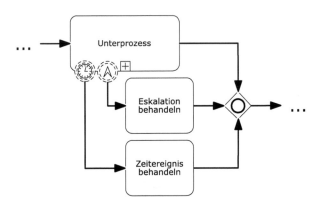

Abbildung 5.12: Zusammenführen von nicht-unterbrechenden Pfaden.

Die Behandlung von Fehlern und Eskalationen kann mit unterbrechenden und nicht-unterbrechenden angehefteten Ereignissen desselben Unterprozesses kombiniert werden. Abbildung 5.13 zeigt die in diesem Fall benötigte kombinierte Zusammenführung.

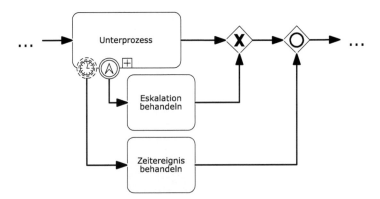

Abbildung 5.13: Zusammenführen von unterbrechendem und nicht-unterbrechendem Fehler-behandlungsfluss.

So kann das Problem der Kombination von unterbrechenden und nicht-unterbrechenden Ereignissen gelöst werden. In diesem Fall ist jedoch fraglich, was passiert, wenn das unterbrechende Eskalationsereignis nach dem nicht-unterbrechenden Zeitereignis eintritt. Soll die „Zeitereignis behandeln"-Aktivität weiter ausgeführt werden? In Abbildung 5.13 würde sie fortgesetzt werden, unabhängig davon, ob die Eskalation eintritt oder nicht. Dadurch würde eine komplexe Zusammenführung nötig werden; es gibt jedoch eine bessere Lösung für dieses Problem.

Abbildung 5.14 zeigt die gleiche Situation unter Verwendung eines Ereignis-Unterprozesses für das Zusammenführen im nicht-unterbrechenden Fall. Da das Zeitereignis den Fluss nicht unterbricht, läuft der Ereignis-Unterprozess parallel zum normalen Fluss im Unterprozess ab. Das unterbrechende Eskalationsereignis wird dann standardmäßig über ein exklusives Gateway mit dem Prozessfluss zusammengeführt. Dies geschieht außerhalb des Unterprozesses, somit wird der gesamte Unterprozess abgebrochen, wenn das Eskalationsereignis von der Aktivität im Unterprozess ausgelöst wird. Das bedeutet, dass das Zeitereignis sowie alle behandelnden Aktivitäten bei einer Eskalation ebenfalls mit abgebrochen werden. Das Eskalationsereignis kann also alle Flüsse, nicht-unterbrechenden Ereignisse und Fehlerbehandlungspfade im Unterprozess außer Kraft setzen.

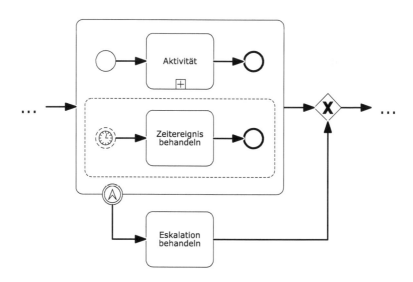

Abbildung 5.14: Ein Ereignis-Unterprozess hilft beim Zusammenführen der verschiedenen Fehlerbehandlungspfade.

Im Unterprozess in Abbildung 5.15 werden ebenfalls unterbrechende und nicht-unterbrechende Ereignisse zusammengeführt. Hier werden beide Ausnahmepfade über Startereignisse ausgelöst. Die Abbildung macht den Unterschied zwischen nicht-unterbrechendem und unterbrechendem Startereignis deutlich.

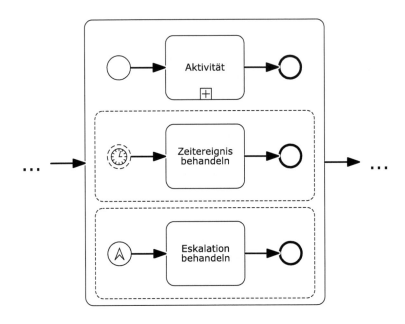

Abbildung 5.15: Unterbrechendes Startereignis im Ereignis-Unterprozess anstelle eines unterbrechenden angehefteten Zwischenereignisses.

Die Situation in Abbildung 5.15 ist ähnlich der in Abbildung 5.14, mit dem Unterschied, dass die Behandlung des Eskalationsereignisses vollen Zugriff auf die Daten des Unterprozesses besitzt, da sie hier auch in einem Ereignis-Unterprozess modelliert wurde.

   Diese Methode ist sinnvoll, wenn ein sofortiges Zusammenführen nach Behandlung des Fehlers gewünscht ist, und sie ist einfacher darzustellen als die Methode aus Abbildung 5.14. Es ist jedoch auf diese Weise nicht möglich, die Pfade an einem früheren Punkt im Prozess wieder zusammenzuführen, wie in Abbildung 5.16 gezeigt, oder nachfolgende Schritte im Prozessfluss zu überspringen.

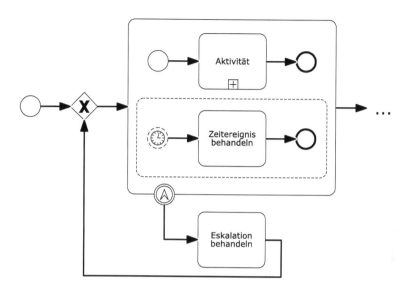

Abbildung 5.16: Rückschritt im Prozessfluss nach Fehlerbehandlung.

Die Behandlung des Eskalationsereignisses ist so entworfen, dass die Aktivität an eine weitere Person umgeleitet wird, beispielsweise an einen Manager. Nachdem der Manager die zu befolgenden Schritte festgelegt hat, wird der Unterprozess wieder auf Anfang gesetzt, also beispielsweise wieder an die Aufgabenwarteschlange des Kundendienstes angehängt. Es sollte nur eine Instanz der Aktivität im Unterprozess zur gleichen Zeit geben. Um die Entstehung mehrerer paralleler Instanzen zu verhindern, wurde ein unterbrechendes angeheftetes Zwischenereignis verwendet. Durch das eintretende Eskalations-Zwischenereignis wird die Unterprozess-Instanz beendet und nach der Behandlung des Fehlers wird eine neue gestartet.

Die Tabellen 5.1 und 5.2 zeigen, in welchen Situationen welche Arten von Ereignissen verwendet werden können.

Nicht alle Startereignisse können parallel zum Prozessfluss ausgelöst werden, ohne diesen zu unterbrechen (siehe Tabelle 5.1). Fehler- und Kompensations-Startereignisse beispielsweise sind immer unterbrechend. Einige Ereignisse können außerdem nicht als Startereignisse auftreten, wie etwa Abbruch- und Link-Ereignisse.

Die zweite Tabelle (Tabelle 5.2) zeigt, welche Zwischenereignisse an Unterprozesse angeheftet werden können. Auch hier gibt es bestimmte Zwischenereignisse, die in jedem Fall den Prozessfluss unterbrechen. Außerdem wird festgehalten, welche Zwischenereignisse auslösend und welche eintretend sein können.

Tabelle 5.1: Verwendung von Startereignissen

Startereignisse			
Ereignistyp	**Im Sequenz-fluss**	**In Ereignis-Unterprozess, unterbrechend**	**In Ereignis-Unterprozess, nicht-unterbrechend**
Blanko	✔		
Nachricht	✔	✔	✔
Zeit	✔	✔	✔
Fehler		✔	
Eskalation		✔	✔
Kompensation		✔	
Bedingung	✔	✔	✔
Signal	✔	✔	✔
Mehrfach	✔	✔	✔
Mehrfach/Parallel	✔	✔	✔

Tabelle 5.2: Verwendung von Zwischenereignissen

Zwischenereignisse				
Ereignistyp	**Im Sequenzfluss, eintretend**	**Angeheftet an Unterprozess, unterbrechend**	**Angeheftet an Unterprozess, nicht-unterbrechend**	**Im Sequenzfluss, auslösend**
Blanko				✔
Nachricht	✔	✔	✔	✔
Zeit	✔	✔	✔	
Fehler		✔		
Eskalation		✔	✔	✔
Abbruch		✔		
Kompensation		✔		✔
Bedingung	✔	✔	✔	
Link	✔			✔
Signal	✔	✔	✔	✔
Mehrfach	✔	✔	✔	
Mehrfach/Parallel	✔	✔	✔	

5.3   Transaktionen in BPMN

Transaktionen besitzen eine besondere Notation, die sie von Aktivitäten und Ereignissen unterscheidet. Transaktionale Unterprozesse werden mit einer doppelten Umrandung dargestellt. Innerhalb einer Transaktion gibt es spezielle Aktivitäten, die es erlauben, eine vorhergegangene Handlung rückgängig zu machen. Diese werden Kompensationen genannt. Kompensationen können auf zwei verschiedene Weisen eintreten: entweder durch das explizite Auslösen eines Kompensationsereignisses oder implizit durch das Auslösen eines Abbruchereignisses.

Die doppelte Umrandung signalisiert außerdem, dass die Prozess-Engine einen speziellen transaktionalen Algorithmus für die Abwicklung der Ereignisse verwendet. Dieser beruht normalerweise auf dem ACID-Prinzip[8]. Im Folgenden werden BPMN-Diagrammelemente für die Absicherung von Transaktionen vorgestellt.

5.3.1   Kompensationsereignisse

Es gibt vier verschiedene Arten von Kompensationsereignissen:

Ereignistyp	BPMN-Element	Verwendung
Kompensations-Startereignis	⟪	In Ereignis-Unterprozessen
Kompensations-Zwischenereignis (eintretend)	⟪	An Unterprozesse angeheftet
Kompensations-Zwischenereignis (auslösend)	⟨⟨	Im Sequenzfluss
Kompensations-Endereignis	⟨⟨	Im Sequenzfluss
Kompensations-aktivität	Aktivität ⟨⟨	In transaktionalen Unterprozessen

Zusätzlich zu den Ereignissen gibt es einen eigenen Aktivitätstyp für Aktivitäten, die eine Kompensation durchführen, also Handlungsschritte rückgängig machen.

---

8.   *ACID: Atomicity, Consistency, Isolation, Durability. Eigenschaften, die eine sichere Abwicklung von Datenbanktransaktionen garantieren.*

Einige Aktivitäten produzieren bestimmte Outputs oder übergeben bestimmte Daten, die zurückgesetzt werden müssen, wenn die Transaktion aus einem bestimmten Grund nicht fortgesetzt werden soll. Für solche Szenarien werden Kompensationsereignisse und die Kompensationsaktivität verwendet. Kompensationsaktivitäten sind kein Teil des Prozessflusses; stattdessen wird die Kompensationsaktivität, die in einem solchen Fehlerfall durchgeführt werden soll, mit einer Assoziationslinie mit dem entsprechenden Kompensationsereignis verbunden. Aktivitäten zur Behandlung von Kompensationsfällen werden in Gang gesetzt, wenn ein Kompensationsereignis ausgelöst wird, und werden dann automatisch ausgeführt. Bei Kompensationsaktivitäten kann es sich um Tasks, aber auch, wenn mehrere Schritte für das Zurücksetzen einer Transaktion notwendig sind, um Unterprozesse handeln.

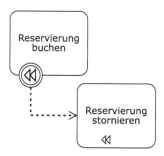

Abbildung 5.17: Kompensations-Zwischenereignis mit dazugehöriger Kompensationsaktivität.

Prozesse lösen meist mehrere Transaktionen in Datenbanken oder Anwendungsservices aus – diese werden „verschachtelte" Transaktionen genannt. Eine Menge oder Verschachtelung solcher Transaktionen nennt man einen *Speicherpunkt*. Beim Zurücksetzen werden alle Transaktionen bis zu einem Speicherpunkt rückgängig gemacht.

Kompensationsereignisse können als Zwischen- und Endereignisse auftreten. Ein Paar dieser Ereignisse steht in Verbindung mit einem Prozess für eine bestimmte Situation, in der ein Zurücksetzen erforderlich sein kann. Wie Fehlerereignisse können auch Kompensationsereignisse nie am Anfang eines Prozessflusses stehen.

Kompensationen können explizit über Kompensations-Endereignisse hervorgerufen werden. Es kann aber auch implizit zu einer solchen Situation kommen, wenn eine Transaktion in einem Transaktions-Unterprozess fehlschlägt. Dann sollten alle Kompensationsaktivitäten innerhalb des Unterprozesses automatisch die entsprechenden Schritte zum Zurücksetzen der ihnen zugeordneten Transaktionen durchführen.

In BPMN zählt jeder Unterprozess als eine eigene, langlebige Transaktion. Innerhalb eines Geschäftsszenarios können solche Transaktionen deutlich länger für die Fertigstellung benötigen, als das bei herkömmlichen Datenbank-Transaktionen

der Fall ist. Insofern werden hier auch neue Mechanismen für das Speichern von
Datenbankdaten benötigt. Während der Ausführung des Prozesses können Daten
in viele verschiedene Datenbanken geschrieben werden. Deshalb ist eine Gruppierung der verschiedenen Datenbanken in kleinere Transaktionsmengen nötig.
Der Prozess muss also Teilergebnisse von fehlgeschlagenen Unterprozessen zurücksetzen können.

Kompensationsaktivitäten setzen den Effekt einer abgeschlossenen Arbeitseinheit auf den Geschäftsprozess zurück. Da der Prozess selbst jedoch blind gegenüber den Details einer Datenbanktransaktion ist, muss im Modell genau angegeben
werden, wie dieses Zurücksetzen geschieht. Der Prozess ruft eine Kompensation
auf, wenn ein Fehler oder ein unerwarteter Zustand während des normalen Ablaufs
auftritt. Dadurch wird der Prozess auf das Zurücksetzen vorbereitet.

5.3.2   Abbruchereignisse

Abbruchereignisse können als Zwischen- und als Endereignis auftreten:

Sie werden im Zusammenhang mit transaktionalen Unterprozessen eingesetzt.
Abbruch-Endereignisse lösen einen Abbruchzustand aus und Zwischenereignisse
fangen diesen Zustand ab. Abbruch-Zwischenereignisse können dementsprechend
nur eintretend sein und sie können nur an Unterprozesse angeheftet werden.

Ein Abbruchereignis wird eingesetzt, wenn in einer Situation eine Transaktion
abgebrochen werden muss, aber ein Zurücksetzen nicht notwendig ist. Abbildung
5.18 zeigt die korrekte Verwendung von Abbruchereignissen. Wenn ein Nutzer
einen Datensatz aktualisieren möchte, der noch nicht existiert, wird diese Transaktion einfach abgebrochen.

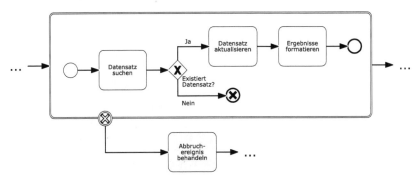

Abbildung 5.18: Verwendung von Abbruchereignissen.

Der Unterschied zu Kompensationsereignissen besteht also im Schreiben von
Daten. Wenn keine Daten geschrieben wurden, muss nichts rückgängig gemacht
werden und es kann ein Abbruchereignis verwendet werden. Besteht jedoch die
Möglichkeit, dass beim Schreiben der Daten ein Fehler auftritt und somit nur ein
Teil der Daten tatsächlich geschrieben wurde, sollte ein Kompensationsereignis
eingesetzt werden.

Das Abbruch-Endereignis verhält sich ähnlich wie das Terminierungs-Endereignis. Es beendet jedoch nicht den Gesamtprozess, sondern nur den umge-
benden Unterprozess. Wenn dagegen alle Aktivitäten in einem Teilnehmerpool
abgebrochen werden sollen, muss das Terminierungsereignis verwendet werden.

Abbildung 5.19 zeigt die gemeinsame Verwendung von Abbruch- und Kompensationsereignissen. Eine Aktivität im Unterprozess muss zurückgesetzt werden,
wenn die Transaktion fehlschlägt oder abgebrochen wird. Das Abbruch-Endereignis löst einen Abbruchzustand aus, der vom angehefteten Abbruch-Zwischenereignis abgefangen wird.

Der vom Abbruch-Zwischenereignis ausgehende Sequenzfluss informiert im
Fehlerfall den Kunden und beendet dann den gesamten Prozess mit einem
Terminierungsereignis. Weil sich die Kompensationsaktivität im transaktionalen
Unterprozess befindet, sollten die Schritte zum Zurücksetzen automatisch aus-
geführt werden, wenn ein Abbruchzustand auftritt.

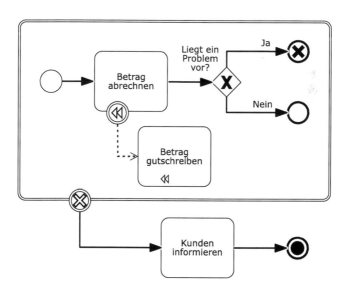

Abbildung 5.19: Gemeinsame Verwendung von Eskalations-, Abbruch- und Terminierungsereignis.

Ein Kompensations-Endereignis könnte hier anstelle des Abbruch-Endereignisses verwendet werden, aber dann könnte nur eine einzige damit verbundene Kompensationsaktivität ausgeführt werden. Alle anderen eintretenden Zwischenereignisse ermöglichen hingegen einen vollständigen ausgehenden Sequenzfluss.

5.4   Komplexe Szenarien in BPMN

Transaktionen und Ereignis-Unterprozesse können gemeinsam verwendet werden, um auf präzise Weise Prozesse zu steuern und mögliche Fehler zu behandeln.

Im folgenden Szenario (Abbildung 5.20) wird noch einmal die Wichtigkeit von Kompensationen deutlich. In diesem Beispiel soll Tee gekocht werden. Der Tee kann nur gekocht werden, wenn man über Teebeutel oder -blätter, Wasser sowie eine Teekanne verfügt. Es ist jedoch erst bekannt, ob alle benötigten Zutaten vorhanden sind, wenn diese für das Zubereiten des Tees herbeigeholt werden. Wenn eine Zutat fehlt, müssen die restlichen wieder zurückgebracht werden. Es können in diesem Prozess auch weitere Fehler auftreten, wie zum Beispiel, dass die Teeblätter verdorben sind. Im Modell kann entweder jede Aktivität über eine Assoziation mit einem Umkehrschritt verbunden werden, der ausgeführt wird, falls die Transaktion fehlschlägt, oder die gesamte Kompensation wird in einem Ereignis-Unterprozess durchgeführt. Hier wurden individuelle Kompensationsaktivitäten gewählt, weil jede Aktivität im Fehlerfall auf ihre je eigene Weise umgekehrt werden muss.

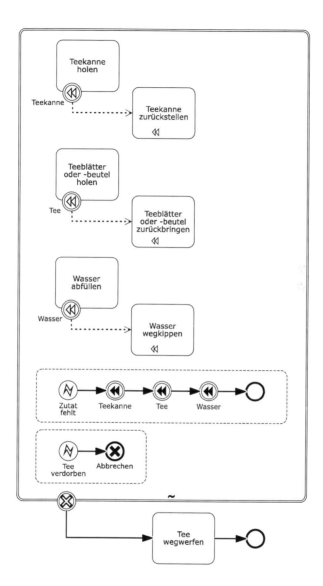

Abbildung 5.20: Transaktionaler Unterprozess mit Kompensationsereignissen und zugehörigen Kompensationsaktivitäten.

Im Beispiel können die Kompensationen auf zwei Weisen ausgelöst werden: explizit durch den „Zutat fehlt"-Ausnahmefluss, der von einem Fehlerereignis gestartet wird und jeden Kompensationsschritt separat auslöst, und implizit durch den „Tee verdorben"-Ausnahmefluss, der ein Abbruchereignis auslöst. Durch das Abbruchereignis werden wiederum implizit alle Kompensationsaktivitäten ausgelöst. Sobald alle Kompensationsaktivitäten beendet wurden, wird der Abbruchzustand

automatisch über das angeheftete Zwischenereignis abgefangen, wonach die ab-
schließende Aktivität „Tee wegwerfen" ausgeführt wird.

Abbildung 5.21 nutzt Ereignis-Unterprozesse, um darzustellen, wie Prozess-
beteiligte über den Verlauf des Prozesses informiert werden. Der Prozess iteriert
in einer Schleife über eine Menge von Daten, die zuerst über eine DMN-Entscheidung auf ihre Gültigkeit überprüft und dann in einem weiteren Schritt verarbeitet werden. Wenn ein Fehler auftritt, weil bestimmte Datenattribute fehlerhaft
sind oder eine Geschäftsregel verletzt wurde, kann der Fehler abgefangen und
behoben werden. Geschieht ein Fehler auf der Stufe darüber, wird die gesamte
Datenmenge auf den Anfangszustand zurückgesetzt.

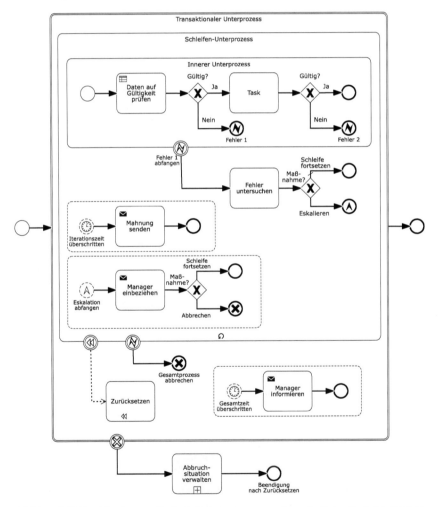

*Abbildung 5.21: Kombination von Ereignis-Unterprozessen und angehefteten Zwischenereignis-
sen zur Behandlung entscheidungsbasierter Fehler.*

5.5 Implementierung der Entscheidungslogik

In Kapitel 4 wurde dargelegt, dass vollständig modellierte Decision Requirements Diagramme ausgeführt werden können, wenn die ihnen zugrundeliegende Entscheidungslogik mit eingeschlossen wird. Typischerweise reichen die bereits vorgestellten Entscheidungstabellen aus, um eine vollständig ausführbare Logik zu spezifizieren. In manchen Fällen sind Entscheidungstabellen allerdings nicht ausdrucksmächtig genug, um komplexe Logiken auszudrücken. Daher stellt dieser Abschnitt einige fortgeschrittene Konstrukte zur Angabe dieser Logiken vor.

5.5.1 FEEL

Neben Entscheidungstabellen sieht DMN die Verwendung von FEEL, der Friendly Enough Expression Language, für eine detaillierte Spezifikation der Entscheidungslogik vor. FEEL wurde im DMN-Standard für Situationen vorgesehen, in denen eine präzise Definition der Entscheidungslogik in einem Decision Requirements Modell benötigt wird.

FEEL kann in zwei Varianten auftreten: Einfaches FEEL (Simple FEEL, S-FEEL genannt) und vollständiges FEEL. Über S-FEEL und FEEL können Literal Expressions von Decisions oder Business Knowledge Models formalisiert werden. Entscheidungsmodelle, deren gesamte Entscheidungslogik in S-FEEL oder FEEL abgefasst wurde, können prinzipiell von BRMS interpretiert und ausgeführt werden.

S-FEEL

S-FEEL beinhaltet nur einfache Ausdrücke. Es eignet sich für eine alternative Darstellung von Entscheidungstabellen, bei der die Struktur der Tabelle in eine textuelle Form überführt wird. Enthält ein Entscheidungsmodell nur Aufrufe und in S-FEEL formulierte Literal Expressions, ist es sowohl ausführbar als auch verständlich.

S-FEEL unterstützt unter anderem alle gängigen arithmetischen Operatoren, Zuweisungen, Vergleiche, Negationen sowie die Möglichkeit, einen Wert gegen ein Intervall zu prüfen.

Vollständiges FEEL

Die vollständige Variante von FEEL erweitert die Funktionen von S-FEEL, indem es Modellierern die Möglichkeit gibt,

> vollständige Namen,

> Parameter,

> If-then-else-Bedingungen,

> Schleifen,

> Verarbeitung von Text,

> logische ODER/UND-Ausdrücke und

> Funktionen

zu verwenden.

Mit diesen zusätzlichen Ressourcen können Blöcke von Entscheidungslogik genauer bestimmt werden, als es über Entscheidungstabellen möglich wäre. Durch die Angabe von Funktionen wird die Wiederverwendung bestimmter Logikblöcke über Aufrufe mit Parametern ermöglicht, die spezifischer sein können, als normale Aufrufe von Business Knowledge Models.

5.5.2 Business Knowledge Models

In Kapitel 3 wurden Business Knowledge Models als Behälter für wiederverwendbare Entscheidungslogik eingeführt. Decisions, die von einem einzelnen Business Knowledge Model abhängen, können über einen Aufruf diese Entscheidungslogik verwenden. Dazu müssen die Information Requirements der Decision an die Parameter des Business Knowledge Models angepasst werden.

Es ist auch möglich, ein Netzwerk von Business Knowledge Models zu erstellen, in dem ein Business Knowledge Model weitere aufruft. Auch diese Aufrufe können wieder über Knowledge Requirements im Decision Requirements Diagramm dargestellt werden. Für die Ausführung ist es jedoch sinnvoll, eine Literal Expression in FEEL zu verwenden, wenn eine Decision oder ein Business Knowledge Model mehrere andere Business Knowledge Models aufruft.

Über ein solches Netzwerk können für jede Situation passende Alternativen in der Entscheidungslogik bereitgestellt werden, wie beispielsweise für die Bearbeitung verschiedener Adressformate, und es wird möglich, die wiederverwendbare Entscheidungslogik in feingranulare Blöcke zu zerlegen.

Die Anpassung der benötigten Daten sollte für jedes Business Knowledge Model angegeben werden. Wenn eine Decision ein Business Knowledge Model aufruft, müssen die Information Requirements – sowohl Input-Data-Elemente als auch die Ergebnisse anderer Entscheidungen – auf die Parameter des Business Knowledge Models abgestimmt werden. Wenn Business Knowledge Models sich gegenseitig aufrufen, müssen eventuell auch Daten des aufrufenden an die Parameter des aufgerufenen Business Knowledge Models angepasst werden, um eine korrekte Ausführung zu ermöglichen.

5.5.3 Entscheidungstabellen

Die Grundlagen von Entscheidungstabellen wurden in Kapitel 4 beschrieben. Zusätzlich gibt es aber noch weitere Eigenschaften und Elemente in Entscheidungstabellen, die in DMN unterstützt werden.

In den meisten Entscheidungstabellen sind die Variablen in den Spalten enthalten. Die in den Zellen angegebene Logik wird dann auf die Variablen angewendet, beispielsweise um sie mit einem Wert zu vergleichen. Anstelle von Variablen können in Entscheidungstabellen auch Ausdrücke angegeben werden. Dadurch können die Bedingungen in den Zeilen auf Ausdrücken aufgebaut werden. Ein solcher Ausdruck könnte ein Vergleich oder eine Berechnung sein. Für die Zellen wird dann überprüft, ob die Input-Werte bezüglich des Ausdrucks nach Wahr oder Falsch auswerten. Kombinationen, wie der Vergleich eines berechneten Input-Wertes mit einem festen Wert, sind ebenfalls möglich.

In Entscheidungstabellen können außerdem Wertebereiche festgelegt werden, die die möglichen Input- und Output-Werte beschränken. Eine Entscheidung kann nur dann getroffen werden, wenn ihre Inputs gültig sind, also innerhalb der festgelegten Wertebereiche liegen.

Entscheidungstabellen können mehrere Output-Variablen besitzen. Die Entscheidungsergebnisse enthalten dann Werte von allen Output-Variablen. Diese Werte werden in ein Objekt zusammengefasst, das dem erwarteten Output der Decision oder des Business Knowledge Models entspricht.

In Kapitel 4 wurden einige Hit Policys für Entscheidungstabellen vorgestellt. Single-Hit-Tabellen können „Unique"- (nur eine Zeile wird nach Wahr ausgewertet) und „Any"-Verhalten (alle Zeilen, die gleichzeitig nach Wahr auswerten, besitzen denselben Output) aufweisen. Dies sind die meistverwendeten Typen und auch die „sichersten", da die Reihenfolge der Zeilen in der Tabelle keinen Einfluss auf die Outputs hat. Das spielt besonders dann eine Rolle, wenn weniger fachkundige Nutzer eine Entscheidungstabelle regelmäßig aktualisieren, um veränderte Vorgehensweisen und Richtlinien einzubeziehen.

Es ist jedoch möglich, Single-Hit-Tabellen zu spezifizieren, bei denen das Ergebnis von der Priorität (Priority) der Regeln in den Zeilen abhängt (wenn mehrere Regeln nach Wahr auswerten, wird der Output der Regel mit der höchsten Priorität verwendet). Diese Priorität wird explizit angegeben. Alternativ kann die Priorität implizit über die Regelreihenfolge angegeben werden (First), dann wird der Output der ersten nach Wahr ausgewerteten Regel verwendet. Hier kann sich das Ergebnis der Entscheidung je nach Anordnung der Regeln in der Tabelle verändern.

In Multi-Hit-Tabellen gibt es folgende Hit Policys:

> **C**ollect: Hier werden die Ergebnisse der zutreffenden Regeln nicht in einer vorgeschriebenen Reihenfolge zurückgegeben. Alternativ kann, je nach Ergebnistyp, eine Aggregationsfunktion auf die Ergebnisliste angewendet werden. Hier stehen standardmäßig die Aggregationsfunktionen *sum, min, max* oder *count* zur Verfügung.

> **O**utput Order: Ähnlich wie bei Priority werden die Ergebnisse nach Priorität der Output-Werte sortiert und als Liste zurückgegeben.

> › **R**ule Order: Ähnlich wie bei First werden die Ergebnisse nach der Reihen-
> folge der zutreffenden Regeln in der Tabelle sortiert.

Die Hit Policys werden in Entscheidungstabellen in der oberen linken Ecke über
ihre Anfangsbuchstaben (hier fett markiert) angegeben.

Bei Multi-Hit-Tabellen ist Collect die bevorzugte Hit Policy und somit ist das
Ergebnis eine unsortierte Menge von Werten. Sortierte Ergebnislisten bieten sich
nur in speziellen Anwendungsfällen an. Bei Collect sind das einfache Zurückgeben
sowie das Bilden der Summe und das Zählen der Werte die nützlichsten Aggre-
gationsfunktionen. Die restlichen Berechnungen sollten vorzugsweise in einer
Nachverarbeitung der Output-Werte durchgeführt werden, um Uneindeutigkeiten
zu vermeiden.

Entscheidungstabellen können darüber hinaus als vollständig markiert werden
(mit einem C für Complete), um anzuzeigen, dass sie in jedem Fall ein Ergebnis
zurückliefern, also jede mögliche Variablenbelegung abdecken. Wenn es Fälle gibt,
in denen kein Ergebnis ermittelt werden kann, sollte die Tabelle als unvollständig
(mit einem I für Incomplete) markiert werden. Tools wie der Signavio-Editor bieten eine automatisierte Verifikation für das Completeness-Kriterium, d.h. selbst
bei sehr großen Entscheidungstabellen kann so sehr effizient sichergestellt werden,
dass alle Input-Kombinationen beachtet wurden.

5.5.4   Weitere Darstellungsformen von Entscheidungslogik

Auch wenn in DMN die formale Darstellung einer Entscheidungslogik nur über
Entscheidungstabellen definiert ist, werden weitere Darstellungsformen für
Entscheidungen zugelassen, bei denen die Logik nicht auf diese Weise angegeben
werden kann. In bestimmten DMN-Tools kann die Entscheidungslogik von
Decisions oder Business Knowledge Models beispielsweise über *Predictive Analytics* Modelle, Entscheidungsbäume oder andere, nicht regelbasierte Formate
angegeben werden.

Predictive Analytics Modelle

Decisions und Business Knowledge Models können mit der Predictive Model Markup
Language (PMML) beschrieben werden. Bei PMML handelt es sich um ein auf
der Extensible Markup Language (XML) basierendes Industrie-Standardformat zur
Beschreibung von Predictive Analytics Modellen. Die Entscheidungslogik kann
mittels PMML angegeben werden, dabei sollten die Parameter oder Information
Requirements denen im PMML-Modell entsprechen. Wenn eine Decision oder
ein Business Knowledge Model aufgerufen wird, werden die Input-Daten an diese
Parameter angepasst und an das PMML-Modell zur Ausführung weitergereicht.

Entscheidungsbäume

Entscheidungsbäume sind eine weitverbreitete Darstellungsform für Entscheidungslogik und in bestimmten Situationen sehr nützlich – beispielsweise für die Einteilung einer Bevölkerung in Gruppen.

Momentan gibt es keine Möglichkeit für die Darstellung eines solchen Baumes in DMN. Als Workaround werden Entscheidungstabellen mit der Hit Policy Unique und einer speziellen Sortierung der Regeln verwendet: Der erste Entscheidungsknoten des Baums wird in der Spalte ganz links abgebildet, wobei für jede Option eine Menge von Regeln (Reihen) zur Verfügung gestellt wird. Der zweite Entscheidungsknoten spiegelt sich dann in der zweiten Spalte wider, wobei eine Unterteilung der Regeln dann den entsprechenden Optionen gemäß vorgenommen wird. So wird dann bis zum letzten Knoten weiter verfahren.

In der Zukunft wird DMN mit hoher Wahrscheinlichkeit Entscheidungsbäume unterstützen.

Weitere Formate

Viele BRMS-Tools bieten andere Bearbeitungsformate für Geschäftsregeln. Es ist jederzeit möglich, das bevorzugte Format für das Erstellen und Bearbeiten der Regeln zu verwenden und hinterher die Ausführungssemantik in Form von FEEL-Ausdrücken an das Modell zu übergeben.

5.6 Decision Requirements Diagramme

Neben den in Kapitel 3 beschriebenen Anwendungsfällen gibt es weitere, weniger geläufige Anwendungsfälle für Decision Requirements Diagramme, die im Folgenden vorgestellt werden sollen.

5.6.1 Authority Requirements

Normalerweise verknüpfen Authority Requirements Decisions oder Business Knowledge Models mit Knowledge Sources, die eine Grundlage für die jeweilige Entscheidungslogik bieten, also eine Autorität bezüglich der Logik darstellen. Zusätzlich dazu gibt es weitere Anwendungen für Authority Requirements:

> Knowledge Sources können eine Autorität für andere Knowledge Sources sein. Dadurch können zum Beispiel Hierarchien in Richtlinien oder Regeldokumenten dargestellt werden.

> Input-Data-Elemente können Autoritäten für Knowledge Sources sein, wenn die Knowledge Sources aus Analysen hervorgegangenes Know-how repräsentieren (beispielsweise die Ergebnisse von Data Mining) und die

Daten aus den Input-Data-Elementen analysiert wurden, um die Knowledge Source zu erstellen. So können Abhängigkeiten zwischen Decisions und Input Data auch außerhalb des Ausführungskontextes über Knowledge Sources sichtbar gemacht werden.

> Eine Decision kann als Autorität für eine Knowledge Source agieren. Das ist meist dann der Fall, wenn eine Entscheidung, die regelmäßig getroffen wird, den Inhalt einer Knowledge Source bestimmt. Beispielsweise kann monatlich eine Entscheidung über die Risikopolitik des Unternehmens getroffen werden. Die Risikopolitik selbst ist dann eine Knowledge Source, deren Inhalt über eine Entscheidung ermittelt wurde.

Authority Requirements haben keinen Einfluss auf die Ausführungssemantik der Entscheidung und sollten nur zu Dokumentations- und Übersichtszwecken verwendet werden.

5.6.2 Analytic Requirements

Es wurde bereits erwähnt, dass Literal Expressions auch Predictive Analytics Modelle beinhalten können, beispielsweise in PMML ausgedrückt. Auf diese Weise kann die bisher nur regelbasierte Entscheidungsfindung in Entscheidungsmodellen um algorithmische Berechnungen erweitert werden.

Entscheidungsmodelle können außerdem verwendet werden, um Requirements für Analyseprojekte darzustellen. Die Entscheidungsfindung, die durch die Analysen verbessert werden soll, wird wie gewöhnlich modelliert und die Analyseergebnisse können über eine Knowledge Source eingebunden werden. Die Knowledge Source kann dann mit den Input-Data-Elementen verknüpft werden, die für die Analysen verwendet wurden.

Auf diese Weise können Entscheidungsmodelle entwickelt werden, um einen Geschäftskontext für einen Data-Mining-Prozess oder für die Entwicklung von Predictive Analytics Modellen zu bieten. Der CRISP-DM-Ansatz (Cross Industry Standard Process for Data Mining) sieht es als erste Phase in Projekten an, ein Verständnis der Geschäftsziele und des Geschäftskontextes zu entwickeln. Ein Entscheidungsmodell, das die zu verbessernde Entscheidung darstellt, ist für diesen Zweck gut geeignet.

So können auch die durch Analysen ermittelten Requirements in das Modell integriert werden und es kann exakt modelliert werden, welche Analyseergebnisse die Entscheidungsfindung wie beeinflussen. Über eine Verbindung der Entscheidung zu Zielen und Performance Indicators wird dann angezeigt, welchen Geschäftswert die Verbesserungen durch die neuen Knowledge Sources besitzen.

5.6.3 Information Requirements

Bei der Dekomposition von Entscheidungen gibt es einige spezifische Situationen, die beachtet werden müssen. Für diese existiert keine vorgesehene Standardnotation.

Optionale Unter-Entscheidungen

Nicht alle Unter-Entscheidungen, von denen eine Entscheidung abhängen kann, müssen jedes Mal, wenn die Entscheidung getroffen wird, auch aufgerufen werden. Es ist oft sinnvoll, ein Diagramm mit allen zwingend benötigten Unter-Entscheidungen sowie ein Diagramm mit allen Details und optionalen Unter-Entscheidungen zu modellieren.

Situationsabhängigkeit

Ähnlich wie bei optionalen Unter-Entscheidungen kann eine Entscheidung in verschiedenen Situationen verschiedene Requirements besitzen. Wenn das der Fall ist, wird eine Unter-Entscheidung benötigt, die für die Haupt-Entscheidung bestimmt, in welcher Situation sie sich gerade befindet.

Mehrfaches Treffen von Unter-Entscheidungen

Manchmal muss für eine Entscheidung eine zugehörige Unter-Entscheidung mehrfach aufgerufen werden. Für eine Rechnungsentscheidung beispielsweise wird mehrfach eine Unter-Entscheidung für jeden Rechnungsartikel getroffen. Es gibt für diese Mehrfachaufrufe keine explizite Notation, sie sollten also in einer entsprechenden Textanmerkung protokolliert werden.

5.7 Zusammenfassung

Im Hinblick auf BPMN wurden in diesem Kapitel komplexe Gateways, Fehler- und Eskalationsereignisse, Transaktionen, Kompensations- und Abbruchereignisse behandelt. Mit den bereitgestellten Informationen sollte es nun möglich sein, einfache ausführbare Prozesse zu modellieren. In Kapitel 8 werden dann die letzten Schritte beschrieben, die vor der Ausführung eines Prozessmodells durchgeführt werden müssen.

Die Behandlung von Fehlern, die in Unterprozessen auftreten, findet in BPMN in einem eigenen, alternativen Prozessfluss statt. Tritt ein Fehler auf, unterbricht dieser Ausnahmefluss die Ausführung des Unterprozesses und der Prozess wird entlang dieses Flusses fortgesetzt. Der Ausnahmefluss kann in Ereignis-Unterprozessen oder von angehefteten Zwischenereignissen ausgehend modelliert werden. Im zweiten Fall kann der Fluss wieder mit dem Hauptfluss zusammengeführt werden – er muss jedoch nicht in den Unterprozess, in dem der Fehler aufgetreten ist, zurückgeführt werden, sondern kann sogar Schritte im Hauptfluss überspringen, bevor er dort wieder eintritt.

Entscheidungen spielen eine wichtige Rolle bei der Behandlung von Fehlern. Sie dienen nicht nur dazu, zu erkennen, ob ein Fehler aufgetreten ist, sie können auch ermitteln, welche Schritte zur Behebung des Fehlers ausgeführt werden sollen.

Mit diesem Kapitel wurde nun die Vorstellung aller in BPMN und DMN definierten Diagrammelemente abgeschlossen.

Das Verständnis der BPMN-Notation beruht auf dem Verständnis der verschiedenen Markierungen:

> Aktivitäten und Unterprozesse werden über Rechtecke mit abgerundeten Ecken dargestellt. Transaktionale Unterprozesse besitzen eine doppelte Umrandung, Ereignis-Unterprozesse eine gestrichelte.

> Ereignisse werden über Kreise dargestellt. Das innere Symbol (Nachricht, Eskalation, Bedingung, …) bleibt gleich, unabhängig von der Art der Umrandung.

> Die Symbole in auslösenden Ereignissen sind schwarz, die in eintretenden sind weiß.

> Startereignisse werden einfach umrandet, Endereignisse werden mit einer fetten Linie umrandet. Zwischenereignisse besitzen eine doppelte Umrandung.

> Nicht-unterbrechende Ereignisse besitzen eine gestrichelte Umrandung anstelle einer durchgezogenen.

> Unterprozesse können über angeheftete Ereignisse verlassen werden. In diesem Kapitel wurde diskutiert, wie Fehlerereignisse und nicht-unterbrechende Ereignisse modelliert werden sollten.

Der Fokus dieses Kapitels lag auf dem Umgang mit komplexen Situationen. Prozessmodellierer sollten sich dabei auf einen bestimmten Stil festlegen. Es bietet sich an, mit einem groben Übersichtsdiagramm zu beginnen. Dabei sollte besonders auf Entscheidungen geachtet werden, die über DMN modelliert werden können. Mithilfe der in diesem Kapitel vorgestellten Methoden kann ein produktionsreifer Prozess umrissen werden, der dann über die in Kapitel 8 vorgestellten Schritte vollständig ausführbar gemacht werden kann.

Zuletzt wurden noch einige fortgeschrittene Eigenschaften von DMN vorgestellt, darunter S-FEEL und FEEL, verschiedene Auswertungsformen der Regeln in Entscheidungstabellen, sowie weitere, nichttabellarische Notationen für Geschäftsregeln und Entscheidungslogik. Außerdem wurde genauer auf Geschäftswissen in Business Knowledge Models eingegangen. Wenn Entscheidungen ausgereifter werden, müssen diese Konzepte in die zugehörigen Entscheidungsmodelle integriert werden.

Im nachfolgenden Teil dieses Buches soll die Prozessmodellierung in BPMN/DMN im Kontext von Entscheidungen, Geschäftslogik und Ereignissen untersucht werden. Wie in der Einleitung erwähnt, wird über die Prozessmodellierung in BPMN/DMN das Erkennen und Lösen von Problemen erleichtert, doch sie ist nur ein Bestandteil der ganzheitlichen Auffassung der Ziele und Vorgaben eines Unternehmens. Erst im Zusammenspiel mit Entscheidungen und Ereignissen können die Aktivitäten eines Geschäftsprozesses vollständig beschrieben werden.

Kapitel 6
Geschäftsereignisse und Geschäftsereignismodellierung

6.1 Einleitung

Bei einem Geschäftsereignis handelt es sich um eines der drei Kernelemente der Prozessmodellierung. Ereignisbasierte Prozesse gehören zu den wichtigsten Prozessformen. Ereignisse sind, wie Entscheidungen, in jedem Unternehmen von universeller Bedeutung. In diesem Kapitel werden Ereignisse im Sinne von wesentlichen Geschehnissen behandelt, die meist außerhalb der Unternehmensgrenzen auftreten, aber die Prozesse des Unternehmens betreffen. Dabei kann es sich um Umweltereignisse, wie eine Wetteränderung, oder Wirtschaftsereignisse, wie eine Änderung in der Verfügbarkeit einer Ware, handeln. Ereignisse können auch aus sozialen oder politischen Gründen auftreten.

Ereignisbasierte Prozessmodellierung hilft bei der Erstellung bewussterer Prozesse. Hugh Brown stellte fest, dass „Ereignisse … Bewusstsein in das Nervensystem des Unternehmens bringen"[9]. Geschäftsereignisse treten in Unternehmen fortwährend auf. Die Herausforderung liegt dabei darin, zu verstehen, welche dieser Ereignisse welche Geschäftsprozesse betreffen und wie sie die Ergebnisse dieser Prozesse verändern oder beeinflussen.

Der Definition nach sind die Unternehmen mit dem am besten ausgebildeten Bewusstsein für ihr Umfeld auch die wettbewerbsfähigsten. Ähnlich wie beim Schmetterlingseffekt aus der Chaostheorie können kleine, nebensächlich scheinende Änderungen schnell eintretende, zerstörerische Effekte auf den Geschäftsbetrieb haben. Ereignisse signalisieren Veränderungen, die Produkte, Services, Kunden, Angestellte und die allgemeine Risikolage tiefgehend beeinflussen können. Erst vor kurzem ist die Anpassung an externe Einflüsse durch Ereignisdenken ein wichtiger Teil der Prozessmodellierung geworden.

---

9. *Hugh Brown, et al., Event Driven Architecture: How SOA Enables the Real-Time Enterprise, Addison-Wesley Professional, 2009.*

Beim *Ereignisdenken* handelt es sich um eine Verschiebung des Blickwinkels vom internen Prozess auf prozessexterne Elemente. Beide Gesichtspunkte beschreiben den zeitlichen Fortschritt von Unternehmensaktivitäten, aber auf unterschiedliche Weise.

> Der interne Blickwinkel betrachtet eine vorgefertigte Abfolge von Aktivitäten und Sequenzen. Das Prozessmodell wird aus Aktivitäten, Sequenzfluss, Gateways und weiteren Elementen zusammengesetzt.

> Der externe Blickwinkel betrachtet die Verteilung von Zuständen, zufällig auftretenden Ereignissen, Entscheidungen und Aktivitäten.

Die Aktivitäten des Unternehmens bleiben gleich, unabhängig vom Blickwinkel. Trotzdem besteht ein Prozess insgesamt aus einer Anordnung von Dingen, die in einer festgelegten Reihenfolge geschehen sollten. Je starrer und organisierter ein solcher Prozess ist, desto weniger unerwartete Ereignisse können in ihm auftreten. Es gibt zwei weitere Unterscheidungen:

> In einem Prozess können Mengen von Ereignissen über Entscheidungen geordnet werden, um so Aktivitäten und Reaktionen auszudrücken. Dies wird auch Complex Event Detection genannt.

> Einen ungeordneten Prozess ohne eine genaue Abfolge von Ereignissen hingegen nennt man Ad-hoc-Prozess.

Für Geschäftsanalysen stehen Ereignisse bei Anwendungsfällen im Mittelpunkt. Ereignisse beschreiben verschiedene Phasen eines Prozesses. Zu Kundenereignissen gehören Bestellungen, Lieferbestätigungen, Zahlungen und Retouren. Lieferantenereignisse beinhalten entsprechend Lieferungen und Rechnungen. Diese wurden bisher über Datenobjekte und Prozessaktivitäten dargestellt – sie können in BPMN jedoch auch als Ereignisse modelliert werden. Ein Prozess sollte sich aus einem natürlichen Fluss von Ereignissen zusammensetzen: eine Kundenbestellung führt zu einer Lieferung, auf die eine Lieferbestätigung folgt.

Der Unterschied zwischen prozessinternem und -externem Blickwinkel wird am folgenden Prozessfragment ersichtlich:

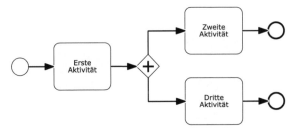

Abbildung 6.1: Einfaches Prozessfragment mit Gateway.

In Abbildung 6.1 ist der Übergang von der ersten zur zweiten Aktivität fest vorgeschrieben.

In Abbildung 6.2 hingegen wurden zwischen den Aktivitäten Nachrichtenereignisse eingefügt, die aus einer Ereigniswolke heraus auftreten und über die die
zweite und dritte Aktivität gestartet werden. Die vom Unternehmen ausgeführten
Schritte bleiben gleich, aber der Übergang zur zweiten Aktivität wird hier durch
eine Entscheidung gestartet, gefolgt von einem Nachrichtenfluss, der unter Berück-
sichtigung der externen Ereignisse entsteht. Die Entscheidung ist ein Mechanismus zur Abwägung der externen Ereignisse. Der Unterschied ist, dass in diesem
Ansatz eine Entscheidungslogik den Prozess durch die Überwachung von Ereignissen steuert. Für die Logik zum Starten der zweiten Aktivität könnten interne
und externe Ereignisse als Inputs dienen. Bei diesem ereignisbasierten, externen
Blickwinkel gibt es keine festgelegten Aktivitäten – sie sind alle Teil einer Menge
möglicher Reaktionen auf bestimmte Ereignisse. Dadurch werden dynamische
Prozesse ermöglicht.

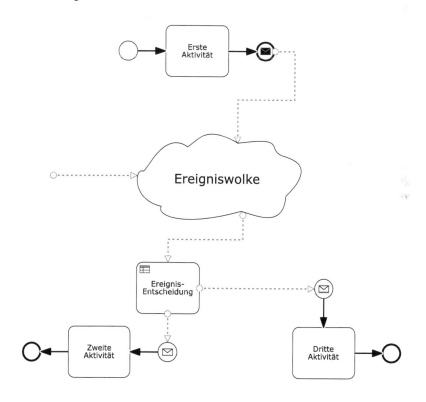

*Abbildung 6.2: Ein interner Prozess wird durch eine Entscheidung gesteuert, die auf einer exter-
nen Ereigniswolke basiert.*

Ereignisprozess-Umgebungen unterscheiden sich von Geschäftsprozess-Umgebungen. Über BPMN-Diagrammelemente können Prozesse entworfen werden, um bestimmte Umstände vorherzusagen, die das Ausführen der zweiten oder dritten Aktivität verhindern würden; es müssen jedoch das Prozessdesign oder die DMN-Entscheidungslogik bei Entwurfsänderungen entsprechend angepasst werden.

Weil Ereignisse nicht organisiert auftreten, wurde von David Luckham[10] die Wolken-Analogie für einen Ereignisraum entwickelt. Luckham meint dazu, dass Ereignisse „nicht zwingend in der Reihenfolge, in der sie verursacht wurden, oder in ihrer kausalen Reihenfolge beim Unternehmen eintreten müssen ... sie bilden eine unorganisierte Wolke von Ereignissen.“

Abbildung 6.2 wirft einige wichtige Fragen auf: Wie wird entschieden, welches Ereignis an den Prozess gesendet wird? Kann ein Prozess Ereignisse zur Wolke beisteuern? In diesem Kapitel wird daher Event Processing im Zusammenhang mit Geschäftsprozessen behandelt.

Es werden effektive und effiziente Methoden vorgestellt, um aus Geschäftsereignissen entstehende Anforderungen zu identifizieren und anzugehen. Um zu verstehen, wie Geschäftsereignisse modelliert werden, müssen zuerst Entscheidungen und Entscheidungslogik verstanden werden. Danach können über Ereignisanalysen die Anforderungen für das Business Event Processing ermittelt werden. Ereignisbasierte Prozesse sammeln Informationen, die durch die Geschäfts- und IT-Systeme fließen, um die Entscheidungsfindung und entsprechende Reaktionen zu unterstützen.

6.2   Business Event Processing

Business Event Processing ist eine relativ neue Komponente in Unternehmen. Wie andere Bestandteile auch arbeitet es über das Erkennen von Ereignissen, gefolgt von einer Entscheidung darüber, ob es sich um eine zu behandelnde Geschäftssituation handelt, bis zur Durchführung der passenden Reaktion oder Handlung. Es wird eine Entscheidungslogik in Form von Geschäftsregeln auf ein oder mehrere Ereignisse angewendet, um die wesentlichen Ereignisse aus der Ereigniswolke herauszufiltern. Event Processing erkennt, filtert und verknüpft Ereignisse und leitet die benötigten Nachrichten an die entsprechenden Kanäle weiter. Diese Nachrichten zeigen dann beispielsweise an, dass ein Rohstoffpreis drastisch gestiegen ist, ein Handelspartner finanzielle Probleme hat oder ein Sicherheitsdetektor ausgelöst wurde.

---

10.   *David Luckham, The Power of Events: An Introduction to Complex Event Processing in Distributed Enterprise Systems, Addison-Wesley Professional, 2002.*

6.2.1   Notation von Geschäftsereignissen

Aufbauend auf den vorhergehenden Kapiteln wird in Abbildung 6.3 eine grafische Darstellung der grundlegenden Event-Processing-Konzepte vorgestellt.

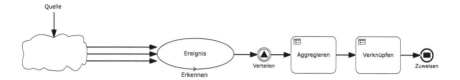

Abbildung 6.3: Grundlegende Konzepte und Funktionen des Event Processings.

Neben Geschäftsereignissen bewegen sich unzählige weitere Ereignisse, auf die potentiell reagiert werden muss, durch die IT-Infrastruktur. Die richtige Reaktion auf solche Ereignisse ist von hoher Bedeutung, deshalb ist die Ereignisanalyse ein grundlegender Bestandteil der Prozessmodellierung.

Die Unterstützung von fortgeschrittenen Event-Processing-Techniken gewinnt an Bedeutung. Organisationen verwenden ereignisbasierte Prozesse, um mit der wachsenden Menge von Geschäftsereignissen und Transaktionen aktiv umgehen und interagieren zu können. Ereignisanalyse bildet sich dabei als ein Teil der Geschäftsprozessmodellierung heraus, der die entscheidungsbasierte Verarbeitung von geschäftsrelevanten Ereignissen unterstützt. Da solche Ereignisse auch von verschiedenen Geräten ausgehen können, spielt diese Strategie für die Unterstützung des sich entwickelnden Internet of Things eine wichtige Rolle.

Geschäftsprozesse müssen sich an ereignisgesteuerte, Reaktionen erfordernde Situationen anpassen können. Im Prozessmodell sollten passende Sequenzen von Aktivitäten als Reaktion auf bestimmte Ereignisse oder Ereigniskombinationen festgehalten sein.

Eine umfassende Diskussion von Event-Driven Architectures würde den Rahmen dieses Buches sprengen; das Zusammenspiel zwischen Prozessmodellierung, BPMN, DMN, EDA und einer Vielzahl von Geschäftsszenarien, in denen Event Processing zur verbesserten Entscheidungsfindung umgesetzt wird, soll im Folgenden trotzdem besprochen werden.

6.2.2   Überblick über das Event Processing

Autovermietungen ändern oft ihren Bestand an Fahrzeugen. Von diesen Änderungen (Ereignissen) sind aber nicht zwingend alle Teilnehmer betroffen. Treuen Kunden könnte zum Beispiel die Möglichkeit für ein kostenloses Upgrade geboten werden, wenn der Bestand dies ermöglicht. Andere Kunden müssen über mögliche Änderungen in ihren Reservierungen informiert werden. Um Kundentreue zu fördern, benachrichtigen die meisten Autovermietungen ihre Gold-Kunden über Upgrade-Möglichkeiten. In diesem Fall geschieht das über einen Anruf oder eine E-Mail, in der kundenspezifische, relevante Informationen an den Kunden (einen Prozessteilnehmer) gesendet werden, der auf diese Nachricht direkt mit bestimmten Antwortoptionen reagieren kann.

Moderne, komplexe Geschäftsprozesse sollten wie im Beispiel mit der Autovermietung unter Betrachtung von Ereignissen und deren Auswirkungen auf den Prozess modelliert werden. Die Verwendung von Ereignissen in Kombination mit Entscheidungen unterstützt dabei das Verständnis der Eigenschaften des Prozesses und hilft bei dessen Optimierung im Hinblick auf Effizienz. Bei manchen Ereignissen muss die Übertragung von Daten an einen oder mehrere Teilnehmer garantiert sein – in solchen Fällen werden Nachrichten benötigt. Bei anderen hingegen ist eine solche garantierte Übertragung mit zu viel Netzwerklast und Overhead verbunden – hier kann eine Broadcastübertragung verwendet werden, um alle potentiell interessierten Teilnehmer zu erreichen. Im weiteren Verlauf dieses Kapitels wird eine Methode vorgestellt, die bei der Auswahl des richtigen Übertragungstyps helfen kann.

Chandy und Schulte[11] definieren ein Geschäftsereignis als „ein Ereignis, das für die Durchführung geschäftlicher, industrieller, staatlicher oder kaufmännischer Aktivitäten von Bedeutung ist". Ein Ereignis besitzt einen Boole'schen Charakter: entweder es ist aufgetreten („Wahr") oder es ist nicht aufgetreten („Falsch"). Wichtig ist außerdem, dass ein Ereignis nicht nur aus Daten besteht, sondern auch einen bestimmten Zeitpunkt markiert. Ein Ereignis ist von Bedeutung, weil es einen Geschäftsprozess als externe Nachricht oder Übertragung beeinflussen kann, die konsumiert, aktiviert und beantwortet werden muss.

In den Kapiteln 4 und 5 wurden BPMN-Ereignisse vorgestellt. Hier hingegen geht es um externe Geschäftsereignisse. In BPMN können Prozesse erstellt werden, die durch wiederholtes Abfragen von Ereignissen mit einer entsprechenden Auswertung von Bedingungen das Verhalten einer Event-Processing-Umgebung nachahmen. BPMN allein reicht nicht aus, um die benötigten technischen Fähigkeiten zu beschreiben. Trotzdem ist BPMN sehr hilfreich bei der Beschreibung ereignisgesteuerter Prozesse, die durch eine Event-Processing-Umgebung aktiviert werden oder auf diese Umgebung antworten.

Das Auftreten eines Ereignisses wird *Ereignisinstanz* genannt. Eine Ereignisinstanz kann durch Event Processing im Zusammenhang mit einem System oder einer Anwendung eindeutig identifiziert werden und agiert somit als Schlüssel.

Es gibt drei Kategorien von Ereignissen für die Modellierung von ereignisgesteuerten Prozessen:

> Gewöhnliche, triviale Geschäftsprozessereignisse, wie Übergänge bei Aktivitäten, Nachrichtenflüsse sowie erwartete Fehler und Ausnahmezustände.

---

11.   *K. Mani Chany und W. Roy Schulte, Event Processing: Designing IT Systems for Agile Companies, McGraw-Hill Osborne Media, 2009.*

> Externe Geschäftsereignisse (External Business Events, EBEs): Entstehen außerhalb der Unternehmensgrenzen, sie agieren in Kombination mit Geschäftsregeln als Nachrichtenkanäle in BPMN-Geschäftsprozessen.

> Interne Geschäftsereignisse (Internal Business Events, IBEs): Werden durch die IT-Infrastruktur ausgelöst und können über BPMN mit den vorgestellten Methoden behandelt werden.

Für Ereignisse der letzten beiden Kategorien (EBEs und IBEs) werden Prozesse benötigt, die auf diese Geschäftsereignisse reagieren und antworten. Ereignisse können nicht nur erkannt und verarbeitet werden, sie können auch aktiv laufende Prozesse beeinflussen.

Die globale Ereigniswolke, die die Inputs für Entscheidungsmodelle liefert, besteht aus EBEs und IBEs. Sie entstehen im Zusammenhang mit Einflussfaktoren des Modells. Interne Einflussfaktoren können bewertet und in Stärken und Schwächen eingeteilt werden – ein internes Ereignis wie das Erreichen oder Verfehlen eines Key Performance Indicators ist ein Beispiel dafür. Externe Einflussfaktoren werden als Chancen oder Risiken eingestuft und als Teile des Businessplans analysiert. Beispiele dafür sind das Zurückrufen wichtiger Ausrüstungsteile durch den Hersteller oder das Ausschlagen eines Sensors bei einem bestimmten Datenwert.

Ein Einflussfaktor wird aktiviert, wenn im Unternehmen entschieden wird, wie auf den Einfluss reagiert werden soll. Der Geschäftsprozess oder die Geschäftsregeln, die dabei eine Rolle spielen, sind mit der Bewertung dieses Einflussfaktors verbunden, sowie mit den Methoden und Zielen des Modells.

Ereignisse entstehen aus bestimmten Ereignisquellen. Dies können so umfassende Dinge wie Finanzmarktindizes oder Wirtschaftskennzahlen, aber auch so kleine Dinge wie Temperatursensoren sein. Ereignisquellen können auch aus weiteren individuellen Quellen bestehen und sie können sich außerhalb des Unternehmens befinden. Ein Beispiel für eine externe Ereignisquelle ist eine Anwendung, ein Service oder ein Geschäftsprozess eines Geschäftspartners – die Ursprünge von Ereignisquellen sind aber weit verteilt und ungeordnet. Im Internet of Things kann eine Quelle ein Anzeiger oder Sensor sein oder auch eine Social-Networking- oder E-Mail-Anwendung.

Mithilfe von Event Processing können EBEs direkt an ihrer Quelle identifiziert werden. Wenn das Eintreten des Ereignisses registriert wird, wird über eine Decision oder ein Entscheidungsmodell eine Logik angewendet, um ein angemessenes Ergebnis zu erreichen. Diese Logik kann auch im Zusammenhang mit weiter gefassten Event-Processing-Methoden oder höheren Logikstufen, die aktuelle oder vergangene Ereignisse mit gewünschten Ergebnissen in Beziehung setzen, verwendet werden, um bestimmte Bedingungen auszuwerten. In solche Entscheidungen können über PMML-Verweise Predictive Analytics Modelle einbezogen werden, um eine analysebasierte Entscheidungsfindung zu ermöglichen.

Die Outputs von Entscheidungen können entweder einen Geschäftsprozess steuern oder ein Ereignis auslösen. Das Erfassen und Nachverfolgen der Ereignisse kann außerdem für Rückblicke und Auswertungen sinnvoll sein.

6.3   Ereignisanalysen

Ereignismodellierung besteht aus drei Komponenten – nämlich der Identifikation von:

1. Ereignisquellen, Inputs von externen Systemen, Überwachung der internen Systeme.

2. Event-Processing-Entscheidungslogik in Entscheidungsmodellen.

3. Prozessen im Unternehmen, bei denen das Ereignis eintritt und die darauf reagieren müssen.

Aufgabe der Analysten ist es dabei, die Beziehungen zwischen Quellen, Entscheidungslogik und reagierenden Prozessen zu erkennen. Meistens werden die Ereignisse in einem Raster oder einem Verbund dargestellt, so dass sie der Analyst durchgehen kann, um die Beziehungen nach und nach aufzubauen. Das Hauptziel einer Ereignisanalyse wäre in diesem Kontext das Entscheiden über Ereignisquellen, Merkmale der Ereignisse und die Entscheidungslogik, die nötig ist, um die Ereignisse verarbeiten und die Outputs an die entsprechenden Prozesse weiterleiten zu können.

Ein registriertes Ereignis durchläuft im Allgemeinen verschiedene Phasen, bevor es an einen Ereignisträger abgegeben wird. Ein Teil der Ereignisanalyse besteht darin, diese Phasen zusammen mit der steuernden Logik zu ermitteln.

6.3.1   Arten von Event Processing

Event Processing kann verschiedene Komplexitätsstufen haben. Beim Complex Event Processing (CEP) werden Ereignisse über ein bestimmtes Muster identifiziert. Eine dem Muster entsprechende Analyse kann viele – unter Umständen Millionen – unterschiedliche, unabhängige Bedingungen und Ereignisse umfassen. Zu den Beispielen für solche Ereignisse gehören Marktmissbrauch, Cyber-Warfare oder Änderungen in den Handelsmethoden in Bezug auf Aktien und Beteiligungspapiere. Ein CEP-Muster ist eine Ansammlung von Bedingungen oder Einschränkungen, die das Auftreten eines Ereignisses anzeigen. CEP-Muster können sich über viele kausale, zeitliche und räumliche Dimensionen erstrecken. Trotz der komplexen und umfassenden Informationen, die im CEP verwendet werden, besteht der Output am Ende immer aus einfachen Geschäftsereignissen, die bestimmte Reaktionen erfordern.

Wie bereits festgestellt, wird CEP nicht in allen ereignisbasierten Prozessen benötigt. Manche Prozesse sind einmalig oder nur ein Punkt auf einem Raster von Ereignissen. Dazu zählt die Verarbeitung von einfachen Geschäftstransaktionen, Krankenakten oder Lieferkettengeschäften. Normalerweise stehen die Transaktionen in einem Prozess miteinander in Beziehung, beispielsweise eine Lieferrechnung mit einer Bestellung oder ein Angebot mit einer Ausschreibung. Im Allgemeinen werden Ereignisse gefiltert, in Beziehung gesetzt und weitergeleitet, ohne dass an ihnen etwas verändert wird, außer vielleicht dem Setzen oder Anpassen bestimmter Attribute. Beim In-Beziehung-Setzen wird nach zugehörigen vorherigen Ereignissen und nach erwarteten zukünftigen Ereignissen gesucht. Mit jedem Auftreten eines Ereignisses wird eine Entscheidungslogik angewendet und das Ereignis wird über einen Ereignisträger an den reagierenden Prozess weitergeleitet. Dabei kann es mit weiteren zugehörigen Ereignissen zusammengeführt werden, wie im Beispiel mit der Lieferrechnung. Dann wird über eine einfache Entscheidungslogik das Ereignisschema in eine vorschriftsmäßige Form gebracht. Diese Art von Event Processing stellt die vom CEP benötigten Hilfsdienste bereit.

Event Processing kann Analysen und Techniken zur Entscheidungsfindung einschließen, um Ereignisse vorherzusagen und bestimmte Muster nachzubilden.

6.3.2 Event Processing und Geschäftsprozessmodelle

Business Event Processing bildet zusammen mit der Geschäftsprozessmodellierung in BPMN/DMN eine effektive Kombination aus zeitgemäßer Ereigniserkennung und dynamischer Geschäftsprozessausführung. Business Event Processing vereinfacht die Verwendung ereignisgesteuerter Geschäftsprozesse. Event Processing und DMN dienen zur Identifikation und Weiterleitung von geschäftsrelevanten Situationen und signalisieren dem Geschäftsprozess, dass eine Reaktion erforderlich ist.

6.4 Event Modeling Framework (EMF)

In der Einleitung dieses Buches wurden die drei Metaphern für die Konstruktion moderner Prozesse vorgestellt: Geschäftsprozesse, Entscheidungen und Ereignisse. Jede dieser Metaphern hat ihre eigene Sichtweise, ihre logischen Bestandteile und ihr Entwurfskonzept bzw. -Framework.

Das Event Modeling Framework (EMF) entwickelt und verbindet die drei grundlegenden Konzepte des Event Processing:

1. Erkennung von Ereignissen oder Funktionen für Input-Ereignisse.

2. Ereignis-Entscheidungslogik.

3. Ereignisträger für die Weiterleitung an reagierende Prozesse.

Das Framework ist unabhängig von den tatsächlichen Technologien, die für die Ereignisverarbeitung verwendet werden. Alle diese Technologien besitzen jedoch vergleichbare Merkmale.

Das Ziel des EMFs ist es, die Verknüpfung von Event-Processing-Systemen und ereignisbasierten Geschäftsprozessen durchzuführen und ein allgemeingültiges Framework für Event-Processing-Lösungen und -Implementationen zu bieten.

6.4.1   Ereignis-Entscheidungslogik

Das EMF beinhaltet verschiedene Entscheidungsklassen für das Event Processing, die im Allgemeinen in der folgenden Reihenfolge auftreten:

1. Erkennung

2. Verteilung

3. Aggregation

4. Verknüpfung

5. Zuweisung

Nicht jedes Event Processing beinhaltet alle diese Schritte. Sie müssen auch nicht immer in dieser Reihenfolge ausgeführt werden (bis auf die Erkennung, die immer an erster Stelle stehen muss). Die Liste beschreibt ein theoretisches Ideal für alle Event-Processing-Situationen.

> **Erkennung:** Bei der Ereigniserkennung werden bestimmte Daten überwacht, auf die dann eine Entscheidungslogik angewendet wird. Wenn die Daten zur Logik passen, liegt ein für den Ereignisprozess relevantes oder interessantes Ereignis vor. Ein Beispiel ist die Überwachung von Marktwerten, die um einen bestimmten Prozentsatz fallen. Dabei überprüft die Logik für die relevanten Marktwerte, ob der Prozentsatz noch innerhalb eines vorgeschriebenen Rahmens liegt.

> **Verteilung:** Bei der Ereignisverteilung werden der betroffene Prozess oder die betroffenen Systeme direkt auf das erkannte Ereignis aufmerksam gemacht. Dies geschieht über eine bestimmte Logik unter Berücksichtigung der jeweiligen Beteiligungsstufe. In den meisten Unternehmen gibt es vier dieser Beteiligungsstufen für Teilnehmer: aktiv, passiv oder überwachend, benachrichtigt und uninformiert. Eine Entscheidungslogik bestimmt die Beteiligungsstufe und den Zielprozess für das zu verteilende Ereignis. Die Verteilungslogik kann einfach sein, wie das Auslösen eines Einbruchsalarms

außerhalb der Öffnungszeiten, aber auch komplex. Eine komplexe Verteilungslogik könnte das Ereignis basierend auf dem Umfang seiner zugehörigen Daten weiterleiten – eine Lieferung einer speziellen Größenordnung für einen Vertrag könnte beispielsweise einen eigenen Prozess benötigen.

Ereignisse werden entweder über Nachrichten oder über eine Übertragung verteilt. Eine Nachricht wird über eine BPMN-Nachricht dargestellt. Das Event Processing steuert dann die Prozessinstanz über Nachrichtenereignisse. Die Verteilung per Übertragung wird mithilfe von BPMN-Signalereignissen dargestellt und verhält sich ähnlich zu einer Radioübertragung. Eine Nachricht bleibt bis zur Empfangsbestätigung bestehen, wohingegen eine Übertragung nur für kurze Zeit empfangen werden kann. Wird eine Nachricht nicht korrekt versendet, ist meist eine Neusendung vonnöten. Unbemerkte Signalereignisse werden dagegen einfach verworfen. Weiterhin beinhalten Nachrichten eine bestimmte Nutzlast an Daten, wohingegen ein Signal eher ein Ereignis beschreibt, das den Teilnehmer zum Abfragen der Daten auffordert.

Prozess- und Ereignismodelle können über eine korrekte und passende Verwendung von Übertragungen und Nachrichten auf einfache Weise optimiert werden.

Aggregation: Viele Geschäftsereignisse besitzen erst einen tatsächlichen Nutzen, wenn sie mit ähnlichen oder zusammenhängenden anderen Ereignissen kombiniert werden. Ihre Bedeutung für die Logik könnte von dem zeitlichen Eintreten anderer Ereignisse abhängen. Bei der Aggregation werden im Event Processing Geschäftsregeln angewendet, um wesentliche, bedeutende Ereignisse in einer Gruppe von Ereignissen hervorzuheben. Eine Ereignisinstanz eines vermuteten Marktmissbrauchs könnte durch die Aggregation ähnlicher oder zeitlich auffälliger Käufe und Verkäufe erstellt werden. Über Geschäftsregeln wird eine Logik bezüglich der Ähnlichkeit oder zeitlichen Auffälligkeit definiert.

Verknüpfung: Event Processing beinhaltet immer einen Verknüpfungsschritt. In der Einleitung wurde dargelegt, dass Event Processing in anwendungszentrierten Prozessen eine Rolle spielt, indem interne oder externe Ereignisse erkannt und mit Prozessen oder Unternehmensdaten in Beziehung gesetzt werden. Laufende Geschäftsprozesse können hier als beabsichtigte Empfänger des Ereignisses identifiziert werden. Wenn ein Verkäufer bei einer Überprüfung seines Labors beispielsweise bestimmte Zertifizierungskriterien nicht erfüllt, kann über ein Zertifikatsrücknahme-Ereignis ein Ausnahmefall in einem laufenden Prozess ausgelöst werden. In einer Entscheidungslogik wird angegeben, welche Daten oder Prozesszustände bei der Überprüfung verwendet werden.

Zuweisung: Am Ende des Zyklus wird ein Ereignis einem oder mehreren Prozessen zugewiesen. Eine Entscheidungslogik ermittelt, welcher Prozess auf das Ereignis reagieren muss. Auch hier kann es sich entweder um das einfache, unbeschränkte Zuweisen an einen einzelnen Prozess handeln oder um eine zeit- und leistungsbedingte abhängige Zuweisung.

Abbildung 6.4 zeigt den zyklischen Ablauf des Event Processing, der so lange fortgesetzt wird, bis einer der Verarbeitungsschritte einen anderen ersetzt oder einschließt.

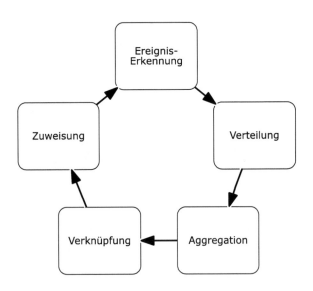

Abbildung 6.4: Event-Processing-Zyklus.

Diese Art von Event Processing kann auch mithilfe von BPMN/DMN ausgedrückt werden – zum Beispiel, wenn ein Ereignisprozess erkennen, aggregieren, verknüpfen und zuweisen soll. Abbildung 6.5 zeigt einen solchen Prozess in der entsprechenden BPMN-Notation.

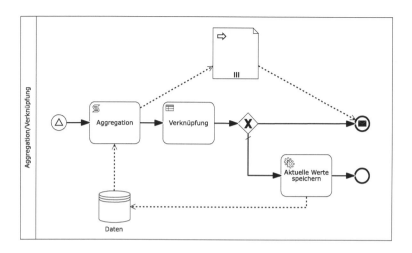

Abbildung 6.5: Erkennen, Aggregieren, Verknüpfen und Zuweisen eines Ereignisses.

In diesem Diagramm werden die Übertragungen aktiv überwacht. Wenn ein passendes Signal eintrifft (Attribute der Signalereignisse stimmen überein), wird der Prozess ausgelöst. Darin wird ein Skript ausgeführt, in dem die neuen mit den existierenden Signaldaten in einer Datenquelle verglichen werden. Die Entscheidungslogik, die durch den Geschäftsregel-Task aufgerufen wird, bestimmt den nachfolgenden Handlungsschritt, wie das Zuweisen von Daten oder das direkte Weiterleiten des Ereignisses an bestimmte Teilnehmer. Der momentane Zustand wird über einen Service-Task aktualisiert.

6.4.2 Ereignisträger

Ein Ereignisträger oder -kanal veröffentlicht, meldet oder sendet Ereignisse und Ereignisströme als Prozessinstanzen. Im ursprünglichen Event-Processing-Ansatz ist der Ablauf beendet, sobald das Ereignis an den Ereignisträger übermittelt wurde. In fortgeschrittenen Ansätzen, wie auch in Abbildung 6.4 dargestellt, kann es sein, dass das Ereignis danach weiterverarbeitet wird.

In den Zuweisungs- oder Verteilungsschritten werden über den Ereignisträger mehrere Ereignisse aus verschiedenen Ereignisprozessen übertragen oder es werden alternativ Ereignisse aus verschiedenen Prozessen kombiniert. Die Sortierung und das Zusammenstellen dieser Ereignisse zu Mengen werden von einer Entscheidungslogik übernommen.

In BPMN können Ereignisträger über zwei Diagrammelemente dargestellt werden: Nachrichten und Signale. Es gibt drei Phasen in einem Ereigniszyklus, die in Tabelle 6.1 zusammengefasst werden. Das Erkennen, Aggregieren und Verknüpfen der Ereignisse passiert dabei in einem Event-Processing-Schritt.

Abbildung 6.6 zeigt ein BPMN-Modell zur Erkennung und Verteilung. Eine Bedingung wird durch verschiedene Ereignisse und Datenzustände erfüllt, woraufhin ein Signal an alle interessierten Teilnehmer gesendet wird.

Tabelle 6.1: BPMN-Diagrammelemente für die Phasen im Event Processing

Phase im Zyklus	Symbol	Beteiligungsstufe	Verwendung
Verteilung	△	Informiert/ Überwachend/ Untersuchend	Kontinuierliche Übertragung einer Nachricht. Teilnehmer sind für das aktive Abhören des Übertragungskanals zuständig. Keine garantierte Übertragung an den Empfänger. Signal ist nur für kurze Zeit abhörbar.
Erkennung, Aggregation, Verknüpfung	🗐	Nicht beteiligt/ Passiv	Ordnet Geschäftsereignisse und Datenzustände einem Prozess zu. Aggregiert und filtert Ereignisse heraus, sodass nur relevante Auslöser an den Prozess weitergereicht werden.
Zuweisung	✉	Teilnehmer wird aktiviert	Löst bei einem Teilnehmer das Starten oder Fortsetzen eines Prozesses aus. Enthält detaillierte Daten und Anweisungen. Hängt von externer Erkennung und Verknüpfung ab. Ist für einen einzelnen, spezifischen Teilnehmer gedacht.

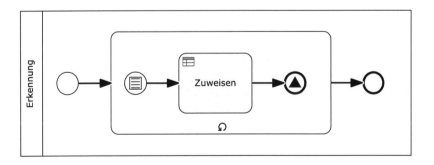

Abbildung 6.6: Erkennung, Logik für die Zuweisung und Verteilung eines Ereignisses.

6.4.3 Ereignisspeicher

In den meisten Ereignis-Szenarien wird auf einen vorhergehenden Prozess oder ein zugehöriges Ereignis zurückgegriffen. Ein einzelnes Stromausfall-Ereignis in einem Smart-Grid-Stromnetz ist beispielsweise nicht von Bedeutung, wenn der Stromausfall nur von kurzer Dauer ist, es könnte sich einfach um eine kurze Störung gehandelt haben. Wenn hingegen eine große Anzahl an kurzen Stromausfällen zusammen mit weiteren Ereignissen auftritt, kann das auf einen gravierenden Technikfehler oder auf eine zu geringe Kapazität des Systems hindeuten. Aus diesem Grund sollten aufgetretene Ereignisse in einer Event-Processing-Umgebung aufgezeichnet werden, um sie im Nachhinein analysieren und verarbeiten zu können.

Die Dauer sowie weitere Bedingungen der Speicherung dieser Ereignisse werden durch eine Entscheidungslogik bestimmt, die auf Speicherungsrichtlinien zurückgreift. Die vorhandenen Informationen im Ereignisspeicher dienen dann als Inputs für die Geschäftsregeln bei der Erkennung, Aggregation und Verknüpfung. Diese Logik ist wesentlich für das Erreichen der Ziele im Event Processing.

Abbildung 6.7 zeigt das Konzept der Speicherung der Ereignisse.

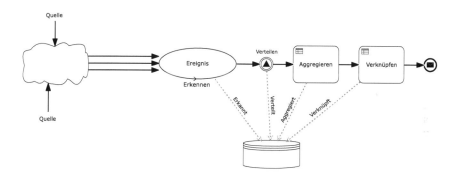

Abbildung 6.7: Die Speicherung von Ereignissen ist ein wichtiger Bestandteil des Event Processing.

6.5 BPMN-Diagrammelemente in ereignisbasierten Prozessen

Geschäftsereignisse können Prozesse starten, stoppen oder unterbrechen. In Tabelle 6.2 werden die Diagrammelemente zusammengefasst, mit denen dies modelliert werden kann, und es wird ihre Verwendung im Zusammenhang mit Geschäftsereignissen erklärt.

Tabelle 6.2: BPMN-Elemente im Kontext von Geschäftsereignissen

Kategorie	Diagrammelemente	Beziehung zum Event Processing
Nachrichten-Ereignis		Ereignisbasierte Nachrichten werden hauptsächlich zur direkten Punkt-zu-Punkt-Integration von Systemen verwendet und werden normalerweise im Zuweisungsabschnitt im Prozess erhalten.
Signal-Ereignis		Signalereignisse werden zur Integration von Systemen verwendet, die gegenseitig passiv ihre Ereignisse überwachen. In solchen Prozessen agiert das Signal als Bedingung oder Nebeneffekt. Signale treten nach der Erkennung und Verteilung eines Ereignisses auf.
Bedingungs-Ereignis		Bedingungsereignisse werden zur Überwachung von Prozessdaten verwendet. Eine Regel oder Bedingung löst dabei das Bedingungsereignis aus.
Mehrfach-Ereignis		Diese Ereignisse drücken die Verwendung eines Kanals (zur Verteilung oder Zuweisung) aus. Das exklusive Mehrfachereignis kann von einem beliebigen Ereignis ausgelöst werden, das parallele wartet auf das gleichzeitige Auftreten mehrerer Ereignisse.

6.6   Kategorien von Geschäftsereignissen

Bereits im ersten Kapitel wurden die fünf grundlegenden Kategorien von Geschäftsereignissen vorgestellt. Ereignisse dieser Kategorien können mit einer Event-Processing-Abfolge, wie sie in Abbildung 6.8 gezeigt wird, verarbeitet werden.

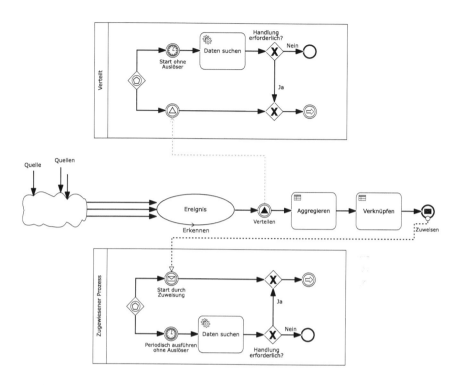

Abbildung 6.8: Generisches Muster der Antwort eines Prozesses auf ein Ereignis.

Abbildung 6.8 beschreibt einen Prozess, in dem ein Ereignis erst verteilt und dann durch eine Entscheidungslogik einem Prozess zugewiesen wird. Der Empfänger des Ereignisses ist dabei die Verbindung zwischen Ereignis und Geschäftsprozess. Die Schritte in der Mitte des Diagramms machen Ereignisse ausfindig und bestimmen, welche Teilnehmer auf diese Ereignisse reagieren müssen. Ein ausgewähltes Ereignis wird dann an den Geschäftsprozess eines Teilnehmers weitergeleitet. Wenn keine Ereignisse erhalten werden, ist es eine verbreitete Vorgehensweise, dass die Verteilungs- und Zuweisungsprozesse selbst nach Aufgaben und Daten suchen. Dafür wird ein Zeitereignis als Absicherung verwendet, damit der Ablauf funktioniert. Es könnte zum Beispiel wöchentlich ein Bericht erstellt werden, auf dessen Grundlage je nach Inhalt der Prozess gestartet wird.

Folgende Beispielszenarien lassen sich für die Kategorien angeben:

Anpassend: Ereignisse bringen im Zusammenspiel ein neues Ereignis hervor, das einen Prozess startet oder umlenkt.

Szenario: Ein Einzelhandelsunternehmen wirbt über personalisierte Angebote um Kunden. Wenn ein Kunde sich in der Nähe eines Ladens befindet, wird ihm ein an seine Kaufwünsche und Bedürfnisse angepasster Gutschein per SMS zugesendet.

Die Event-Processing-Schritte für dieses Szenario beinhalten:

> Quellen: Kunden, die den Gutscheindienst abonniert haben und ein drahtloses Gerät mit sich führen, dessen Standort lokalisiert werden kann.

> Erkennen: Entscheidung, ob ein Kunde sich in einer bestimmten Distanz zu einem Laden befindet.

> Verteilen: Benachrichtigung des Kunden-Tracking-Prozesses darüber, dass ein Kunde sich in der Nähe befindet.

> Aggregieren: Das Kaufverhalten des Kunden in das momentane Ereignis einbeziehen.

> Verknüpfen: Die Vorlieben des Kunden ermitteln und herausfinden, ob dazu passende Rabatte gegeben werden können.

> Zuweisen: Bestimmung, welcher Prozess den Gutschein erstellt und absendet.

Die zuständigen Prozesse, die ausgelöst werden, sind hier das Nachverfolgen des Kundenstandorts und das Erstellen des Gutscheins.

Vermeidung: Ereignisse, die Risikomanagementzielen dienen.

Szenario: Finanzielle und Produktivitätsverluste, die durch die Maschinen eines Unternehmens herbeigeführt werden können, sollen verhindert werden. Wenn Maschinenteile vom Hersteller zurückgerufen werden oder die Medien von gravierenden Mängeln erfahren, werden zuständige Manager informiert, um Schritte zur Schadensbegrenzung durchzuführen.

Die Schritte sehen wie folgt aus:

> Quellen: Hersteller, Informanten, Nachrichten, rechtliche Meldungen.

> Erkennen: Bestimmen, wann Maschinen anfällig für Rückrufe, Klagen oder Berichte sind.

> Verteilen: Benachrichtigung des Managerinformationsprozesses, im Falle eines dringenden Rückrufs Mitarbeiter benachrichtigen.

> Aggregieren: Das Ausmaß des Rückrufs und damit verbundener Rückrufe für die Maschinen bestimmen.

> Verknüpfen: Status und Standort der Maschinen.

> Zuweisen: Passender Instandhaltungs- oder Wartungsprozess, je nach Dringlichkeit.

Die zuständigen Prozesse, die ausgelöst werden, sind hier die Information der Manager, die Benachrichtigung der Mitarbeiter, sowie der Wartungsprozess.

Benachrichtigend: Ereignisse, die eine Flag setzen oder ein Signal auslösen, das von einer Person oder einem Computersystem bemerkt wird.

Szenario: Die Strafverfolgungsbehörde wird benachrichtigt, wenn ein Nummernschild, für dessen Besitzer ein Haftbefehl vorliegt, entdeckt wird. Strafverfolgungsbehörden verwenden dafür Nummernschild-Scanner, um Effizienz, Effektivität und Sicherheit zu erhöhen.

Zu den Schritten gehören hier:

> Quellen: Nummernschild-Scanner.

> Erkennen: Bestimmen, wann für ein Nummernschild eine genauere Untersuchung erforderlich ist.

> Verteilen: Zentrale und lokale Strafverfolgungsbehörden benachrichtigen.

> Aggregieren: Standorte anderer Meldungen ermitteln.

> Verknüpfen: Standorte verknüpfen und so eine Abbildung der Routen und Standorte des Verdächtigen erstellen.

> Zuweisen: Fallmanagement in der Strafverfolgungsbehörde.

Die zuständigen Prozesse, die ausgelöst werden, sind die Benachrichtigung der Strafverfolgungsbehörde und des Fallmanagements.

Für die Abweichungs- und Quantitativ-Ereignisse können ähnliche Szenarien entwickelt werden: Marktmissbrauch kann beispielsweise über Abweichungs-Ereignisse erkannt werden und alle Formen des software-gesteuerten Handels verwenden Quantitativ-Ereignisse.

6.7 Zusammenfassung

Durch ereignisbasierte Prozessmodellierung wird Prozessen ein Bewusstsein für ihr Umfeld verliehen. Geschäftsereignisse entkoppeln den Prozess von der Außenwelt und ermöglichen ihm trotzdem, über „Augen und Ohren" das Geschäftsumfeld zu verstehen und auf Veränderungen zu reagieren. Insgesamt entsteht so ein agileres Geschäftsmodell.

Event Processing verbindet Ereignisse mit Entscheidungslogik und Kanälen oder Trägern. Über Entscheidungslogik werden Ereignisse oder Ereignismengen gefiltert, verarbeitet, kategorisiert und gelenkt, damit sie im letzten Schritt den richtigen Prozess erreichen.

Event Processing durchläuft standardmäßig fünf Phasen:

1. Erkennung

2. Verteilung

3. Aggregation

4. Verknüpfung

5. Zuweisung

Ereignismodellierung bietet eine neue prozessexterne Sichtweise auf die Beziehungen zwischen Unternehmen und ihren Geschäftsumfeldern. In dieser Sichtweise werden Unternehmen als Verteiler möglicher Antworten auf Ereignisse, Zustände und Ergebnisse gesehen, wohingegen die prozessinterne Sicht sie als starre, vorgefertigte Abfolgen von Aktivitäten betrachtet.

   In den BPMN- und DMN-Kapiteln wurde ein Verständnis von Prozessen und Entscheidungen über ihre jeweiligen Diagrammelemente aufgebaut. Ein Teil dieser Diagrammelemente, bestehend aus Nachrichten-, Signal- und Mehrfachereignissen, bietet sich auch für das Event Processing an. Mit ihrer Hilfe können im Zusammenhang mit Event Processing in hohem Maße kooperative Prozesse erstellt werden.

Kapitel 7
Das Verbinden von DMN-Entscheidungen mit BPMN-Prozessen

7.1 Einleitung

Zu Beginn dieses Buches wurde bereits erwähnt, dass die Kombination von Entscheidungsmodellierung in DMN und Prozessmodellierung in BPMN übersichtlichere, klarer fokussierte Prozesse dadurch ermöglicht, dass Entscheidungsdetails in eigenständige DMN-Modelle ausgelagert werden. Die Anzahl der Gateways im Prozess kann auf diese Weise ebenso verringert werden wie der Bedarf an komplexen Zugriffen auf Datenquellen.

Ein entscheidungsbasierter Prozess wird durch die Ergebnisse bei der Auswertung der Regeln auf verschiedene Arten gesteuert:

> Durch Bestimmen der Ausführungsreihenfolge von Aktivitäten.

> Durch Auswahl eines Pfades bei einem verzweigenden Gateway.

> Durch die Festlegung, welcher Prozessteilnehmer die gewählte Aktivität ausführen soll.

> Durch Erstellen von Datenwerten, die später im Prozess verwendet werden.

Wie in vorherigen Kapiteln dargestellt, können folgende Daten Inputs für Entscheidungen sein:

> Daten zur Identifikation von Ereignissen oder prozessrelevanten Umständen.

> Daten, die validiert oder auf Korrektheit geprüft werden müssen.

> Daten, die für Berechnungen benötigt werden.

Entscheidungen sind insofern wie Meta-Gateways mit zusammengeführten Inputs (Ereignisse und Daten) und aufgeteilten Outputs, die den Prozess auf übergreifende Weise (Teilnehmer, Tasks und Gateway) steuern.

Verbindet man die Geschäftsprozessmodellierung mit Entscheidungsmodellierung und Event Processing, können verständliche, anpassbare Lösungen für viele Problemdomänen gefunden werden. Ohne Entscheidungsmodellierung können modellierte Prozesse auf der einen Seite unnötig komplex werden, auf der anderen Seite aber auch wichtige Entwurfsdetails auslassen. Meist fallen erst bei der Modellierung von Entscheidungen noch Schritte auf, die im Prozess untergebracht werden müssen, um die Entscheidungsergebnisse einzubeziehen. So werden dabei oft implizite Prozessereignisse, Aktivitäten und Abläufe entdeckt.

In diesem Kapitel wird ein entscheidungsbasierter Anwendungsfall analysiert, in dem es um Logistik und Transport geht. Dabei wird untersucht, wie die Entscheidungsergebnisse das Prozessmodell beeinflussen und wie die Logik einer bestimmten Geschäftssituation in Entscheidungstabellen und Ausdrücke „verpackt" werden kann.

Entscheidungsmodellierung hat sich aus vielerlei Formen und Methoden der Verwaltung von Geschäftsregeln herausgebildet. Eine anerkannte Definition von Geschäftsregeln seitens einiger der renommiertesten Vordenker auf diesem Feld ist die Folgende:

„**Geschäftsregeln** sind als Aussagen über Schritte zu verstehen, die ausgeführt werden sollten, wenn bestimmte Geschäftsbedingungen wahr sind."[12]

Wenn Entscheidungen dazu konzipiert werden, digitalisierte Prozesse zu steuern, werden die Regeln so entwickelt, dass sie von einem Business Rule Management System ausgeführt werden können, und sie werden in Form von Ausdrücken oder Entscheidungstabellen mit dem Modell verbunden. Wie wir später noch sehen werde, müssen nicht alle Regeln Teil einer modellierten Entscheidung sein. Viele einfache oder statische Regeln werden einfach als Element eines Geschäftsprozesses angesehen – eine Regel, die aussagt „die Verarbeitung der Zahlung muss nach der Produktauslieferung geschehen", wird zum Beispiel über zwei Aktivitäten, die mit einem Sequenzfluss verbunden sind, ausgedrückt.

Das Ergebnis einer Entscheidung steuert Pfade und andere Aspekte von Prozessen. Die Entscheidung bestimmt das Verhalten des Unternehmens und dieses Verhalten sollte konsistent mit den Geschäftsregeln in Bezug auf Richtlinien und Ziele des Unternehmens sein. Eine einzelne Entscheidung kann viele Aspekte eines Geschäftsprozesses auslösen oder steuern, darunter Ereignisse, Aktivitäten und Daten.

Wie im untenstehenden Diagramm gezeigt, ist die einfachste Weise, ein Entscheidungsergebnis in einen Prozess einzubeziehen, die Verwendung eines datenbasierten exklusiven Gateways.

---

12.   *James Taylor und Neil Raden, Smart (Enough) Systems: How to deliver competitive advantage by automating hidden decisions, Prentice Hall, 2007.*

Abbildung 7.1 zeigt ein DMN-Modell, welches Output-Daten für ein Gateway liefert, wodurch ein Pfad ausgewählt wird. Der „Art des Kaufes"-Output der Entscheidung wird durch das Gateway ausgewertet, um den für die benötigte Aktivität
korrekten Pfad auszuwählen.

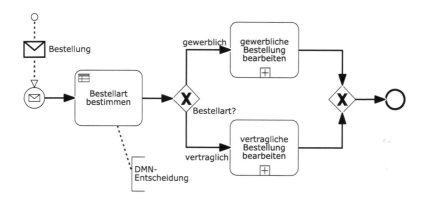

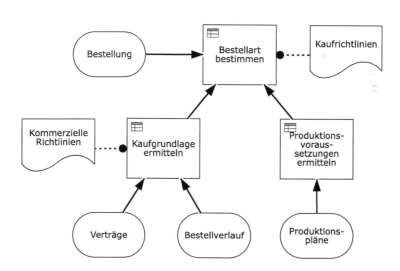

*Abbildung 7.1: Einfache Steuerung des Ausführungspfades durch ein Gateway als Reaktion auf
eine Kaufentscheidung.*

7.1.1   Erhebung von ausführbaren Prozessen in BPMN/DMN

Zur Prozesserhebung in BPMN/DMN gehören sieben grundlegende Schritte:

1. Entwickeln eines High-Level-Prozessmodells. Mithilfe dieses Modells können über Diskussionen die wichtigen Entscheidungen im Prozess ermittelt werden.

2. Identifizieren der Entscheidungen, die sowohl zum Prozess als auch zu den Unternehmenszielen und Richtlinien passen.

3. Entwickeln von Entscheidungsmodellen, die darstellen, auf welche Weise innerhalb des Prozesses die gewünschten Antworten geliefert werden. Aus den Antworten können in einem iterativen Entwicklungszyklus wiederum Prozesselemente abgeleitet werden.

4. Entwickeln eines Datenmodells für die Ausführung von Entscheidungen und Prozessen. Ein Datenmodell spezifiziert, in welcher Form Prozessdaten und Entscheidungs-Input und -Output vorliegen müssen.

5. Verfeinern der Entscheidungsmodelle und Kombination mehrerer Logikelemente und Bedingungen, um die Entscheidung möglichst genau zu beschreiben.

6. Angeben einer detaillierten Entscheidungslogik zur Manipulation der Daten aus Input-Data-Elementen oder anderen Entscheidungen, um entsprechende Outputs zu produzieren.

7. Zuweisen von Werten zu Attributen durch Entscheidungen, um nachfolgende Prozessbestandteile, Aktivitätenreihenfolgen, Rollenzuständigkeiten, Prozesspfade, Daten und Events festzulegen.

Im nebenstehenden Diagramm werden fünf abstrakte Prozessmodelle vorgestellt, die die Verbindung zwischen Entscheidungen und dem darauf reagierenden Prozess verdeutlichen sollen. Sie beschreiben den Einfluss von dynamischen Geschäftsentscheidungen.

In den meisten Fällen werden Entscheidungsergebnisse nach diesen Mustern (oder Kombinationen davon) in Prozesse eingebaut – eine Entscheidung könnte zum Beispiel sowohl die Taskreihenfolge als auch die Teilnehmerauswahl beeinflussen. Neben den Reaktionen auf Entscheidungen besteht der Prozess aus Abläufen zur Orchestrierung mit anderen Systemen und Teilnehmern und aus technisch bedingten Schritten.

Sobald Prozess- und Entscheidungsmodelle entwickelt wurden, können die Outputs für die Ausführungsumgebung vorbereitet werden. Dafür werden vollständige Ausführungspfade und eine der jeweiligen technischen Architektur entsprechende Verbindung von Teilnehmern und Services benötigt. Dieser letzte Schritt wird in Kapitel 8 behandelt.

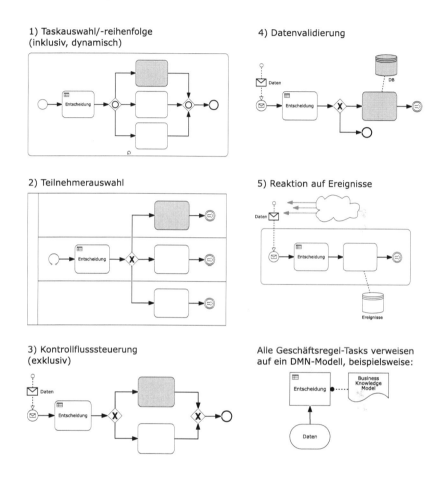

1) Taskauswahl/-reihenfolge (inklusiv, dynamisch)

2) Teilnehmerauswahl

3) Kontrollflusssteuerung (exklusiv)

4) Datenvalidierung

5) Reaktion auf Ereignisse

Alle Geschäftsregel-Tasks verweisen auf ein DMN-Modell, beispielsweise:

Abbildung 7.2: Fünf Kategorien von BPMN-Reaktionen auf Entscheidungen.

7.1.2   Taskauswahl und -reihenfolge

Die Output-Daten einer Entscheidung geben explizit oder implizit an, welche Tasks im Geschäftsprozess ausgeführt werden sollen. Oftmals gibt es bestimmte Regeln, die vorschreiben, wie ein gültiger Prozessablauf aussehen muss. Über diese Regeln werden Prozesselemente eingefügt, neu sortiert oder entfernt. Das Verarbeiten der Zahlung muss beispielsweise immer nach dem Empfang der Lieferung geschehen. Entscheidungen können die Abfolge von Aktivitäten auf dynamische Weise steuern, unabhängig von statischen Transitionen.

Für diese Kategorie gibt es eine Vielzahl praktischer Anwendungen. Komplexe Logikschritte können Taskabfolgen mit einem Bewusstsein für die gegenwärtige Situation auslösen. Komplexe Produkte, an Kunden angepasste Services oder Herstellungsaktivitäten benötigen oft diese Fähigkeit.

Abbildung 7.3 zeigt einen Prozessausschnitt, in dem eine Geschäftsentscheidung explizit die nächste Phase eines dynamischen Inspektions-Unterprozesses bestimmt („Qualitätsprüfung", „Labortest", „Standortbesichtigung", „Produktablehnung"). In der Entscheidung werden die Daten ausgewertet und abhängig davon die Schritte ausgewählt. Dabei soll Abbildung 7.3, wie dies auch bei allen anderen Beispielen von Prozessreaktionen auf Entscheidungsergebnisse der Fall ist, keine vollständige Implementation darstellen, sondern nur das Konzept erläutern.

In Abbildung 7.3 werden die Output-Daten der Entscheidung durch die Bedingung im Gateway ausgewertet, um den nächsten auszuführenden Unterprozess auszuwählen. Materialien, die in diesem Szenario in einem Inspektionsprozess überprüft werden, durchlaufen Labortests und weitere Überprüfungen. Richtlinien bezüglich der Qualität der ausgelieferten Materialien erfordern eventuell weitere Labortests oder eine Standortbesichtigung. Die Output-Daten der ausgeführten Aktivitäten werden in der nächsten Schleifeniteration wieder in die Entscheidung eingegeben, bis die Schleifenbedingung erfüllt ist – die Annahme oder Ablehnung des Produkts.

Tasksteuerung kann auf zwei verschiedene Arten verwendet werden:

> *Inklusive, parallele Tasksteuerung*, bei der das Gateway datenbasiert und inklusiv ist, also die Entscheidung mehr als einen Task auswählen kann.

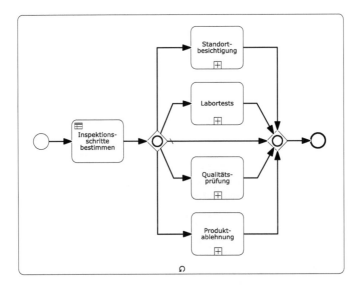

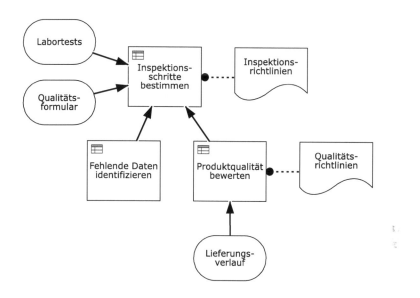

Abbildung 7.3: Die Geschäftsentscheidung innerhalb der Schleife wertet das Ergebnis einer Inspektion aus und bestimmt die nachfolgenden Schritte. Diese können parallel ausgeführt werden.

> ❭ *Exklusive, sequentielle Tasksteuerung,* bei der das Gateway datenbasiert und exklusiv ist und durch die Entscheidung nur ein Task oder Taskstrang ausgewählt werden kann.

Tasks können auch auf andere Arten dynamisch ausgewählt werden. Mithilfe von Schleifen und verschachtelten inneren Schleifen ist es möglich, Abfolgen oder parallele Stränge von Tasks und Entscheidungen anzugeben.

7.1.3   Teilnehmerauswahl

Entscheidungen können bestimmen, welche Personen oder Rollen für die Ausführung einer Aktivität erforderlich sind. Wenn in einem Unternehmen ein Prozess entworfen wird, sind die Teilnehmer meist statisch. Teilnehmer können hinzugefügt oder entfernt werden oder bestimmten Elementen in Form einer Lane zugewiesen werden. Über einen Entscheidungsaufruf ist es außerdem möglich, Aufgaben dynamisch an verschiedene Lanes abzugeben, um zu steuern, welcher Teilnehmer welche Aufgaben ausführt. Abbildung 7.4 zeigt eine Geschäftsentscheidung, die durch die Auswertung einer Reparaturanfrage bestimmt, von welchem Teilnehmer die Reparatur durchgeführt werden sollte.

Die Entscheidung in Abbildung 7.4 wertet den Inhalt des Wartungs-Tickets aus und leitet daraus ab, welche Ausbildung für dessen Bearbeitung benötigt wird. Zwei Rollen sind an diesem Prozess beteiligt: Techniker und Ingenieur. Außerdem stellt die Entscheidung sicher, dass der ausgewählte Teilnehmer die nötigen Zertifizierungen und somit die gewünschten Fähigkeiten besitzt. Das Ticket dient sowohl dem Prozess als auch der Entscheidung als Input. Die Output-Daten der Entscheidung werden im Gateway verwendet, um den Prozess zu steuern.

7.1.4   Kontrollflusssteuerung

Bei der Kontrollflusssteuerung handelt es sich um die klassische Reaktion eines Prozesses auf das Ergebnis einer Entscheidung mithilfe von exklusiven Gateways. Abbildung 7.1 am Anfang dieses Kapitels stellt ein Beispiel für diese Kategorie dar.

In den meisten Geschäftsprozessen gibt es mehrere Stellen, an denen eine Entscheidung in den Prozess integriert wird. Dabei geht es beispielsweise um das Abschätzen der Risiken von bestimmten Aktivitäten, das Bestimmen der medizinischen Behandlung für einen Patienten oder das Auswählen des Kommunikationsweges. Für solche Geschäftsentscheidungen werden die Daten der Prozessinstanz ausgewertet, um den Kontrollfluss entsprechend zu steuern.

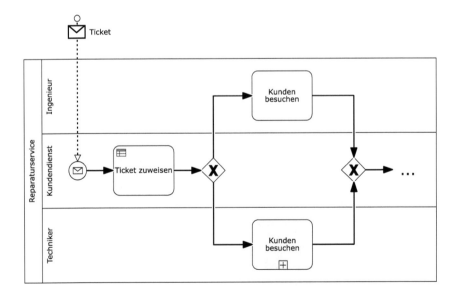

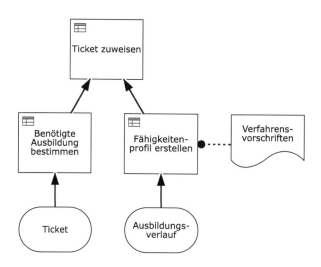

Abbildung 7.4: Beispiel für die zweite Kategorie von Zusammenspiel von Prozess und Entscheidung. Hier ermittelt eine Entscheidung, welchem Teilnehmer die Aufgabe zugewiesen wird.

7.1.5 Datenvalidierung

Abbildung 7.5 zeigt, dass Entscheidungen auf dynamische Weise die Validierung von Daten beeinflussen können. Dynamische Entscheidungen eignen sich besonders, um das Alter und den Zustand der Daten zu überprüfen und die Daten zu validieren. Sie können außerdem Aspekte wie die Dauer der Speicherung oder die Zugriffsrechte ermitteln, um einen Prozess zu erstellen, der den Richtlinien und Regeln im Unternehmen folgt.

Die Entscheidung in Abbildung 7.5 wertet einen Budgetantrag aus. Dabei werden zwei Unter-Entscheidungen getroffen: das Überprüfen der Validität der Daten sowie das Ermitteln des verfügbaren Budgets. Der Prozess wird solange wiederholt, bis ein gültiger Antrag eingeht.

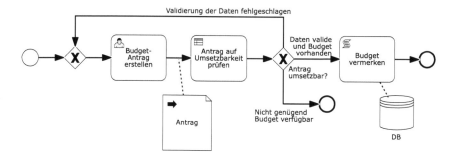

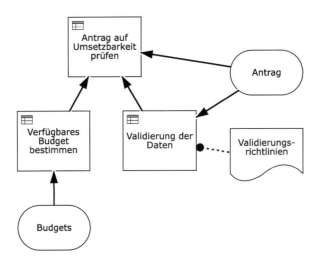

Abbildung 7.5: Anwendungsfall für die Datenvalidierung in einem Prozess mithilfe einer Entscheidung.

7.1.6   Reaktion auf Ereignisse

Abbildung 7.6 zeigt die letzte und wahrscheinlich wichtigste Funktion einer Entscheidung in einem Prozess: das Erkennen und Steuern von Ereignissen. Dabei wählen Entscheidungen aus, welcher Prozess oder Unterprozess auf ein Geschäftsereignis reagieren soll.

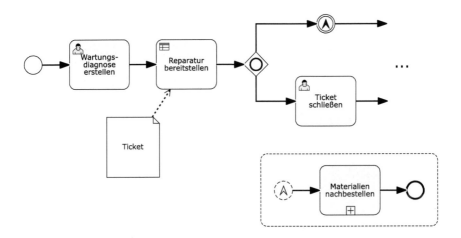

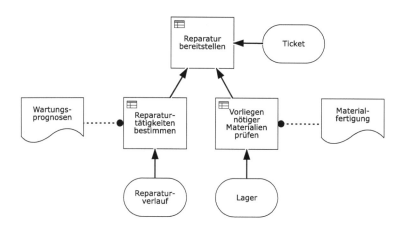

Abbildung 7.6: Hier wird über eine Entscheidung festgestellt, wann Materialien nachbestellt werden müssen.

Geschäftsereignisse können, wie bereits dargestellt, extern oder intern auftreten. Externe Geschäftsereignisse beinhalten Ereignisse, die bei der Interaktion mit Kunden oder Handelspartnern entstehen oder unbestimmtere Ereignisse, etwa bezüglich des Wetters, der Sicherheit oder der Handelswaren. Interne Geschäftsereignisse hingegen entstehen aus Prozessaktivitäten, wenn beispielsweise Randbedingungen bei der Bestellung von Vorräten, dem Zuteilen von Geldern oder der Untersuchung von Fehlern entstehen.

Prozesse sind meist statisch konstruiert und können über das Hinzufügen, Entfernen oder Verschieben von Aktivitäten angepasst werden. Sie können aber auch auf dynamische Weise auf Geschäftsereignisse reagieren. In Abbildung 7.6 beispielsweise wird entschieden, ob eine Bedingung erfüllt ist und somit Materialien nachbestellt werden müssen.

Abbildung 7.6 beschreibt die Bestellung von Materialien für einen Geräteservice. Die Entscheidung wertet die gewünschte Reparatur und eine Liste von dafür benötigten Materialien aus. Um einen reibungslosen Reparaturablauf zu gewährleisten, wird eine festgesetzte Menge von Materialien im Lager vorrätig gehalten. Wenn der Lagerbestand unter einen bestimmten Schwellenwert fällt, wird eine Nachbestellung erforderlich – dies tritt als Ereignis auf, auf das der Prozess reagieren muss, und wird über das Eskalationsereignis beschrieben.

In einer Entscheidung dieser Kategorie werden die Ereignisse verwendet, um die nachfolgenden Schritte zu bestimmen, beispielsweise das Zuweisen von Prozessen oder Prozessteilnehmern. Sie können in verschiedenen Situationen verwendet werden, unter anderem:

> Als Schritt in einem Event-Processing-Kanal, in dem ein Strom von eingehenden Nachrichten korrekt beantwortet und verarbeitet werden muss.

> Als Schritt bei der Verarbeitung eines spezifischen externen Ereignisses, zum Beispiel zur Überwachung von Wetterdiensten oder Rohstoffpreisen.

Entscheidungen decken wichtige Geschäftsereignisse auf, die eine Reaktion erfordern. Beispiele sind:

> Servicemitarbeiter benötigen die richtige Ausstattung für die Umsetzung ihrer Aufgaben. Bei der Entscheidung, welchem Mitarbeiter welche Geräte zugeteilt werden, kann über eine Geschäftsentscheidung festgestellt werden, welche Quantitäten benötigt werden, und ein entsprechender Nachbestellprozess kann gestartet werden.

> Bei der Wartung von Geräten stellt eine Geschäftsentscheidung die benötigten Schritte zusammen und erkennt, wenn eine wichtige Komponente oft ausgewechselt werden muss. Dadurch wird ein Untersuchungs-Geschäftsereignis ausgelöst.

> Bei der Auswahl von Personal für die Durchführung einer Aufgabe kann eine Geschäftsentscheidung erkennen, wenn ein Zertifikat oder eine sonstige Ausbildung einer Person verfällt, und ein entsprechendes „Training-ansetzen"-Ereignis auslösen.

7.2   Untersuchung eines Anwendungsfalls

Ein Lieferketten-Logistikbeispiel eignet sich gut, um die Interaktion zwischen Prozessen und Entscheidungen aufzuzeigen. Eine Lieferkette ist ein System aus Unternehmen, Personen, Aktivitäten, Informationen und Ressourcen, die an der Lieferung eines Produkts oder eines Services vom Hersteller bis zum Kunden beteiligt sind. Logistik beschreibt die Verwaltung des Güterflusses zwischen Ursprungspunkt und Verbrauchspunkt zur Umsetzung bestimmter Erfordernisse. Im vorliegenden Beispiel wird der Transport von Materialien zu einer Verarbeitungsanlage betrachtet. Dabei wird so gut wie jede Art von Prozessreaktionen auf Entscheidungen einbezogen, mit Gateways, Rollen, Geschäftsereignissen und dynamischen Aktivitäten.

Ein chemisches Fertigungsunternehmen benötigt eine große Menge an Lieferungen verschiedener Flüssigkeiten, Feststoffe und Gase. Diese fallen in verschiedene Kategorien, darunter auch die Kategorie Gefahrgut. Einige der Materialien mit besonderer Gefahrenstufe erfordern eine besondere Handhabung und müssen gemeldet werden. Die Materialien werden dem eigenen Lager entnommen, von Vertragspartnern beschafft oder durch gewerbliche Käufe erworben.

Das Unternehmen stellt zunächst eine Anfrage nach Materialien, die folgende Informationen beinhaltet:

> Die benötigten Materialien in Qualität und Anzahl, sowie mögliche Ersatzmaterialien und Stoffverbindungen.

> Lieferort und Lieferanweisungen, sowie verfügbare Lieferwege.

> Den Zeitrahmen der Lieferung.

Dabei liegt die Hauptentscheidung in der Bestimmung, aus welcher Quelle die Materialien bezogen werden. Das Ziel ist, die Materialien mit den geringstmöglichen Kosten zu erhalten. Die Gesamtkosten setzen sich zusammen aus den Kosten für die Materialien aus interner Quelle beziehungsweise aus vertraglichen oder gewerblichen Käufen, sowie den Transportkosten und den Versicherungskosten.

7.2.1 Quellen

Es gibt drei Möglichkeiten für die Beschaffung der Materialien:

1. **Interne Quellen:** Überschüssige Materialien aus gestoppter Batch-Verarbeitung sind verfügbar. Der Stückpreis errechnet sich aus internem Verkaufswert und Entsorgungsvergütung – diese wird jeweils für Materialien mit begrenzter Haltbarkeit, die wahrscheinlich nicht mehr in internen Prozessen verwendet werden, berechnet.

2. **Vertragliche Quellen:** Es existiert ein Vertrag mit einem Hersteller über die Lieferung von häufig benötigten Materialien. Verträge gelten für einen Produktionsbereich.

3. **Gewerbliche Käufe:** Angebote können von zertifizierten Verkäufern eingeholt werden.

In den meisten Fällen wird aus den drei Möglichkeiten nur eine ausgewählt.

Verwalter von Fabrikanlagen lagern nicht verwendete Materialien und bestimmen eine Entsorgungsvergütung und ein Entsorgungsdatum. Wegen der hohen Entsorgungskosten wird die Wiederverwendung der Materialien unterstützt, wodurch die Kosten negativ sein können.

Bestellungen können bis 30 Tage vor Ende des Vertrages abgegeben werden, solange die Lieferung innerhalb dieser Zeitspanne erfolgen soll. Die Anzahl der gelieferten Materialien darf die verhandelte Gesamtmenge nicht übersteigen. Wenn die gelieferte Menge der aktuellen Bestellung über 90% der verhandelten Gesamtmenge ausmacht, wird der Vertragsmanager benachrichtigt, um eine mögliche Verlängerung des Vertrages zu prüfen. Wenn es beim Vertragspartner innerhalb von 90 Tagen zu zwei oder mehr Qualitätsrückrufen oder schlechten Laborergebnissen kommt, wird die Zustimmung des Vertragsmanagers benötigt.

Gewerbliche Käufe sind in vielen Fällen die einzige Quelle für bestimmte Materialien, deshalb werden im Unternehmen interne Bestellprozesse mit eingebauten

Entscheidungen verwendet, um zu bestimmen, für welche Materialien Verträge erstellt werden sollen. Wenn Materialien mit einem Wert von mehr als 200.000€ innerhalb einer Region und eines 12-Monate-Zeitfensters erworben werden, werden Vertragsverhandlungen aufgenommen. Dies findet unabhängig von der Materialbeschaffung statt.

7.2.2   Transport

Die Entscheidung über die Art des Transports hängt davon ab, auf welche Weise die niedrigsten Kosten entstehen, und von der Verfügbarkeit einer Versicherung. Die Kosten für den Transport werden über die Größe der Bestellung und die Liefergrößen des Transportmittels bestimmt. Wenn möglich sollten Angebote für gewerbliche Käufe immer die Transportkosten mit einbeziehen.

Der Transport von gasförmigen Materialien ist komplizierter, er erfordert spezielle Container und weitere Planungsschritte. Aus diesem Grund wird er in diesem Szenario weggelassen.

In einigen Fällen kann durch die unternehmensinternen Transportmittel der Transport vergünstigt erfolgen. Es werden auch Online-Angebote von gewerblichen Lieferanten eingeholt.

7.2.3   Versicherung

Ein Input für die Transportentscheidung ist die Gebühr für die Haftpflichtversicherung. Eine Versicherungspolice wird je nach Gefahrenklasse der Lieferung ausgewählt.

7.2.4   Meldungen

Einige Materialien erfordern in verschiedenen Staaten bestimmte Meldeprozesse. Die Meldung ist dabei vom Material, dessen Kategorie, dem Staat und dem Transportweg abhängig. Das Ergebnis der Entscheidung ist eine Liste von Prozessen, die vor der Entscheidung zum Materialtransport und dem Veröffentlichen des Transportplans ausgeführt werden müssen.

Im Rahmen dieses Beispiels werden die Versicherungs- und Meldungsentscheidungen nicht näher betrachtet.

7.3   Umsetzung der Entscheidungen in DMN

Die Entscheidungen, die für die Beschaffung und Lieferung der Materialien getroffen werden müssen, wurden im Beispiel vorgestellt. Jede dieser Entscheidungen wird nun untersucht, um die Frage zu identifizieren, die beantwortet werden muss, damit die Entscheidung getroffen werden kann. Diese Frage muss bezüglich des Inhaltes der Entscheidung sowie des zeitlichen Aspektes und ihres Umfangs eindeutig sein. Der mögliche Output, also die erlaubten Antworten auf die Frage, bestimmen die Reaktionen des Prozesses.

Auch der Unternehmenskontext ist für die Entscheidungen von Bedeutung – dazu gehören KPIs sowie Prozesse und Anwendungen, die von der Entscheidung betroffen sind.

Um Ausdrücke oder Entscheidungstabellen für die Umsetzung dieser Entscheidungen zu entwickeln, müssen Geschäftsregeln analysiert werden. Typische Regeln sind dabei:

> Regeln bezüglich qualifizierter Verkäufer

> Regeln bezüglich der Herstellungsorte in einem Vertrag

> Das Bestimmen aktiver Bestellungen

Zu weiteren Einschränkungen gehören:

> Die Dauer des Vertrages

> Mögliches Zahlungsverhalten

> Zulässiges Ausmaß an Defekten

Angegebene Reaktionen beinhalten:

> Ablehnen einer Anfrage

> Erhöhen der Haftpflicht-Abdeckung

> Benachrichtigen des Umweltministeriums

Um aus diesen Konzepten einen DMN-Ausdruck abzuleiten, müssen sie auf die ihnen zugrundeliegenden Daten und Interpretationen reduziert werden. Die Daten dienen dann als Input für die Entscheidungen und entstehen aus Prozessinstanzen oder Unternehmensdaten, die in Datenbanken oder anderen Datenspeichern festgehalten sind.

Das Ergebnis einer Entscheidung hat einen Effekt oder Einfluss auf den Prozess. Eine Entscheidung enthält bestimmte Grundoperationen:

Kategorisieren: Art, Sorte, Farbe, Geschmacksrichtung oder Bereich eines Objektes werden bestimmt. Dies geschieht im Normalfall über die direkte Auswertung der Attribute der Input-Daten.

Berechnen: Formeln werden angewendet und Statistiken werden entwickelt. Werte werden bestimmt und diese werden einem Entscheidungsattribut zugewiesen.

Vergleichen: Daten werden mit Schwellen- oder Grenzwerten verglichen, um sie auf das Vorliegen bestimmter Bedingungen zu überprüfen..

Steuern: Das Ergebnis eines Ausdrucks, in dem beispielsweise ein bestimmter Wert gesetzt wird, steuert die Reaktion des Prozesses.

Die Kategorisierung von Objekten wurde schon im Zusammenhang mit den qualifizierten Verkäufern erwähnt. Andere Kategorien wären beispielsweise verspätete Lieferungen, beschädigte Materialien oder gescheiterte Laborversuche. Berechnungen enthalten eine Metrik, zum Beispiel die Anzahl der gescheiterten Laborversuche oder die Varianz bei den Liefermengen.

7.3.1   Top-Level-Decision für die Beschaffung der Materialien

Top-Level-Decisions sammeln die Ergebnisse aus den Unter-Entscheidungen und werten diese aus, um die durch sie aufgeworfene Frage zu beantworten und die Antwort an den aufrufenden Prozess zurückzuleiten. Eine korrekt entworfene Entscheidung beinhaltet alle benötigten Logikschritte, um effizient mit dem Prozess zusammenzuarbeiten: Nach dem Aufruf einer Entscheidung durch einen Geschäftsregeltask sollten nach den Logik-Gateways keine weiteren Entscheidungen aufgerufen werden müssen.

Die Frage bei der Beschaffung der Materialien lautet:

> *Wie beschaffen und liefern wir die angefragten Materialien, sodass der Produktionsbedarf erfüllt wird und die Kosten so niedrig wie möglich bleiben?*

Die möglichen Antworten dazu lauten:

> ❯ Vertraglicher Erwerb mit Besitzübergang beim Hersteller und somit vertragliche Lieferung über externen Lieferanten

> ❯ Vertraglicher Erwerb mit Besitzübergang beim Kunden und somit vertragliche Lieferung durch Hersteller

> ❯ Gewerblicher Kauf mit gewerblicher Lieferung

> ❯ Gewerblicher Kauf mit vertraglicher Lieferung

> ❯ Bezug aus internen Quellen mit gewerblicher Lieferung

> ❯ Beschaffung nicht möglich: Kauf verschieben und Vertragsverlängerung verhandeln

> ❯ Beschaffung nicht möglich: Kauf verschieben und einen Vertrag für die Beschaffung der Materialien aufsetzen

> ❯ Beschaffung nicht möglich: Keine Verträge und zertifizierten Verkäufer verfügbar

Die Output-Daten der Entscheidung besitzen Attribute, in denen die Vertrags-
oder Verkäuferinformationen sowie relevante Transportinformationen hinterlegt
sind.

Durch die Output-Daten der Entscheidung entstehen mehrere mögliche Folgen.
Wie in Abbildung 7.7 gezeigt, ist das Ergebnis der Top-Level-Decision nicht in
jedem Fall die Beschaffung und Auslieferung der angeforderten Materialien. Über
die Daten in der Entscheidung wird der nächste Schritt bestimmt, also beispielsweise, ob die Materialien vertraglich oder gewerblich erworben werden. Die speziellen Vertrags- und Verkäuferinformationen in den Datenattributen werden in die
einzelnen Unterprozesse zur Verarbeitung eingegeben.

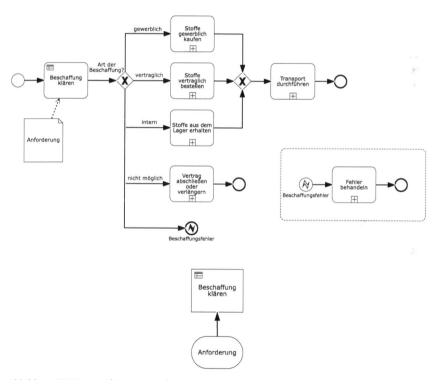

Abbildung 7.7: Top-Level-Prozess und -Decision für das Anwendungsbeispiel.

Durch das Modellieren von Entscheidungen können bestimmte Aktivitäten erkannt
werden. Oft bestehen Entscheidungen aus zwei Schritten: einem automatisierten
und einem mit manuellem Eingreifen. In diesem Beispiel lösen manche Bedingungen einen manuellen Schritt, wie das Verlängern des Vertrages, aus. Außerdem
können Ereignisse und Zustände, die einen Fehler oder eine Warnung auslösen,
entdeckt werden. Der Prozess sollte dann so angepasst werden, dass er mit diesen
umgehen kann.

Beim Untersuchen der Details wichtiger Entscheidungen können Schwachstellen und unklare Abläufe aufgedeckt werden. Diese können durch eine gute Dokumentation der Entscheidungen nachgebessert werden.

In diesem Beispiel helfen folgende Fragen bei der Entdeckung von Schwachstellen:

> › Was wird getan, wenn es keine Entscheidung gibt?

> › Wie findet die Interaktion mit dem Vertragsbüro statt?

Alle Entscheidungen setzen sich aus relevanten Fragen und dafür möglichen Antworten zusammen. Geschäftswissen, das in Form von Ausdrücken in der Entscheidung eingesetzt wird, besteht aus Gruppen von Regeln, die diese Fragen beantworten.

Unterhalb der Top-Level-Entscheidung gibt es vier Unter-Entscheidungen: Beschaffung, Transport, Versicherung und Meldung. Die ersten beiden werden im Folgenden detailliert untersucht.

7.3.2   Entscheidung zur Beschaffung

Auch hier wird zuerst wieder die zu beantwortende Frage bestimmt. Sie lautet:

Wie sollen die benötigten Materialien beschafft werden?

Dafür gibt es vier mögliche Antworten:

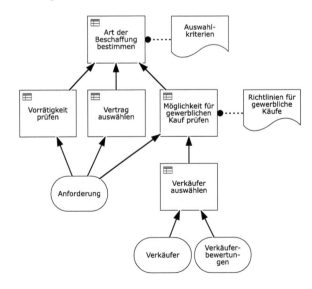

Abbildung 7.8: Entscheidung zur Art der Beschaffung mit allen Entscheidungen und Unter-Entscheidungen.

> Interne Quellen: Verwenden von Materialien aus dem internen Lager

> Verwenden eines bestehenden Vertrages zur Beschaffung

> Gewerblicher Kauf der Materialien von einem zertifizierten Verkäufer

> Keine Möglichkeit zur Beschaffung erkannt

Auch für diese Entscheidung gibt es wieder Unter-Entscheidungen, die zuvor getroffen werden müssen:

> Sind die gewünschten Materialien im Lager vorrätig?

> Welche Verträge liegen für diese Materialien vor?

> Was sind die vertraglich vereinbarten Kosten für diese Materialien?

> Welche zertifizierten Verkäufer gibt es für vertraglichen und gewerblichen Erwerb dieser Materialien?

Diese Unter-Entscheidungen sind in Abbildung 7.8 dargestellt. Weitere Unter-Entscheidungen für den vertraglichen Erwerb werden im folgenden Diagramm aufgelistet.

In diesem Anwendungsfall gibt es verschiedene Richtlinien für vertragliche und gewerbliche Käufe, die von der Beschaffungsentscheidung berücksichtigt werden müssen. Weiterhin muss sie eine Auswahl treffen, wenn mehrere Arten der Beschaffung möglich sind.

7.3.3 Auswahl eines Vertrages

Abbildung 7.9 zeigt eine Entscheidung, die die Auswahl eines Vertrages zum Ziel hat. Wenn mehrere Verträge vorliegen, wird über bestimmte Auswahlkriterien einer davon ausgewählt, der in der Hauptentscheidung zur Beschaffung verwendet wird. Diese Kriterien richten sich hauptsächlich nach den Kosten, aber auch Mindestabgabemengen und die Vielfalt des Lieferangebots spielen dabei eine Rolle.

Für die Vertragsauswahl müssen zuvor einige Unter-Entscheidungen getroffen werden:

> Passende Verträge identifizieren: Welche Verträge liegen vor, die die angeforderten Materialien beinhalten?

> Verträge suchen: Gibt es qualifizierte Verkäufer, die Verträge über die angeforderten Materialien anbieten?

> Kosten prüfen: Wenn Verträge der Anforderung entsprechen, welche Kosten sind mit ihnen verbunden?

> Handlungsschritte ermitteln: Sind für diese Verträge bestimmte Vertragsverhandlungen erforderlich?

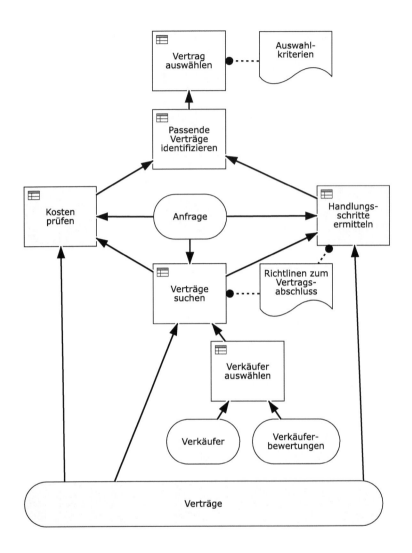

Abbildung 7.9: DMN-Entscheidung zur Vertragsauswahl.

Mögliche Antworten für die „Passende Verträge identifizieren"-Entscheidung sind:

> Es gibt passende Verträge für diese Anforderung.

> Es gibt Verträge, die nach bestimmten Vertragsverhandlungen für diese Anforderung passen.

> Es gibt keine passenden Verträge für diese Anforderung.

> Bei der Auswertung wurden nötige Vertragsverhandlungen identifiziert.

Folgende Ausdrücke beschreiben die Entscheidungsfindung bei der Vertragsauswahl:

> Wenn der Vertrag die angefragten Materialien enthält und in die Region liefert, in der sie benötigt werden, gilt er als passend. Für die Implementation dieses Ausdrucks müssen also folgende Schritte ausgeführt werden: **Vergleiche** die angefragten Materialien mit den verfügbaren Materialien aus den Verträgen sowie deren Lieferregion mit dem anfragenden Standort. Leite passende Verträge an die Vertragsauswahl weiter.

> Wenn der Vertrag bis zu vier Tage vor dem geplanten Lieferzeitpunkt endet, gilt er als passend. Für die Implementation dieses Ausdrucks müssen folgende Schritte ausgeführt werden: **Berechne** die zeitliche Differenz zwischen Lieferzeitpunkt und dem Zeitpunkt des Vertragsendes, **vergleiche** das Ergebnis mit den zulässigen vier Tagen und leite den Vertrag an die Vertragsauswahl weiter, wenn es kleiner ist; wenn nicht:

> Wenn der Vertrag zwischen vier und 21 Tagen nach dem geplanten Lieferzeitpunkt endet, kann er nach Vertragsverhandlungen noch als passend gelten. Für die Implementation dieses Ausdrucks müssen folgende Schritte ausgeführt werden: **Berechne** die zeitliche Differenz zwischen Lieferzeitpunkt und Zeitpunkt des Vertragsendes, **vergleiche** das Ergebnis mit vier und 21 und – wenn es zwischen den Werten liegt – leite den Vertrag mit den nötigen Informationen zu Zeitverzögerung und Vertragsverhandlungen an die Vertragsauswahl weiter.

> Wenn die angefragte Menge zusammen mit der bisher gelieferten Menge der Materialien unter 90% des im Vertrag vorgeschriebenen Liefermaximums liegt, gilt der Vertrag als passend. Für die Implementation dieses Ausdrucks müssen folgende Schritte ausgeführt werden: **Berechne** die prozentuale Differenz zwischen dem verhandelten Maximum und der bisher gelieferten Menge zusammen mit der angefragten Menge, **vergleiche** den Wert mit dem 90%-Schwellenwert und leite den Vertrag an die Vertragsauswahl weiter, wenn der Wert darunter liegt.

> Wenn die angefragte Menge zusammen mit der bisher gelieferten Menge der Materialien zwischen 90% und 120% des im Vertrag vorgeschriebenen Liefermaximums liegt, kann der Vertrag nach Vertragsverhandlungen noch als passend gelten. Für die Implementation dieses Ausdrucks müssen folgende Schritte ausgeführt werden: **Berechne** die prozentuale Differenz zwischen dem verhandelten Maximum und der bisher gelieferten Menge zusammen mit der angefragten Menge, **vergleiche** den Wert mit den 90%- und 120%-Schwellenwerten und – wenn der Wert zwischen den Schwellenwerten liegt – leite den Vertrag mit den nötigen Informationen zu Zeitverzögerung und Vertragsverhandlungen an die Vertragsauswahl weiter.

7.3.4   Vertragshandlungen

Während der Untersuchung der vorliegenden Verträge kann festgestellt werden, dass für einige Verträge bestimmte Handlungsschritte notwendig sind, wenn sie sich vorgeschriebenen Grenzwerten nähern. Der Ausdruck dafür lautet:

> Wenn die angefragte Menge zusammen mit der bisher gelieferten Menge der Materialien zwischen 90% und 120% des im Vertrag vorgeschriebenen Liefermaximums liegt oder der Vertrag zwischen vier und 21 Tagen nach dem geplanten Lieferzeitpunkt endet, wird der Vertragsmanager benachrichtigt, um für eine Vertragsverlängerung zu sorgen. Für die Implementation dieses Ausdrucks muss, falls eine oder beide der Bedingungen erfüllt sind, ein Attribut in den Output-Daten gesetzt werden, durch das dieses Ereignis an den Prozess weitergegeben wird.

7.3.5   Vertragskosten

Wenn ein Vertrag eines Verkäufers für die Beschaffung infrage kommt, berechne die Kosten des Vertrages. Diese setzen sich aus dem Stückpreis mal der Anzahl der zu liefernden Materialien zusammen, abzüglich eventueller Rabatte.

7.3.6   Auswahl eines Verkäufers

In der „Verkäufer auswählen"-Entscheidung wird bestimmt, von welchem Verkäufer die angefragten Materialien bezogen werden könnten. Dies gilt sowohl für gewerbliche Käufe als auch für die Vertragsauswahl. Ein Verkäufer für einen vertraglichen oder gewerblichen Kauf gilt als passend, wenn er die angefragten Materialien an den Standort, an dem sie benötigt werden, liefern kann.

Ein Verkäufer wird abgelehnt, wenn es bei ihm zu vier oder mehr Rücksendungen aus Qualitätsgründen oder acht oder mehr schlechten Laborergebnissen innerhalb von 90 Tagen gekommen ist. Als Entscheidungstabelle sieht das folgendermaßen aus:

AC	Rücksendungen		schlechte Laborergebnisse		Verkäufer geeignet?
	Eingabewerte				Ergebnisse
	[0..90]		[0..90]		{Ja,Nein}
1	≤	4	≤	8	Ja
2	>	4		-	Nein
3		-	>	8	Nein

Abbildung 7.10: Entscheidungstabelle für die Auswahl von Verkäufern.

7.3.7   Gewerblicher Kauf

Analog zum vertraglichen Erwerb müssen auch hier die Kosten berechnet werden. Sie setzen sich aus dem Stückpreis mal der Anzahl der benötigten Materialien zusammen, abzüglich eventueller Rabatte.

7.3.8   Interne Quellen

Diese Entscheidung ermittelt, ob die angefragten Materialien im internen Lager vorrätig sind. Die Materialien können aus dem Lager bezogen werden, wenn es sich am Anfragestandort befindet. Für die Auswertung dieses Ausdrucks werden die angefragten Materialien mit den verfügbaren Vorräten im Lager des Standorts verglichen.

Die Kosten berechnen sich aus dem internen Stückpreis mal der angefragten Anzahl der Materialien.

7.3.9   Beschaffung

Die tatsächliche Beschaffung findet statt, nachdem die „Art der Beschaffung bestimmen"-Entscheidung getroffen wurde. Dabei wird über interne Richtlinien bestimmt, wann das Vertragsbüro einen Vertrag für die Beschaffung aufsetzen sollte.

Wenn Materialien im Wert von mehr als 200.000€ innerhalb von 12 Monaten in einer Region erworben werden und es keinen laufenden Vertrag für diese Materialien gibt, soll nach möglichen Vertragsabschlüssen gesucht werden. Für die Implementation dieses Ausdrucks müssen folgende Schritte ausgeführt werden: Berechne den Wert der Käufe für bestimmte Materialien innerhalb der letzten 12 Monate, addiere dies auf die Gesamtkäufe auf, vergleiche den Wert der Gesamtkäufe mit dem 200.000€-Schwellenwert und setze entsprechende Attribute in den Output-Daten, die das Vertragsbüro benachrichtigen, wenn der Wert darüber liegt.

7.3.10   Kaufkriterien

Wenn mehrere Möglichkeiten zur Beschaffung ausfindig gemacht wurden (beispielsweise vertraglich und gewerblich), sind für die Entscheidung letztendlich die zusätzlichen Kosten eines gewerblichen Kaufes und die Vorteile des Rückgriffs auf interne Quellen ausschlaggebend. Wenn die angefragten Materialien bereits im Lager vorliegen, fällt beispielsweise der Aufwand für den Erwerb weg. Vertragskäufe werden gewerblichen Käufen vorgezogen, weil weniger Verwaltungsaufwand nötig ist – die Konditionen sind bereits mit dem Verkäufer geklärt.

In diesem Beispiel werden Vertragskäufe gewerblichen Käufen vorgezogen, auch wenn die Kosten bis zu 6% höher sind. Die Verwendung interner Ressourcen wird einem vertraglichen Kauf vorgezogen, auch wenn die Kosten bis zu 8% höher sind.

Zuerst müssen also die geringsten Preise, jeweils aus vertraglichem Kauf, gewerblichem Kauf und internen Quellen, ermittelt werden, um dann die Wahl nach den oben genannten Bedingungen zu treffen. In Form einer Entscheidungstabelle sieht das so aus:

FC	vertragliche Kosten	interne Kosten	gewerbliche Kosten	Art der Beschaffung
	Zahlwert	*Zahlwert*	*Zahlwert*	*Text*
1	<= minKosten * 1,06	-	-	"vertraglich"
2	-	<= minKosten * 1,08	-	"intern"
3	-	-	> 0	"gewerblich"
4	-	-	-	"nicht möglich"

Abbildung 7.11: Entscheidungstabelle für die Auswahl der Beschaffungsart, wenn die Kosten aus Verträgen oder internen Quellen nahe an den Kosten eines gewerblichen Kaufes liegen.

Wenn keine Möglichkeit zur Beschaffung gefunden wurde, wird das vierte Ergebnis, „Beschaffung nicht möglich", zurückgegeben. Wenn die Beschaffung über gewerblichen Kauf nicht die billigste Variante ist, wähle die Variante mit den geringsten Kosten. Wenn die Beschaffung über gewerblichen Kauf die billigste ist, werte die Regeln aus Abbildung 7.11 entsprechend aus.

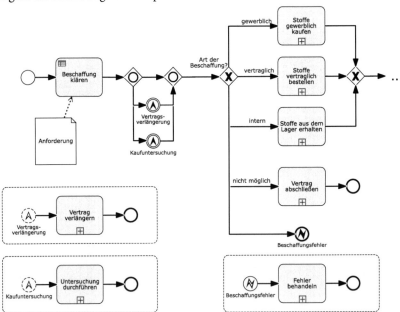

Abbildung 7.12: Beschaffungsprozess mit zwei weiteren Ereignis-Unterprozessen, die durch die Entscheidung ausgelöst werden können.

7.3.11 Prozessreaktionen

Die Prozessreaktionen auf die Top-Level-Entscheidungen wurden bereits geklärt. Auf Ebene der Kontrollflusssteuerung sind dies:

> Vertragliche Bestellung, wenn der Vertrag die geringsten Kosten mit sich bringt

> Gewerbliche Bestellung, wenn gewerblicher Kauf die geringsten Kosten mit sich bringt

> Materialientransfer aus dem eigenen Lager, wenn interne Quellen die geringsten Kosten mit sich bringen

Teilnehmerauswahl:

> Vertragsmanager benachrichtigen über eine gewünschte Vertragsverlängerung

Reaktion auf Ereignisse:

> Anstreben eines Vertragsabschlusses bei einem Bestellwert von über 200.000€ im Jahr ohne bisherigen Vertrag

Als nächstes kommt die Entscheidung über die Transportart zum Prozess hinzu.

7.3.12 Transportentscheidung

Die Transportart wird auf Grundlage der Kosten und der verfügbaren Versicherungen entschieden. Die Frage für diese Entscheidung lautet:

Wie sollen die Materialien transportiert werden, sodass die Anfrage erfüllt wird und die unternehmensinternen Versicherungsvorschriften eingehalten werden?

Dafür gibt es sieben mögliche Antworten:

> Interner (lokaler) Transport

> Vertraglicher Spediteur

> Gewerblicher Spediteur

> Vertraglicher Bahntransport

> Gewerblicher Bahntransport

> Vertraglicher Schifftransport

> Gewerblicher Schifftransport

Für das Fällen dieser Entscheidung ist wiederum das Treffen von Unter-Entscheidungen nötig. Der Transportweg muss bestimmt werden, ebenso die Verfügbarkeit eines Vertrages, die Kosten eines gewerblichen Transports und die Verfügbarkeit von Versicherungen. Dies ist in Abbildung 7.13 dargestellt.

Der Transportweg ist abhängig vom Umfang der Materialienbestellung und der Möglichkeit der jeweiligen Transportmittel, die Liefermengen zu bewältigen. Die Verträge zur Beschaffung von Materialien können den Transport bereits beinhalten, insofern ist die Entscheidung zur Art der Beschaffung eine Unter-Entscheidung zur Transportentscheidung.

Eine weitere schwierige Entscheidung ist die Routenplanung. Nicht jede Produktionsanlage und nicht jeder Hersteller besitzt die Möglichkeit für einen Transport per Bahn oder per Schiff. Außerdem dauert es bei verschiedenen Anlagen unterschiedlich lange, bis eine Anlieferung in die Produktion aufgenommen werden kann. Oftmals wird daher nicht eine

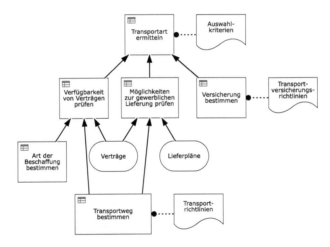

Abbildung 7.13: Die Entscheidung zur Art der Beschaffung ist eine Unter-Entscheidung zur Ermittlung der Transportart.

einzige Transportart gewählt, sondern eine Kombination verschiedener Transportmittel. Hierfür werden dann manuelle Eingriffe bei der Routenplanung nötig und dies kann nicht durch eine Entscheidung allein geleistet werden. Für die Umsetzung kann beispielsweise ein Ereignis-Unterprozess verwendet werden.

7.3.13   Wahl des Transportwegs

Der Vorteil größerer Transportmittel liegt darin, dass eine geringere Zahl von Lieferungen nötig ist. Bei geringen Mengen oder Gewichten kommen Bahn- und Schifftransport allerdings nicht in Betracht. Außerdem gibt es bestimmte Materialien, die nicht per Schiff oder Bahn transportiert werden dürfen.

7.3.14 Lokaler Transport

In einigen Fällen ist der unternehmensinterne Transport eine günstige Alternative. Wenn die angefragten Materialien jedoch nicht lokal vorliegen, werden kommerzielle Angebote online eingeholt.

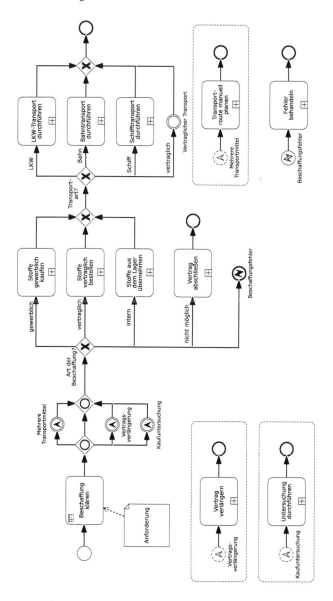

Abbildung 7.14: Kompletter Prozess mit Beschaffung und Transport.

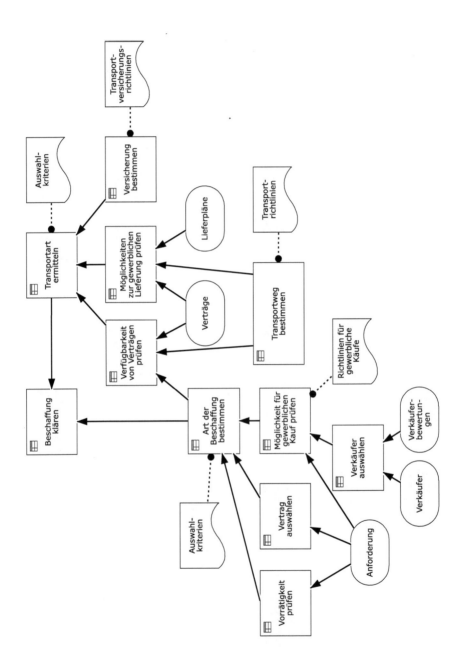

Abbildung 7.15: Entscheidung zur Beschaffung mit den wichtigsten Unterentscheidungen.

7.4 Zusammenfassung zum Beschaffungsprozess

Auf der höchsten Abstraktionsebene wird die Art der Beschaffung mit der Wahl des Transports verbunden. Wenn eine vertragliche Lieferung möglich ist und die geringsten Kosten mit sich bringt, wird die Lieferung bei der Verhandlung des Vertrages mit einbezogen. Die Transportaktivitäten finden nach den Beschaffungsaktivitäten statt.

In diesem Beispiel wird über eine einzige verständliche Entscheidung ein gesamter komplexer Prozess gesteuert, ohne dass im Prozess viele Logikschritte ausgeführt werden müssen.

7.5 Zusammenfassung

In diesem Kapitel wurde gezeigt, wie BPMN-Prozesse von DMN-Entscheidungen beeinflusst werden können. Dabei kann auf einfache Weise gesteuert und überprüft werden,

> in welcher Reihenfolge die Prozessaktivitäten und -ereignisse auftreten,

> wer an einer Aktivität beteiligt ist und wem sie zugewiesen wird,

> welche Handlungsschritte unternommen werden,

> welche Daten gültig sind und

> wie Ereignisse erkannt werden können und wie auf sie reagiert werden soll.

Entscheidungen können Ereignisse generieren, die innerhalb der Entscheidung erkannt werden können. Der Anwendungsfall hat gezeigt, dass eine einzige Entscheidung viele Aspekte eines Geschäftsprozesses auslösen und steuern kann.

Es wurden fünf verschiedene Wege vorgestellt, durch die eine Entscheidung den Prozessverlauf beeinflussen kann. Im Anwendungsbeispiel wurden:

> Prozessteilnehmer ausgewählt, um bestimmte Aufgaben zu erledigen – beispielsweise der Vertragsmanager oder die Transportabteilung.

> Aktivitäten ausgewählt, die ausgeführt werden müssen – beispielsweise das Erstellen eines Vertrags über Materialien, die häufig eingekauft wurden, und das Verlängern von Verträgen.

Beim Entwurf von Prozessen ist das Einbinden von Entscheidungen sowohl ein wichtiges Management-Konzept als auch ein strategisches Entwurfstool für das Erreichen von Unternehmenszielen.

Übersichtlich entworfene Prozesse erleichtern die Verwaltung und Steuerung von Geschäftsprozessen. Ohne Verwendung von DMN werden die Entscheidungen nicht separat vom Prozess betrachtet. Dies erschwert jedoch die Handhabung und kontinuierliche Weiterentwicklung des Prozesses, da Entscheidungen sich oft verändern können und wichtige Teile des Prozesses steuern.

Trennt man Prozess und Entscheidungen, stabilisiert das den Prozess und erlaubt die erleichterte Umsetzung von Änderungen, ohne den Prozess selbst ändern zu müssen. Die fünf Kategorien von Prozessreaktionen helfen bei der Wahl, welche Prozessteile dynamisch durch Entscheidungen gesteuert werden sollten und welche Teile statische Abläufe sein sollten.

Im Anwendungsbeispiel wurden (wenn auch auf abstrakter Ebene und mit fehlenden Details) Modellierungspraktiken verwendet, die so auch in Unternehmen Anwendung finden. Alle Faktoren der Entscheidung, wie Transport und Versicherung, wurden beachtet. Das Ziel dieses Beispiels war es, die Komplexität eines praktischen Szenarios aufzuzeigen.

Die wichtigsten Punkte des BPMN/DMN-Ansatzes lauten:

> Geschäftsprozesse und Entscheidungen sollten modellgesteuert und visuell sein.

> Es werden Tools benötigt, um die Auswirkungen von Änderungen in unternehmensweiten Prozessen und Entscheidungen zu analysieren, modellieren und testen.

> In Unternehmen wird versucht, Entscheidungen aus Unternehmensrichtlinien und -zielen herzuleiten.

Kapitel 8
Ausführungssemantik

8.1   Einleitung

BPMN und DMN werden verwendet, um Prozessszenarien und Anwendungsfälle so darzustellen, dass sie für Business Analysten verständlich sind. Um daraus ausführbare, digitalisierte Prozesse zu erhalten, müssen die fachlichen Details in technischer Form ausgedrückt werden – bei einem Einkaufsprozess heißt das beispielsweise:

> Aus der Dauer eines Vertrags werden zwei Datenelemente, die über eine REST-Anfrage (Representational State Transfer) eingespeichert und abgerufen werden können.

> Ein Webformular ersetzt einen Benutzer-Task.

> Eine Abfolge von Vertragsvoraussetzungen wird zu einem FEEL-Ausdruck.

Selbst wenn alle Aktivitäten, Ereignisse, Gateways, Transitionen und Nachrichten im BPMN-Modell korrekt angeordnet sind und die Konzepte und Regeln der entscheidungsbasierten Modellierung befolgt wurden, kann kein BPMN/DMN-Tool garantieren, dass der Prozess vollständig und problemlos ausgeführt werden kann. Es reicht offensichtlich nicht aus, dass der Prozess syntaktisch korrekt modelliert wurde, oft sind weitere Modellierungsschritte erforderlich. In manchen Fällen wird zum Beispiel eine detaillierte Analyse des Modells nötig, in anderen Fällen müssen bestimmte Prozesselemente so angepasst werden, dass sie von der ausführenden Engine problemlos erkannt werden. Außerdem muss das Prozessmodell die technischen Eigenschaften und Besonderheiten bei der Interaktion mit der Infrastruktur berücksichtigen.

Damit ein Prozess als ausführbar angesehen werden kann, muss zuerst das Gesamtbild des Prozessmodells vervollständigt werden. Der vorgesehene Standardfluss muss, wie in Kapitel 6 beschrieben, mit Ausnahmen, Eskalationen und Kompensationen versehen werden. Durch solche Details kann der fachliche Inhalt des Prozesses untergehen, daher ist es oft sinnvoll, den ausführbaren Prozess in einem separaten Modell zu entwerfen.

Anschließend sollte das gewünschte Verhalten des Prozesses gegenüber der Ausführungssemantik der Modellelemente geprüft werden. Die Ausführungssemantik beschreibt genau, auf welche Weise eine Prozessengine die Modellelemente und ihre Attribute interpretiert. Dabei geht es nicht nur um die Funktionsweise von Gateways oder das Durchführen von Aktivitäten – es gibt wichtige Merkmale, die Elemente aus dem BPMN-Datenmodell mit der Prozessengine verbinden. In Kapitel 4 wurde der Umgang mit Daten und Nachrichten in BPMN erläutert.

Die Prozessengine startet und steuert Prozessinstanzen genau nach der Semantik, die durch das Prozessmodell vorgegeben ist. Einige BPMN-Elemente können unter Umständen von der Prozessengine ignoriert werden, dazu gehören unter anderem manuelle und abstrakte Tasks und Ad-hoc-Prozesse. Das Modellierungsteam sollte sich daher mit dem spezifischen Verhalten der verwendeten Engine auseinandersetzen.

Die Ausführungssemantik von BPMN-Elementen basiert auf dem Konzept der Tokenweitergabe. Token bewegen sich über Sequenz- und Nachrichtenflüsse durch das BPMN-Modell. Bei einigen Elementen, besonders bei Gateways und impliziten Verzweigungen oder Zusammenführungen, wird über die Token das Verhalten des ausgeführten Prozesses wiedergegeben.

Die Semantiken der Elemente sind hierarchisch aufgebaut. Ein Schleifen-Unterprozess erbt die Semantik eines Unterprozesses; ein Skript- oder Servicetask erbt die Semantik eines Tasks. Auch das BPMN-XML-Datenmodell hilft beim Verständnis des Verhaltens bestimmter Diagrammelemente. Die meisten Elemente sollten jedoch bekannt sein – exklusive Gateways arbeiten mit Bedingungen, Unterprozesse besitzen Input- und Output-Datenmengen und MI-Unterprozesse werden so oft ausgeführt, wie ein Zähler es angibt.

8.2   Vervollständigen eines Prozessmodells

Zur Vervollständigung eines Prozessmodells müssen erwartete oder mögliche Fehler und Ausnahmefälle im Modell vorgesehen und abgefangen werden. Dies kann über folgende Konstrukte geschehen:

> An Unterprozesse angeheftete eintretende Zwischenereignisse, die bestimmte Ereignisse abfangen und sie an Aktivitäten weiterleiten, die den Fehler beheben oder auf eine bestimmte Weise behandeln.

> Ausgehende Pfade an Gateways, die im Fehlerfall über die Bedingung ausgewählt werden und so den Fehler weiterleiten.

> Eine Referenz auf einen Standard-Unterprozess zur Eskalation jedes möglichen Fehlers.

Die möglichen Fehler ergeben sich aus dem fachlichen Problem, für das eine Lösung gefunden werden soll, aus den Eigenschaften der miteinander verbundenen internen und externen Services und aus den Merkmalen der Infrastruktur, auf der die Services ausgeführt werden. Neben der Optimierung eines Prozesses aus Effizienzsicht ist das Ermitteln und Verwalten möglicher Fehler einer der größten Nutzen der Prozessmodellierung.

In den BPMN-Ausschnitten unten wird eine Fehlerprüfungsnachricht durch ein Device-Cloud[13]-Interface an ein Gerät in einem Netzwerk weitergegeben, das aus verschiedenen Gründen offline sein könnte.

Zuerst wird die inhaltliche Abfolge der nötigen Schritte modelliert. Im Anschluss daran müssen Fehlerbehandlungen eingefügt werden, damit der Prozess ausgeführt werden kann. Dabei können sowohl fachliche als auch technische Fehler auftreten, beispielsweise:

> Ein Gerät wird nicht korrekt betrieben, weswegen ein spezieller Fehlerprozess gestartet werden muss. Dies wäre ein fachlicher Fehler.

> Die Sicherheitsausstattung erkennt einen Man-in-the-Middle-Angriff. Dies wäre ein technischer Fehler.

Zur Behandlung dieser möglichen Fehler kann es notwendig sein, zusätzliche Workflows zu modellieren.

Wie bereits erwähnt, werden bei der Ausführung von BPMN abstrakte Tasks meist ausgelassen. Sie sollten also mit Skript-, Service- und Benutzertasks ausgetauscht werden. Nachrichtentasks sollten ebenso, soweit möglich, mit Aufrufen von Services oder Skripten ersetzt werden:

> Ein Servicetask kann dabei mit anderen Prozessen und Services kommunizieren. Bei der Ausführung ruft der Prozess über den Servicetask einen Service oder einen anderen Prozess auf oder löst diesen aus. Technisch wird dies meist über Aufrufe von WSDL (Web Service Definition Language) oder über REST-Anfragen gelöst.

> Ein Skripttask kann Werte aus Datenobjekten in einem Prozess manipulieren. Wenn der Prozess über ein Gateway in eine bestimmte Richtung gelenkt wird, kann das über einen Skripttask festgehalten werden. Es können auch Standardwerte für Datenobjekte beim Start des Prozesses festgelegt werden.

Die Nachrichtenkommunikation mit der Device-Cloud in Abbildung 8.1 beispielsweise muss vor der Ausführung hinsichtlich möglicher Fehler analysiert werden.

---

13.   *Eine Device-Cloud ist eine Platform as a Service (PaaS), bei der meist von einem Drittanbieter IoT-Geräte bereitgestellt und betrieben werden. Dabei werden meist Millionen von Geräten mit verschiedenen Arten von Geräteprofilen verwendet.*

An der Kommunikation sind vier Infrastrukturschichten beteiligt: die Software as a Service (SaaS) des Unternehmens, auf dem die Nutzeranwendungen laufen, die Device-Cloud, ein Gateway und ein Netzwerk aus verbundenen Sensoren und Geräten. In der obersten Schicht findet die Kommunikation meist über HTTP und REST statt, wobei die Details der Nachrichten versteckt bleiben. Die Kommunikation zwischen Device-Cloud und den Geräten erfolgt zumeist über eine Message Queue wie zum Beispiel MQ Telemetry Transport (MQTT)[14].

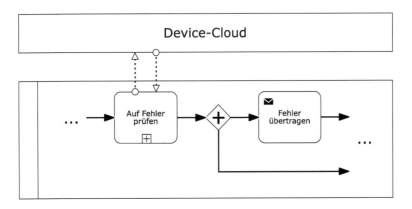

Abbildung 8.1: Analytische Darstellung der Kommunikation mit Geräten in der Device-Cloud durch einen Unterprozess.

Im Ausschnitt aus Abbildung 8.1 fehlt die Behandlung von Fehlern und Zeitüberschreitungen. Die Art des Fehlers bestimmt dabei, welche Schritte zu seiner Behandlung oder Behebung durchzuführen sind. Fehler können korrigiert werden; oder sie werden vermerkt oder ignoriert und die Aktivität wird erneut ausgeführt – oder einfach übersprungen. Alle diese Möglichkeiten können in BPMN auf einfache Weise modelliert werden, wie in Abbildung 8.2 zu sehen ist.

Bei der Entwicklung der korrekten Schritte und Abläufe für das ausführbare Modell müssen zuerst die verschiedenen Eigenschaften der

---

14.   *Bei MQTT handelt es sich um ein Machine-to-Machine (M2M)-/Internet-of-Things-Verbindungsprotokoll. Mehr Informationen dazu auf http://mqtt.org/.*

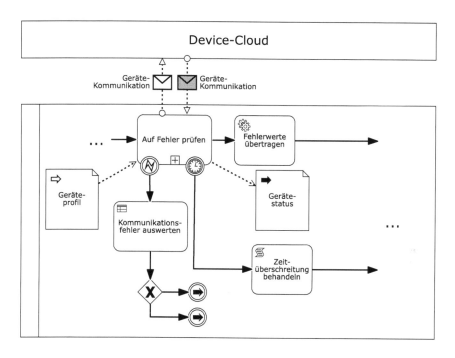

Abbildung 8.2: Mit dem Hinzufügen mehrerer Fehlerbehandlungen wird das Modell um eine realistische Betrachtung technischer Infrastruktur erweitert.

Tasks untersucht werden, damit der passende Tasktyp ausgewählt werden kann. In Abbildung 8.2 sind das folgende Typen:

> „Fehlerwerte übertragen" ruft ein zentrales IT-System auf und ist deshalb ein Service-Task. Der Nachrichtentask aus dem analytischen Modell wurde ausgetauscht, weil er nur die Kommunikation in eine Richtung darstellt.

> In „Kommunikationsfehler auswerten" wird entschieden, wie mit dem Fehler-Stack des Gerätes umgegangen werden soll, daher wird hier ein Geschäftsregeltask verwendet.

> „Zeitüberschreitung behandeln" ist ein Skripttask, der die Zeitwerte für die nächste Ausführung anpasst.

> Das „Gerätestatus"-Datenobjekt speichert die von der Prozessinstanz erstellten Werte.

Um zu bestimmen, welche Fehler abgefangen werden sollen, muss eine gute Kenntnis der Details zur ausführenden Infrastruktur gegeben sein. Ältere Datenbankumgebungen könnten beispielsweise eine Menge behandelbarer Fehler aufwerfen, die so in modernen Cloud-Umgebungen gar nicht auftreten. Eine Best Practice ist es, eine allgemeine Vorlage für das Abfangen von Fehlern zu erstellen, die wiederverwendbare Unterprozesse zum Verarbeiten unerwarteter Fehler und Zustände enthält. Auch die Schnittstellen nach außen, zu Handelspartnern und anderen Unternehmen, sollten entsprechend verwaltet werden.

8.2.1 Tasktypen für ausführbare Prozessmodelle

Tabelle 8.1 beinhaltet einige Beispiele und Entwurfsszenarien, bei denen abstrakte Tasks durch spezifische Tasktypen ersetzt werden, die bestimmten BPMN-Ausführungssemantiken folgen. Es wird vorgestellt, wie die Ausführung der Tasks in der Spezifikation beschrieben ist. Es ist von großer Bedeutung, Tasktypen zu verwenden, die zu den Eigenschaften des ausführenden Systems passen.

Tabelle 8.1: Spezifische Tasks für die Ausführung eines Prozesses

Diagramm-element	Verwendung	Entwurfsszenario	Ausführungs-semantik
Skripttask	Verändern von Werten in Datenobjekten zu einem bestimmten Zeitpunkt im Prozess. Wird meist in Skriptsprachen wie Xpath, JavaScript oder Visual Basic (.net) implementiert.	Aus Input-Daten eines Prozesses ein komplexes Geschäfts-objekt zusammenstellen. Ein Geschäftsobjekt in ein anderes umwandeln.	Bei der Instanziierung wird das zugehörige Skript aufgerufen. Wenn das Skript fertig ausgeführt wurde, wechselt der Task in den Abgeschlossen-Zustand.
Servicetask	Verwendung wie bei Nachrichtentasks oder -ereignissen; ruft jedoch Prozesse und Services synchron auf. Der Prozess wartet, bis eine Antwort eingeht.	Ein zentrales IT-System aufrufen.	Der Service wird bei der Instanziierung aufgerufen. Wenn die Ausführung des Service fehlschlägt, wird die Aktivität entsprechend gekennzeichnet.
Benutzer-task	Prozess-teilnehmer geben Daten in Formulare ein, die dann im Prozess weiter-verwendet werden können.	Web-Formulare.	Bei der Instanziierung wird der Benutzertask an die zugewiesene Person oder Gruppe übergeben.

	Steht für den Aufruf eines Business Rule Management Systems, das eine Entscheidung trifft.	Anwenden von Geschäftsregeln aus einem Entscheidungsmodell, wodurch eine Auswahl getroffen wird, die den Prozessverlauf beeinflusst.	Bei der Instanziierung wird das zugehörige Entscheidungsmodell aufgerufen und ausgeführt.
Geschäftsregel-task			
Nachrichten-task (sendend) Nachrichten-task (empfangend)	Bei asynchronem Senden und Empfangen zur Koordination von Aktivitäten.	Versenden einer Nachricht über einen E-Mail-Server. Empfangen einer Nachricht aus einer Message Queue.	Nach der Instanziierung a) wird die Nachricht gesendet b) wird auf das Eintreffen einer Nachricht gewartet.

Jeder dieser Tasktypen kann von einer Prozessengine ausgeführt werden. Alle Aktivitäten besitzen gemeinsame Attribute und gemeinsames Verhalten, wie beispielsweise die Zustände und Zustandsübergänge. In der BPMN-2.0-Spezifikation ist beschrieben, dass Aktivitäten nach der Instanziierung die folgenden Möglichkeiten durchlaufen können: Unterbrechung, Kompensation oder Terminierung. Im Ergebnis kennzeichnet die Prozessengine die Aktivitäten als abgeschlossen, fehlgeschlagen, kompensiert, terminiert oder zurückgezogen.

Die verschiedenen Tasktypen werden also als Notation für ihr jeweiliges Ausführungsverhalten verwendet.

8.2.2 Synchrone und asynchrone Service-Aufrufe

In BPMN-Modellen ist es möglich, sowohl synchrone als auch asynchrone Kommunikation darzustellen. Beim Service-Aufruf „Fehlerwerte übertragen" aus Abbildung 8.2 wird die Antwortnachricht synchron empfangen. Wenn die Antwort später eingeht und der Prozess schon in der Fortsetzung begriffen ist, handelt es sich um asynchrone Kommunikation. Diese wird meist über Nachrichtenereignisse dargestellt.

Nicht nur das Verhalten der Schnittstellen von Systemen, wie der Message Queue der Device-Cloud, sollte analysiert und verstanden werden – es ist genauso wichtig, die Synchronizität des Prozesses mit den richtigen Aktivitäten auszudrücken. Prozesse stellen Anfragen an wichtige Services und müssen auf deren Antwort warten. Beispiele sind:

> Bei der Inspektion von Materialien in einer Lieferkette werden zertifizierte Laborergebnisse benötigt.

> Kunden müssen bestimmte Daten bereitstellen, die als Grundlage für Darlehensanträge dienen.

> Handelspartner bieten fertige Produkte und Services an.

Der Prozess, der die Kommunikation orchestriert, muss auf korrekte Weise mit dem angefragten Service interagieren. Mit fortschreitendem Wissen über die Ausführungsumgebung können Aktivitätsabfolgen so angepasst werden, dass die Services in passender Weise aufgerufen werden.

Die Kommunikation kann über mehrere Ebenen verlaufen: Auch wenn sie auf fachlicher Ebene asynchron erscheint, kann es sein, dass die API des Services nur eine synchrone Kommunikation ermöglicht.

Bei asynchronen Services erfolgt die Antwort auf eine Anfrage verzögert. Dadurch entsteht ein Zeitfenster, in dem weitere Prozessschritte ausgeführt werden können. Bei Anfragen an synchrone Services wartet der Sender auf die Antwort. Normalerweise sollte die Antwort ohne große Verzögerungen erfolgen, aber unter manchen Umständen ist die Wartezeit nicht vorhersagbar. Das trifft sowohl auf menschliche als auch auf System-Prozessteilnehmer zu.

Synchrone Kommunikation ist simpel: eine Antwort wird direkt über die Anwendungsschnittstelle zurückgegeben. Asynchrone Antworten sind etwas umständlicher, denn die verzögerte Antwort muss einer wartenden Prozessinstanz zugewiesen werden. In der BPMN-Spezifikation ist vorgegeben, dass Nachrichten mit Prozessinstanzen verknüpft werden müssen, damit sie an die korrekte Instanz gesendet werden können.

Sowohl bei synchroner als auch bei asynchroner Kommunikation muss der Empfänger der Nachricht über so eine Verknüpfung, also die Verbindung eines Ereignisses oder einer Nachricht mit einer Prozessinstanz, erkannt werden können. Beim Entwurf müssen diese Verknüpfungen angegeben werden, damit die Prozessengine eingehende Nachrichten an die richtige Prozessinstanz weiterleiten kann. Dafür muss ein Schlüssel für diese Verknüpfung über einen Ausdruck festgelegt werden.

Für das Festlegen eines solchen Schlüssels gibt es mehrere Methoden. Eine davon ist der einfache schlüsselbasierte Ansatz: Ein Datenwert wird als Schlüssel für die Kommunikation generiert und dieser Schlüssel wird bei jeder Nachricht mit übertragen. Die Prozessengine kann dann anhand des Schlüssels die Nachrichten mit den zugehörigen Prozessinstanzen verknüpfen. Als Schlüssel können dabei auch Geschäftsattribute wie beispielsweise eine Bestellnummer dienen. Ein zweiter Ansatz baut auf diesem Schlüsselprinzip auf und verwendet während der Laufzeit einen zusammengesetzten Schlüssel, der dynamisch berechnet und aktualisiert wird, wenn sich die zugrundeliegenden Datenobjekte oder Attribute verändern.

8.3   Modellierung von Daten

Neben dem Vervollständigen der Abläufe müssen auch die Datenelemente der Prozessinstanzen definiert und dem Diagramm hinzugefügt werden. Dies geschieht mithilfe von Inputs und Outputs, Nachrichtenfluss und Datenspeichern. In Kapitel 5 wurden Datenobjekte, Datenspeicher und Nachrichten als Details eines ausführbaren Modells vorgestellt.

Daten sind wichtig für die Erstellung von Transaktionsinformationen; sie sind eine wesentliche Quelle von Informationen für Entscheidungen und Verarbeitungsschritte. Im Beispieldiagramm war das Geräteprofil als Input definiert und der entstehende Output wird als Gerätestatus festgehalten. Die Attribute der Datenobjekte werden über die übliche Datenmodellierung entwickelt; BPMN und DMN stellen kein Datenmodell dar. BPMN verbindet ein Datenmodell mit Aktivitäten und DMN verbindet es mit Input Data. Daten werden bei den meisten Technologien in Form von XML-Schemata verwaltet. Die modellierte Datendefinition kann direkt in den XML-Code eingefügt werden.

Datenmengen sind eine wesentliche Grundlage für Aktivitäten. Bei den oben aufgeführten Ausführungssemantiken muss jeweils eine Input-Datenmenge vorliegen, damit die Aktivitäten zur Ausführung gelangen. Eine Input-Datenmenge ist vollständig, wenn jedes benötigte Datenelement vorliegt. Aktivitäten warten solange, bis dies der Fall ist. Genauso werden auch Output-Datenmengen nach Abschluss der Aktivität auf Vollständigkeit und Verfügbarkeit überprüft. Wurden keine Daten ausgegeben, wird in einen Fehlerzustand übergegangen.

8.3.1   Datenobjekte

Das Ziel der Datenobjekte in BPMN ist es, Input und Output von Prozessaktivitäten zu dokumentieren und ein Datenobjekt eines bestimmten Schemas mit Input und Output der Aktivität zu verbinden. Zur Wiederholung, das BPMN-Datenobjekt sieht folgendermaßen aus:

Der momentane Zustand des Datenobjektes kann in eckigen Klammern unter der Beschriftung vermerkt werden, wie in Abbildung 8.3 gezeigt. Mit dem Fortschreiten des Prozesses ist es so einfacher, die Daten und ihre Verarbeitung zu verfolgen.

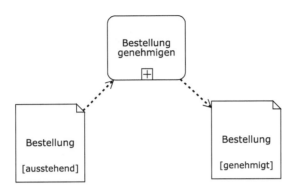

Abbildung 8.3: Datenobjekte mit Zuständen.

Datenobjekte werden über eine gestrichelte Assoziationslinie mit anderen Diagrammelementen verbunden. Meist sind das Tasks, Gateways, Ereignisse oder Sequenzflüsse.

Wird ein Datenobjekt mit einer Aktivität verbunden, kann so angezeigt werden, wo die Daten produziert wurden. Verbindet man ein Datenobjekt mit einem Gateway, zeigt das, welche Daten die Grundlage für die Pfadauswahl sind.

Datenmodellierung ist genauso wichtig wie Prozess-, Entscheidungs- und Ereignismodellierung. Ein Datenobjekt ist eine visuelle Darstellung einer fachlich relevanten Einheit. Es kann für ein elektronisches Formular oder ein schriftliches Dokument stehen und stellt wichtige Informationen zu Aktivitäten, ihrer Ausführung und ihren Ergebnissen zur Verfügung. Ein Lagerverwalter könnte beispielsweise eine Bestellung ganz bestimmter Artikel aufgeben. Die Bestellung wäre dann ein Datenobjekt. Input- und Output-Daten sind ein formaler Teil der BPMN-2.0-Spezifikation und beeinflussen die Ausführung des Prozesses.

Manchmal wird auf Basis einer Sammlung oder Menge von Daten eines Typs operiert. Dann wird das Listen-Datenobjekt verwendet:

Datenobjekte zeigen den Fluss von Dokumenten im Prozess. Sind die Vertragsdokumente Input oder Output der „Vertrag prüfen"-Aktivität? Dies kann auf verschiedene Weisen im Modell vermerkt werden. Einerseits über die Assoziationslinien, die mit Pfeilspitzen versehen werden können, um die Flussrichtung des Dokuments anzuzeigen, wie in Abbildung 8.4:

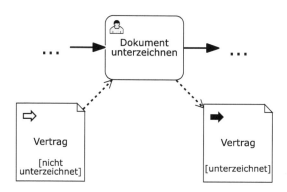

Abbildung 8.4: Datenobjekte als Input und Output einer Aktivität.

Datenobjekte können außerdem mit Pfeilen versehen werden, wie sie in Abbildung 8.4 dargestellt sind. Ein weißer, nicht ausgefüllter Pfeil steht für ein Input-Datenobjekt, ein schwarz ausgefüllter Pfeil für den Output einer Aktivität.

Die Input- und Output-Pfeile können auch verwendet werden, um die Flussrichtung von Listen-Datenobjekten anzuzeigen. Dadurch ergeben sich sechs mögliche Typen von Datenobjekten:

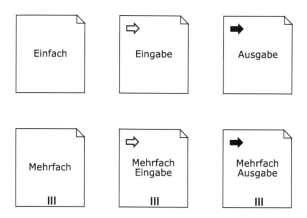

Abbildung 8.5: Verschiedene Typen von Datenobjekten.

Input- und Output-Datenobjekte verweisen auf ein Element aus einem Schema und erstellen so eine Input- oder Output-Spezifikation. Bei der Entwicklung eines ausführbaren Prozesses werden Datenelemente in XML-Schemata abgelegt und können dann über Datenobjekte im Modell referenziert werden. Die Spezifikation gibt das Verhalten der Daten im Prozess an.

Gateways mit Wahr/Falsch-Bedingungen können ebenfalls auf Datenelemente verweisen.

8.3.2   Datenspeicher

Das Datenspeicher-Element in Abbildung 8.6 ähnelt einem Datenbanksymbol, wie es in vielen anderen Modellierungsnotationen verwendet wird. Ein Datenspeicher steht für das Konzept eines permanenten Speicherortes für Daten. Dabei ist besonders darauf zu achten, welche Datenobjekte mit dem Datenspeicher verbunden werden – normale Datenobjekte werden nicht dauerhaft gespeichert, Datenobjekte, die mit einem Datenspeicher verbunden sind, hingegen schon.

Datenspeicher

Abbildung 8.6: BPMN-Diagrammelement für einen Datenspeicher.

Der Datenspeicher beinhaltet alle Daten, die im Prozessfluss in ihm abgelegt werden. Dadurch wird angezeigt, dass diese Daten für andere Personen und Systeme außerhalb des Prozesses zur Verfügung stehen.

Abbildung 8.7 zeigt die Verwendung von Datenspeichern in einem Prozessbeispiel. Der Prozess besitzt eine Schnittstelle zu einem IT-Geschäftsprozess.

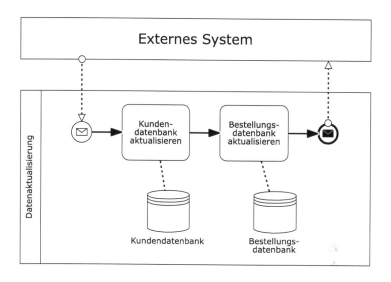

Abbildung 8.7: Datenspeicher als Symbole für persistente Speicherung.

8.3.3 Nachrichten

BPMN enthält Diagrammelemente für Daten, die in Nachrichten übertragen werden. Sie werden mit dem gleichen Umschlag-Symbol dargestellt, das auch in Nachrichtenereignissen verwendet wird. Es gibt zwei Arten von Nachrichten: initiierende Nachrichten, die Prozesse auslösen und mit einem weißen Umschlag dargestellt werden, und nicht-initiierende Nachrichten, die als graue Umschläge modelliert werden:

Initiierende   Nicht-Initiierende
Nachricht   Nachricht

Nachrichtenelemente können mit Aktivitäten, Ereignissen oder Nachrichtenflüssen verbunden werden. Es ist jedoch nicht möglich, sie mit Gateways oder Sequenzflüssen zu verbinden. Empfänger und Sender der Nachricht werden über den zugehörigen Nachrichtenfluss festgelegt.

Bei der Prozessmodellierung, die einen ausführbaren Prozess zum Ziel hat, spielen Nachrichten eine wichtige Rolle. Detaillierte Nachrichtenflüsse sind die Grundlage für das Abstimmen von Prozessen und Prozessteilnehmern untereinander. Wie Datenobjekte verweisen Nachrichten auf einen Datentyp, der im zugehörigen Datenschema definiert ist.

Abbildung 8.8 zeigt ein Beispiel für die Verwendung von Nachrichtenelementen. Die Nachricht wird auf den zugehörigen Nachrichtenfluss aufgesetzt. Wenn der Manager eine Nachricht mit einer Arbeitsanweisung sendet, löst dies das Startereignis des Prozesses aus – es handelt sich also um eine initiierende Nachricht, der Umschlag ist weiß. Die Aufgabe wird dann an die Aufgabenwarteschlange des Angestellten angehängt. Beginnt er, die Aufgabe zu bearbeiten, wird der Task aktiviert. Wenn der Task abgeschlossen wurde, wird das sendende Nachrichtenereignis ausgelöst, wodurch die Benachrichtigung über die Fertigstellung an den Manager gesendet wird. Dies ist keine initiierende Nachricht, deshalb ist der Umschlag grau gefärbt.

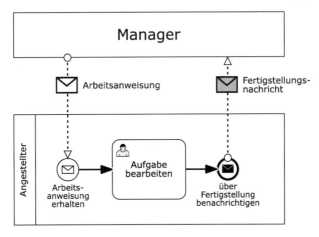

Abbildung 8.8: Verwendung von Nachrichtenelementen.

8.4   Ausführungssemantik

Die Ausführungssemantik der Diagrammelemente definiert exakt, wie eine Prozessengine laut BPMN-2.0-Spezifikation ein valides BPMN-Diagramm in Prozessinstanzen umsetzt und diese startet, stoppt und abbricht. Sie gibt außerdem die Interpretation von Aktivitäten und Ereignissen vor. Dabei spielen zwei Konzepte eine wichtige Rolle: Prozessinstanzen und Tokenweitergabe.

Eine Prozessengine weist einem Server bestimmte Ressourcen für eine Prozessinstanz zu. Dazu gehören ein oder mehrere Threads, CPU-Speicher, Festplattenspeicher und möglicherweise auch Mechanismen für parallele Ausführung, Ausfallsicherung und Sicherheit. Außerdem wird der Prozessinstanz ein eindeutiger Bezeichner zugewiesen, der vom BPMS-Tool verwendet wird, um Nachrichten an die Instanz zu leiten und die Zustände der Variablen in ihrem Wirkungsbereich (Scope) nachzuverfolgen. Allgemein wird für jede Iteration des Prozesses eine eigene Instanz gestartet: zum Beispiel eine pro Bestellung oder eine pro Versicherungsanspruch. In einigen Fällen kann aber auch eine Prozessinstanz verwendet werden, um als „Aufseher" Ereignisse zu überwachen.

In einer laufenden Instanz dienen Token als Werkzeug zur Modellierung und zum Verständnis des Verhaltens der internen Sequenzflüsse, besonders bei Verzweigungen und Zusammenführungen. Über die Prozesssemantik wird beschrieben, wie die BPMN-Elemente mit den Token interagieren, während diese die Abfolge von Elementen in der Prozessinstanz durchlaufen. Die Diagrammelemente geben an, wie die Engine die Orchestration der Aktivitäten leisten soll – beispielsweise durch das Produzieren und Konsumieren mehrerer Token durch parallele oder inklusive Gateways oder durch das Produzieren und Konsumieren eines einzelnen Tokens durch exklusive Gateways, wie es in Kapitel 3 beschrieben wurde.

8.4.1 Implizite Verzweigungen und Zusammenführungen

Der Konvention nach ist das Verhalten bei mehreren ausgehenden Sequenzflüssen, also ein implizites Verzweigen, dasselbe wie bei der Verwendung eines parallelen Gateways, wenn die ausgehenden Flüsse keine Bedingungen mit sich bringen. Ausgehende Sequenzflüsse mit Bedingungen hingegen weisen das gleiche Verhalten auf, das auch unter Verwendung eines inklusiven Gateways entstehen würde, wie in Abbildung 8.9 gezeigt. Gibt es mehrere ausgehende Pfade, von denen nur ein Teil mit einer Bedingung versehen ist, wird das als Kombination von parallelem und inklusivem Gateway interpretiert.

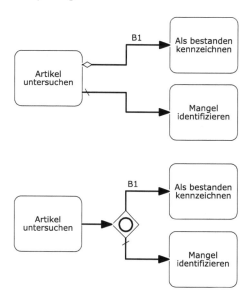

Abbildung 8.9: Die beiden Prozessausschnitte sind semantisch äquivalent, weil zwei ausgehende Sequenzen mit Bedingungen dasselbe Verhalten aufweisen wie eine implizite Verzweigung.

Abbildung 8.10 zeigt die Konvention für mehrere eingehende Sequenzflüsse – das Verhalten wird so charakterisiert, wie es bei einer expliziten Zusammenführung über ein exklusives Gateway der Fall wäre. Um Mehrdeutigkeiten oder Unklarheiten zu vermeiden, sollte jedoch in solchen Fällen immer ein explizites Gateway verwendet werden: sowohl wenn ein anderes Verhalten gewünscht ist als auch bei einer exklusiven Zusammenführung.

Wenn ein analytisches Modell zur Ausführungsreife gebracht wird, sollte auf implizite Verzweigungen und Zusammenführungen geachtet werden und es sollte überprüft werden, ob ihr Verhalten dem gewünschten Verhalten entspricht. Im Zweifelsfall sollten sie durch explizite Gateways ersetzt werden.

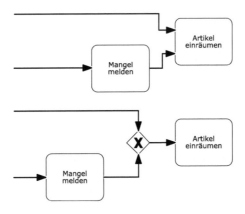

Abbildung 8.10: Diese zwei Prozessausschnitte sind semantisch äquivalent, wenn zwei exklusive Pfade zusammengeführt werden, da nur einer der Pfade ein Token weitergibt.

8.4.2   Ausführungssemantik von Gateways

Das Konzept der Tokenweitergabe zusammen mit dem spezifischen Verhalten der verschiedenen Gateways gibt vor, wie nach BPMN die Orchestrierung von Aktivitäten und Ereignissen in einem Prozess aussehen sollte. Tabelle 8.2 fasst die Semantiken der Gateways und ihr Verzweigungs- und Zusammenführungsverhalten zusammen.

Parallele Ausführung bedeutet für die Engine, dass die Prozesstoken in parallel laufenden Threads weitergegeben werden. Das kann bei parallelen, inklusiven und komplexen Gateways der Fall sein.

In Kapitel 5 wurde das komplexe Gateway detailliert behandelt. Komplexe Gateways erlauben einem Prozess, N Pfade von M eingehenden Sequenzflüssen (N ≤ M) zu synchronisieren. In komplexen Gateways werden parallele (oder inklusive) Pfade zusammengeführt und die dem Gateway folgenden Aktivitäten werden in Gang gebracht, sobald die Ausführung dieser Pfade abgeschlossen wurde. Die Ausführung der restlichen M minus N Pfade wird ignoriert.

Tabelle 8.2: Ausführungssemantik von BPMN-Gateways

Typ	Verhalten beim Zusammenführen	BPMN-Darstellung	Verhalten beim Verzweigen	Ausführungssemantik
Parallel	Synchronisieren mehrerer nebenläufiger Zweige, d.h. Warten, bis alle Zweige abgeschlossen sind.		Erzeugen neuer paralleler Threads für alle der ausgehenden Pfade.	Aktiviert, wenn alle eingehenden Token vorliegen, erstellt ein Token für jeden ausgehenden Pfad.
Exklusiv	Weitergabe des Tokens, das über einen der eingehenden Pfade eintrifft.	B1 B2	Aktivierung genau eines der ausgehenden Pfade.	Die erste wahre Bedingung bestimmt, welcher Pfad das Token erhält. Danach werden keine weiteren Bedingungen ausgewertet. Ist keine Bedingung wahr, wird der Standardfluss gewählt. Kann kein Pfad gewählt werden, wird ein Fehler generiert.
Inklusiv	Synchronisieren mehrerer nebenläufiger Zweige, wartet bis bestimmte Zweige abgeschlossen sind.	B1 B2	Erzeugen neuer paralleler Threads für die ausgehenden Pfade, deren Bedingung erfüllt ist.	Wird aktiviert, wenn alle eingehenden Sequenzen, die ein Token besitzen, abgeschlossen sind. Ein neuer nebenläufiger Thread wird für jeden Pfad erstellt, dessen Bedingung erfüllt ist; ist keine erfüllt, wird der Standardfluss gewählt. Kann kein Pfad gewählt werden, wird ein Fehler generiert.

Ereignis-basiert	Weitergabe des Tokens, das über einen der eingehenden Pfade eintrifft.		Aktivieren des ausgehenden Pfades, auf dem das Ereignis eintritt.	Bei der Verwendung als Start eines Prozesses dürfen nur Nachrichten-ereignisse zum Auslösen verwendet werden.
Komplex	Komplexes Synchronisationsverhalten, besonders bei Wettläufen.		Ein Boole'scher Operator bestimmt, welche Pfade ein Token erhalten.	Siehe Text.

8.4.3   Lebensdauer einer Prozessinstanz

In der Prozessdenkweise steht eine Instanz für das Erreichen eines speziellen Ziels. Ein Prozess wird instanziiert, wenn eines seiner Startereignisse eintritt. BPMN kennt eine Reihe verschiedener Arten von Startereignissen: Blanko, Nachricht, Zeit, Bedingung, Mehrfach und Mehrfach/Parallel sind nur einige davon. Bei der herkömmlichen Prozessorchestrierung wird für jedes Auftreten eines dieser Startereignisse eine neue Prozessinstanz mit einem oder mehreren Token erstellt. In einer Prozessengine wird diese Instanz noch mit einem Bezeichner zur Identifikation versehen, um damit die Prozessdaten nachverfolgen zu können.

Startereignisse

Ein Startereignis instanziiert einen Prozess. Es ist der Ursprung des ersten Tokens im Prozessfluss und erstellt dadurch eine neue Prozessinstanz, die ihre eigene Identität und einen eigenen Scope besitzt.

Es gehören viele Überlegungen zur Verwaltung eines Prozesses in einer Infrastruktur. Blanko-Startereignisse werden meist für leitende oder überwachende Prozesse verwendet, die wichtig für die Vollständigkeit des Prozess-Haushalts sind. Große Systeme müssen über Software wie Tivoli oder HP OpenView überwacht werden; BPM wird für die Koordination und Zentralisierung von Operationen benötigt, da diese über Nachrichtenbusse kommunizieren. Blanko-Startereignisse werden normalerweise nicht für technisch implementierte Geschäftsprozesse verwendet; laut ihrer Ausführungssemantik werden sie instanziiert, wenn der BPM-Server hochgefahren wird.

Ein Prozess kann auch über ein ereignisbasiertes Gateway gestartet werden. Es können sogar mehrere Gruppen von ereignisbasierten Gateways zum Starten einer Prozessinstanz verwendet werden, wenn sie dieselben Informationen bezüglich der Eindeutigkeit der Instanz besitzen.

Zwischenereignisse

Eintretende Zwischenereignisse warten bei der Ausführung auf das Auftreten des entsprechenden Ereignisses. Das Warten beginnt, wenn die entsprechende Stelle im Prozess erreicht ist, und nachdem das Ereignis aufgetreten ist, wird es konsumiert und der Prozessfluss wird fortgesetzt.

Endereignisse

Endereignisse können das letzte verbleibende Token im Prozessfluss konsumieren. Sind noch andere Token vorhanden, können sie nicht auftreten. Abgesehen vom Terminierungs-Endereignis werden Aktivitäten oder Unterprozesse normal ausgeführt und nachdem sie abgeschlossen sind, wird das Endereignis ausgelöst. Ein Prozess im abgeschlossenen Zustand bringt weitere Semantiken mit sich.

8.4.4   Ereignis-Unterprozesse

Ereignis-Unterprozesse, in Kapitel 5 vorgestellt, gehören zu den größten Neuerungen in der BPMN 2.0-Spezifikation. Ereignis-Unterprozesse enthalten ein Startereignis eines bestimmten Typs, gefolgt von einer Abfolge von Aktivitäten und Ereignissen. Das Startereignis kann unterbrechend (durchgezogene Linie) oder nicht-unterbrechend (gestrichelte Linie) sein. Ereignis-Unterprozesse befinden sich innerhalb von Prozessen oder Unterprozessen und sind durch eine gestrichelte Umrandung markiert. Sie können wie normale Unterprozesse zugeklappt werden und erhalten dann eine [+]-Markierung.

Es wurde bereits angesprochen, dass die Behandlung möglicher und erwarteter Fehler in einem Ereignis-Unterprozess erfolgen kann. So kann eine allgemeine Reaktion auf Infrastrukturfehler erstellt werden. Im Beispiel in Abbildung 8.11 wird über ein allgemeines Fehlerereignis der Ereignis-Unterprozess gestartet, in dem dann aus den verschiedenen Fehlerbehandlungsmöglichkeiten ausgewählt wird. Auf diese Weise kann über das System hinweg eine einheitliche Reaktion auf bisher unbehandelte Fehler festgelegt werden.

Die Ausführungssemantik eines Ereignis-Unterprozesses hängt von dessen Startereignis ab. Ist der Elternprozess oder Unterprozess aktiv, startet ein nicht-unterbrechendes Startereignis einfach den Ereignis-Unterprozess. Ein unterbrechendes Startereignis bricht dazu noch die Ausführung des übergeordneten Prozesses ab. Nicht-unterbrechende Ereignis-Unterprozesse können so oft ausgelöst werden wie nötig, solange der übergeordnete Prozess oder Unterprozess aktiv ist.

Ereignis-Unterprozesse besitzen die folgenden semantischen Eigenschaften:

> Sie können ein- und ausgehende Sequenzflüsse besitzen.

> Der Unterprozess wird durch einen bestimmten Auslöser gestartet – dabei handelt es sich um einen der verschiedenen Startereignis-Typen.

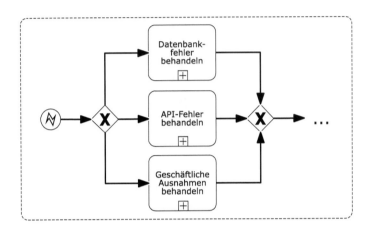

Abbildung 8.11: Ereignis-Unterprozess für das Verwalten möglicher Fehler und Ausnahmefälle.

8.4.5   Ausführungssemantik für Unterprozesse

Unterprozesse werden bei der Modellierung oft verwendet, um das Prozessmodell auf abstrakter Ebene zu gestalten. Es gibt fünf verschiedene Arten von Unterprozessen, die dafür verwendet werden können: normale Unterprozesse, Schleifen-Unterprozesse, Ad-hoc-Unterprozesse, MI-Unterprozesse und Kompensations-Unterprozesse.

Ein Unterprozess kapselt einen Prozess in einer Aktivität. Seine inneren Elemente sind Aktivitäten, Gateways, Ereignisse und Sequenzflüsse. Wenn ein Unterprozess instanziiert wird, verhält er sich wie ein eigenständiger, normaler Prozess. Die meisten Prozessengines können Unterprozesse identifizieren und von anderen Aktivitäten unterscheiden und eigene Statistiken und Daten zu ihnen anzeigen. Die Instanziierung und der Abschluss eines Unterprozesses hängen von seinem Typ ab. In Tabelle 8.3 werden die verschiedenen Ausführungssemantiken für die verschiedenen BPMN-Typen zusammengefasst.

Tabelle 8.3: Ausführungssemantik von BPMN-Unterprozessen

Diagramm-element	Verwendung	Entwurfsszenario	Ausführungssemantik
Unterprozess	Abstraktion eines Teilziels, für das mehrere Schritte ausgeführt werden müssen in einem High-Level-Diagramm.	Identifizierte Teilziele in einem Prozess. Ein Auftragsvergabe-Unterprozess beispielsweise beinhaltet mehrere Schritte.	Wird durch ein Token aus dem Prozessfluss gestartet, das an alle Startereignisse und Aktivitäten/Gateways ohne eingehenden Fluss weitergeleitet wird. Wird abgeschlossen, sobald alle Token konsumiert wurden.
Schleifen-Unterprozess	Ausführen bestimmter Schritte für jedes Element in einer Liste oder Menge.	Durcharbeiten durch eine Liste von Geschäftsobjekten, Rechnungsdetails oder Kunden. Alle Schleifenkonstrukte (for, while, until, ...) sind möglich.	Der Unterprozess wird ausgeführt, solange die Schleifenbedingung erfüllt ist. Über ein Attribut kann festgelegt werden, wann die Bedingung überprüft wird. Ein Token wird für den ausgehenden Fluss generiert, wenn die Bedingung nicht mehr erfüllt ist und alle Token konsumiert wurden.
MI-Unterprozess (parallel)	Eine Abfolge von Schritten wird in mehreren Instanzen gestartet, die parallel zueinander ausgeführt werden.	Aktivitäten, die mehrere Ressourcen für die Bewältigung großer Belastungen oder Warteschlangen benötigen.	Die Anzahl der zu erstellenden Instanzen wird einmal ausgewertet. Ist eine Instanz abgeschlossen, wird eine Bedingung ausgewertet. Ist diese wahr, werden die restlichen Instanzen auch abgeschlossen und ein ausgehendes Token wird generiert. Ein Attribut definiert, wann eine Instanz ein Ereignis auslösen kann.

MI-Unterprozess (sequentialisiert) ≡⊞	Für eine Abfolge von Schritten werden nacheinander mehrere Instanzen gestartet.	Für die Ausführung in einer Reihenfolge, wenn Ressourcengrößen begrenzt sind.	Wie paralleler MI-Unterprozess.
Ad-hoc-Unterprozess ⊞~	Die Reihenfolge der dazugehörigen Aktivitäten wird von Hand bestimmt.	Wenn bestimmte Schritte für das Abschließen einer Aufgabe nötig sind, diese aber nicht in einer festen Reihenfolge vorliegen.	Bei der Instanziierung werden alle Aktivitäten ohne eingehenden Fluss aktiviert. Sind alle Aktivitäten abgeschlossen, wird ein ausgehendes Token generiert.
Kompensations-Unterprozess ◁ ⊞	Umgebung für Aktivitäten zur Kompensation. Ist nicht mit anderen Teilen des BPMN-Modells verbunden.	Transaktionen und Datenbankeinträge wurden geschrieben, die wieder gelöscht werden müssen, weil ein Teil des Unterprozesses nicht korrekt ausgeführt wurde.	Die zugehörigen Transaktionen müssen abgeschlossen sein. Wenn der Unterprozess ausgelöst wurde, werden die zugehörigen Transaktionen rückgängig gemacht. Dabei wird in umgekehrter Prozessreihenfolge vorgegangen.

8.4.6 Kompensationen

Kompensationen machen Schritte, die bereits abgeschlossen sind, rückgängig (beispielsweise Aktivitäten oder Datenbankeinträge), weil die Ergebnisse aus bestimmten Gründen fehlerhaft sind. Aktive Schritte können nicht zurückgesetzt werden – sie müssen abgebrochen werden. Wird ein Unterprozess abgebrochen, kann es sein, dass dafür Kompensationen bereits abgeschlossener Aktivitäten durchgeführt werden müssen.

Kompensationen können durch Ereignis-Unterprozesse (für die Kompensation eines Prozesses oder Unterprozesses) oder durch Aktivitäten (Kompensation einer anderen Aktivität) durchgeführt werden. Beispiele dafür sind am Ende von Kapitel 4 zu finden. Bei der Kompensation eines Unterprozesses besitzt der Ereignis-Unterprozess ein Abbild von dessen Daten zum Zeitpunkt des Abschlusses.

Eine Kompensation wird durch ein Kompensationsereignis, als Teil eines Abbruchs oder als Teil einer weiteren Kompensation ausgelöst. Es kann daher eine Hierarchie oder Verschachtelung von Kompensationen geben.

8.5   Zusammenfassung

Das Vorbereiten eines Prozesses auf eine automatisierte Ausführung kann eine umfangreiche Aufgabe sein. Es erfordert ein genaues Verständnis nicht nur der Modellierung in BPMN, sondern auch der Eigenschaften verschiedener Systeme, Umgebungen und Abläufe. Die einzelnen Schritte dazu beinhalten:

> Ergänzen der Abläufe um Fehlerbehandlungs-, Eskalations- und Kompensationspfade.

> Erstellen von Prozess-Datenmodellen und Angeben benötigter Inputs und Outputs, Nachrichten und Datenspeicher.

> Ausbilden eines Verständnisses für das Verhalten und die Eigenschaften der Systeme und Schnittstellen und Unterscheiden von synchronen und asynchronen Teilen.

> Entwickeln einer allgemeinen Lösung für den Umgang mit Fehlern, eventuell durch einen Ereignis-Unterprozess.

> Verfolgen des Tokenflusses durch das finale Modell und Anpassen der Stellen, an denen sich die Ausführungssemantik vom gewünschten Verhalten unterscheidet.

Kapitel 9
Zusammenfassung und Fazit

In diesem Buch wurden zwei Wege vorgestellt, die wichtigsten strukturellen Elemente eines Unternehmens – seine Geschäftsprozesse und die Entscheidungen, die diese steuern – zu modellieren. Sie besitzen unterschiedliche Charakteristika: Geschäftsprozessmodelle beschreiben Abläufe von Aktivitäten und die Ereignisse, Ausnahmezustände und Eskalationen, die benötigt werden, um die Aktivitäten in der Realität ausführen zu können. Entscheidungen bestehen aus einem Netzwerk von Unter-Entscheidungen, die gestützt auf Geschäftswissen auf Daten reagieren. Zusammen können sie vollständig beschreiben, wie ein Prozess abläuft.

Unternehmen beschreiben ihre Prozesse bereits seit den 1930ern mithilfe von Diagrammen und Flow Charts, aus denen in den 1960ern Workflow-Diagramme entstanden sind, die auch heute noch weit verbreitet sind. Sie beschreiben die Prozesse jedoch nur auf einer abstrakten Ebene und können keine modernen Prozessansätze darstellen – der Output eines Workflows fließt gebündelt von Aufgabenbereich zu Aufgabenbereich. Ein moderner Geschäftsprozess hingegen könnte beispielsweise den kompletten Lebenszyklus eines Trucks oder eines Lagerroboters beschreiben, statt sich nur mit den einzelnen Workflow-Stationen der Fertigungs- oder Wartungsabteilung zu begnügen. Durch die Modellierung von Geschäftsprozessen in BPMN wird der Fokus von der Makro-Organisation auf atomare Ziele gelenkt und es kann viel mehr als nur der generelle Ablauf beschrieben werden.

BPMN hat sich aus solchen früheren Diagrammarten entwickelt und besitzt auch einige ähnliche Diagrammelemente, trotzdem bietet ein BPMN-Prozessmodell eine ganz neue Sicht auf Prozesse. Mithilfe von BPMN werden Prozesse entlang eines kontinuierlichen Zeitstrahls abgebildet, mit der Überlegung, welche Aktivitäten parallel oder sequentiell ausgeführt werden müssen und welche Gateways für diese Abfolgen zuständig sind. Prozessmodellierer haben die Möglichkeit, Geschäftsereignisse zu erstellen und auf sie zu reagieren und müssen sich mit dem Behandeln von Fehlern in einem realen Prozess auseinandersetzen. BPMN dokumentiert, welche Teilnehmer welche Aufgaben in welcher Reihenfolge und zu welchem Zeitpunkt ausführen, und beschreibt, wie bei diesen Aufgaben mit den Aktivitäten anderer Teilnehmer interagiert wird. Über das Token-Konzept können außerdem Parallelität und Deadlocks in einem Prozess beschrieben werden.

BPMN hilft vielen Organisationen, von einem funktionalen Standpunkt zu einem prozesszentrierten zu wechseln. BPMN bietet im Vergleich zur Workflow-Modellierung verbesserte Modelle. Im Anfangsstadium waren jedoch noch einige Herausforderungen zu meistern. Entscheidungen, egal ob von Teilnehmern getroffen oder automatisiert durch Business Rule Management Systeme ausgeführt, waren nur schlecht umzusetzen. Sie wurden ausgelassen oder der Prozess wurde durch das Hinzufügen vieler verschiedener Diagrammelemente zur Beschreibung der Entscheidungsfindung immer unübersichtlicher. Erste Versuche zur Integration von Geschäftsregeln in Geschäftsprozesse gestalteten sich – mit individuellen Aktivitäten, denen hunderte von Geschäftsregeln zugeordnet waren – schwierig. Prozesslogik und Entscheidungslogik waren nur schwer zu unterscheiden. Es wurden mehr und mehr Analysen zum Prozess und seinem Ausführungsverlauf durchgeführt, aber deren Ergebnisse konnten nicht effizient in den Prozess zurückgeleitet werden, um Abläufe und Zuweisungen zu verändern.

Diese Herausforderung wurde mit der Einführung der Entscheidungsmodellierung in DMN in Verbindung mit der Prozessmodellierung in BPMN angegangen. Entscheidungen, die explizit aufgerufen und modelliert werden, können dabei helfen, zu erkennen, an welchen Stellen im Prozess Geschäftsregeln und Analyseergebnisse eingebracht und angewendet werden. Die separate Modellierung von Entscheidungen vereinfacht Prozesse und ermöglicht einen besseren Umgang mit Ereignissen. Manuelle und automatisierte Entscheidungen können klar unterschieden und verwaltet werden. BPMN und DMN erlauben die gleichrangige Modellierung von Prozessen und Ereignissen.

Auch die DMN-Entscheidungsmodellierung geht auf frühe Versuche zurück, eine Struktur in regelbasierte Verarbeitung zu bringen. Dabei haben sich Entscheidungstabellen als bevorzugte Darstellung von Geschäftsregeln herausgebildet, weil sie eine einfache Verwaltung der Regeln ermöglichen und ihre Zusammengehörigkeiten und Abhängigkeiten untereinander darstellen. Die OMG hat diesen „Tabellenansatz" mit Ansätzen zur Analyse von Geschäftsregeln kombiniert und daraus DMN entwickelt.

Entscheidungsmodellierung in DMN beschreibt eine der Prozessmodellierung gegenüber andere Denkweise. Die Zeit ist kein Faktor, eine Entscheidung setzt sich aus mehreren Unter-Entscheidungen zusammen, die mit Input-Daten versorgt werden und Geschäftswissen anwenden, um Ausdrücke in Entscheidungstabellen auszuwerten. Wohlformulierte Fragen und Antworten sind die Grundbestandteile einer Entscheidung und Modellierer denken in Hierarchien von Unter-Entscheidungen, deren Ergebnisse als Input für die Haupt-Entscheidung dienen. Geschäftsregeln in Entscheidungstabellen geben genau an, wie jede Unter-Entscheidung getroffen wird. Zusätzlich können Predictive Analytics Modelle in die Entscheidungsmodelle integriert werden, beispielsweise in Form von PMML, um eine datenbasierte Entscheidungsfindung zu ermöglichen. Das Ergebnis einer Entscheidung wird durch das Zuweisen von Werten in den Output-Daten an den aufrufenden Prozess zurückgegeben.

Der dritte wichtige Bestandteil von Geschäftsprozessmodellierung ist die Analyse von Ereignissen. Durch sie wird die entscheidungsbasierte Verarbeitung von unternehmensrelevanten Ereignissen unterstützt.

Für die Verbindung von BPMN und DMN sind Geschäftsregeltasks und Datenobjekte vorgesehen. DMN kann ein spezielles Schema für Inputs und Outputs verwenden, an welches die Datenobjekte in BPMN angeglichen werden müssen, damit die Output-Daten für die Steuerung des Prozesses entsprechend der Entscheidungsergebnisse verwendet werden können. Außerdem kann über Metadaten im DMN-Modell angegeben werden, welche Prozesse und Aktivitäten die Entscheidung aufrufen und verwenden.

In Kapitel 7 wurden fünf verschiedene Arten vorgestellt, auf die eine Entscheidung den Verlauf eines Prozesses steuern kann:

> Bestimmen der Reihenfolge oder des Ablaufs der Tasks, Entscheidungen und internen Ereignisse eines Prozesses,

> Auswahl, welcher Teilnehmer eine Aufgabe ausführt und welche weiteren Teilnehmer daran beteiligt sind,

> Auswahl eines Prozesspfades,

> Auswahl, welche Daten für wie lange gespeichert werden, und Ermitteln ihrer Gültigkeit sowie

> Erkennen, Steuern und Reagieren auf Ereignisse.

Schließlich sollten Prozessplattformen ausführbare Geschäftsprozesse, Geschäftsereignisse und Entscheidungen unterstützen. In der Einleitung wurden die drei Metaphern Prozess, Entscheidung und Ereignis als Bestandteile beim Ermitteln von Anforderungen im Business Process Management vorgestellt. Dabei handelt es sich um Mechanismen, die die Grundlage für Änderungen am System sind und Systemen ein hohes Level an dynamischer Interaktion ermöglichen.

Im modernen Zusammenspiel von Geschäftswelt und IT werden Geschäftsprozesse, Ereignisse und Entscheidungen visuell unterstützt und verwaltet, indem sie in BPMN/DMN ausgedrückt werden. Fortschritt in Unternehmen kann durch die Modellierung der operativen Prozesse über Prozess- und Entscheidungsmodelle erreicht werden. Das Verbinden von Prozess-, Ereignis- und Entscheidungsdenkweisen über untereinander verknüpfte Modelle führt zu einfacherer Verwaltung sowie einem agileren Unternehmen – und es ermöglicht das Erreichen der vorgegebenen Ziele.

13408068R00141

Printed in Poland
by Amazon Fulfillment
Poland Sp. z o.o., Wrocław